Hartmut Fischer/Otmar Leppla

# Stundenblätter
# Aufsatz
# Erzählen/Appellieren

Hartmut Fischer/Otmar Leppla

# Stundenblätter Aufsatz Erzählen/Appellieren

**7./8. Schuljahr**

62 Seiten Beilage

Ernst Klett Verlag

Reihe: Stundenblätter Deutsch
Herausgeber dieses Heftes: Jürgen Wolff

Unterrichtsvorschläge zu den Bereichen Informieren/Argumentieren in der Aufsatzerziehung finden sich in:

Hartmut Fischer/Otmar Leppla
Stundenblätter
Aufsatz – Informieren/Argumentieren
7./8. Schuljahr
Klettbuch 927325

Parallel zu diesen beiden Stundenblätterheften erscheint ein Arbeitsheft, das alle für die Unterrichtseinheiten notwendigen Materialien enthält:

Sicher zum Aufsatz
Materialien zum Aufsatzunterricht
7./8. Schuljahr
von Hartmut Fischer/Otmar Leppla
Klettbuch 2187

CIP-Titelaufnahme der Deutschen Bibliothek

**Fischer, Hartmut:**
Stundenblätter Aufsatz – Erzählen, Appellieren:
7./8. Schuljahr / Hartmut Fischer; Otmar Leppla. –
1. Aufl. – Stuttgart: Klett, 1989
(Reihe: Stundenblätter Deutsch)
ISBN 3-12-927326-3

1. Auflage 1989

Satz: G. Müller, Heilbronn; Wilhelm Röck, Weinsberg
Druck: Wilhelm Röck, Weinsberg
Einbandgestaltung: Zembsch' Werkstatt, München
ISBN 3-12-927326-3

# Inhalt

# Fachdidaktische Konzeption

Mit diesem Aufsatzprojekt wollen wir weder eine geschlossene Aufsatzdidaktik vorlegen noch den divergierenden und kontroversen didaktischen Ansätzen der letzten 20 Jahre einen neuen hinzufügen. Was wir beabsichtigen, hört sich ungleich bescheidener an und findet sicher die ungeteilte Zustimmung aller, die für das Gelingen von Schreibprozessen Verantwortung tragen. Wir wollen vornehmlich den Schülern der Klassenstufen 7 und 8 bei der Weiterentwicklung und Entfaltung ihrer schriftsprachlichen Kompetenz behilflich sein und das bisweilen zu beobachtende enorme Gefälle der einzelnen Schüler in dem angesprochenen Kompetenzbereich etwas verringern.

Dürfte über dieses Zielvorhaben kaum Uneinigkeit herrschen, so steht in erster Linie zur Debatte, auf welchem Weg wir dieses anspruchsvolle Ziel erreichen wollen, zumal sich gerade in den letzten Jahren die „Startbedingungen" auf seiten der Schüler zunehmend verschlechtert haben. Die Klagen über den rapiden Verfall der Schreib- und Lesekultur sind sicher nicht frei erfunden, den Verlust von Schreibfähigkeit bei vielen Schülern können wir selbst aus eigener Erfahrung bestätigen. Anette Delius hat mit Hilfe eines Fragebogens im Juni 1985 wesentliche Aspekte des Schreibens von Gymnasiasten in und außerhalb der Schule ermittelt, die in ihrer Grundtendenz auch auf andere Schularten modifiziert zu übertragen sind. (A. Delius, Was schreiben Schüler, wie schreiben sie, in: Der DU, 6/86, S. 12f.)

Auffallend, aber kaum überraschend an der Erhebung ist die Tatsache, daß die überwiegende Mehrheit der Schüler zugibt, privat selten zu schreiben (im außerschulischen Schreiben werden Briefe und Tagebücher favorisiert) und daß es vielfältige Ursachen für das Unbehagen und den Widerstand am schulischen Schreiben gibt, die wir hier nicht im Detail darlegen können. Angesichts dieser recht ernüchternden Bestandsaufnahme muß sich jede didaktische Strömung inzwischen die Frage gefallen lassen, welche Impulse sie in den letzten Jahren zur Förderung und Verbesserung der Schreibfähigkeit und Schreibbereitschaft in der Schule vermitteln konnte. Immer wieder ist versucht worden, die Vielfalt von Schreibaufgaben systematisch zu ordnen und zu kategorisieren. Die traditionelle Einteilung nach Darstellungs- oder Stilformen (Erzählung, Bericht, Beschreibung, Schilderung, Erörterung, Besinnungsaufsatz usw.) wurde ebenso belächelt und in Frage gestellt wie die Einteilung nach den Grundintentionen des Schreibens (unterhalten, erörtern, argumentieren, überzeugen, werben, informieren, appellieren usw.), wie sie in der Sprachdidaktik üblicherweise formuliert werden.

Diese gesamten Systematisierungsversuche der Schreibfunktionen haben die Schüler ebenso wenig weitergebracht wie der Ansatz, für jegliches schulisches Schreiben reale Schreibanlässe in realen Schreibsituationen mit realen Adressaten zu fordern. Diesen Ansatz halten wir für ebenso überzogen und unrealistisch wie die lange Zeit die Aufsatzdidaktik beherrschende „kommunikative Strategie". Damit keine Mißverständnisse aufkommen: Wir wollen und werden auch weiterhin dem kommunikativen Schreiben die ihm gebührende didaktische und methodische Wertschätzung entgegenbringen. Aufsätze

sind nun einmal in kommunikative Zusammenhänge einzubetten, d.h. der zu produzierende Text ist als zentrale Komponente in einem Geflecht von Faktoren zu sehen, die den gesamten Prozeß der Kommunikation bestimmen. Bei der Vorbereitung und Anlage eines kommunikativ orientierten Aufsatzes sollten auch weiterhin die kommunikativen Faktoren und Bedingungen beim Schreiben berücksichtigt werden, d. h. dem Schüler muß die unmittelbare Abhängigkeit des herzustellenden Textes von diesen Faktoren (Absicht, Wirkung) bewußt werden.
Die Wahl der in einem Text verwendeten sprachlichen und nichtsprachlichen Formelemente hängt eben weitgehend von der Absicht, dem Adressaten, den darzustellenden Sachverhalten und Gegenständen und der äußeren Situation ab. Unsere Kritik an diesem „kommunikativen Ansatz" zielt auf die eindeutige Überbewertung und Verabsolutierung der kommunikativen Rahmenbedingungen unter weitgehender Negierung bzw. Vernachlässigung anderer Faktoren eines vielschichtigen und durch viele Wechselwirkungen gekennzeichneten Schreibprozesses.
Weitaus praktikabler halten wir das von Otto Ludwig und W. Menzel entwickelte Handlungsmodell, das aufzeigt, wie Schreiben im Beziehungsgeflecht verschiedener Aspekte, nämlich dem Motiv des Schreibenden, dem Bezug zum Adressaten, der Form und dem Inhalt stattfindet: (vgl. Ludwig / Menzel, 1975, S. 10–18)

Jedes Schreiben erfolgt danach motivgeleitet und adressatenbezogen. Es ist bezogen auf einen Inhalt und geschieht in einer spezifischen Form. Das Zusammenwirken der Einzelaspekte ergibt erst das Ganze, obgleich jeweils einzelne Aspekte unterschiedliche Gewichtung erhalten, sich Prioritäten durch textspezifische Akzente ergeben. Diese für die jeweilige Sprachhandlung und dem daraus abgeleiteten Aufsatztyp typische Akzentuierung haben wir jeweils in den fachdidaktischen Vorbemerkungen („Didaktische Legitimation") ausführlich dargestellt. Dieses Modell bedeutet dann für den Aufsatzunterricht, daß nicht mehr nur die Form, die Aufsatzart / Textsorte, eingeübt wird, sondern daß Schreiben in der Schule im Rahmen dieses Beziehungsgeflechtes erfolgen muß.

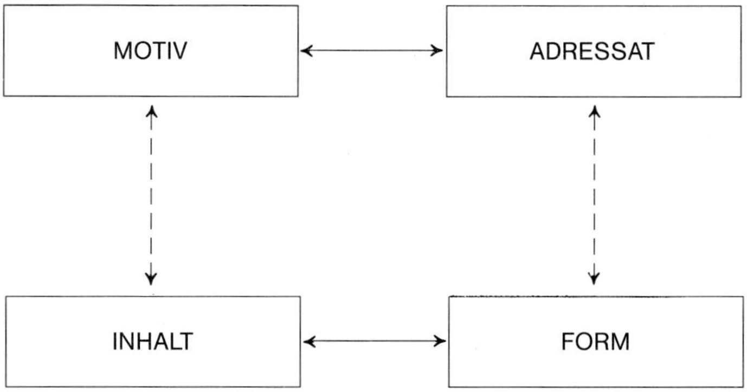

Ein weiterer für das Schreiben bedeutsamer Aspekt fand auch in dem Modell von Ludwig / Menzel wenig Beachtung: die Tatsache nämlich, daß Aufsätze das Resultat oder Produkt eines Schreibvorganges sind und daß dessen Gelingen maßgeblich am Zustandekommen eines Aufsatzes beteiligt ist. In ihm werden alle anderen Momente, – Inhalt und Form ebenso wie die kommunikativen Faktoren – integriert und miteinander verbunden. (Vgl. Jürgen Baurmann / Otto Ludwig, Aufsätze vorbereiten – Schreiben lernen, in: PD, Heft 80, Nov. 86, S. 17/18)

Baurmann / Ludwig unterscheiden insgesamt fünf verschiedene Teilprozesse beim Schreiben, die gerade für die Aufsatzvorbereitung von Bedeutung sind:

- motivationale
- konzeptionelle
- innersprachliche
- motorische
- redigierende (vgl. Baurmann / Ludwig, a.a.O., S. 18).

Für die Aufsatzvorbereitung kommen in erster Linie den konzeptionellen und sprachlichen Teilprozessen besondere Bedeutung zu. Im Rahmen der ihm gegebenen Möglichkeiten und Bedingungen wird der Schreiber konzeptionell tätig, d.h. er entwickelt zunächst eine ungefähre Zielvorstellung von seinem Schreibvorhaben. In vielen Fällen kann der Schreiber sein Konzept, seine Schreibidee in bereits vorgegebene Textmuster einpassen. Um die Schüler gerade bei dieser schwierigen „konzeptionellen Tätigkeit" zu unterstützen, stellen wir an den Anfang der eigentlichen Schreibprozesse immer die Analyse und Reflexion über die zu verfassenden Textmuster / Textsorten.

Diese analytischen Verfahren ermöglichen eine lerneffektive und gezielte Vorbereitung des Aufsatzes, weil konkret am Text die wesentlichen Konstituenten von den Schülern selbst auf induktivem Wege herausgearbeitet werden, die dann für die eigenen Schreibpläne benötigt werden. Diese Erarbeitung der eigenen Schreibkonzeptionen und Textmuster darf sich allerdings nicht auf die bloße Kopie der anvisierten Textsorten beschränken. Diese sollten bei allen Schreibaufgaben die jeweiligen Rahmenbedingungen abgeben, innerhalb derer sich das Schreiben der Schüler noch frei entfalten kann (s. Didaktische Legitimation zu den einzelnen Schreibaufgaben).

Nur bei einigen Schreibaufträgen, insbesondere zum „kreativen oder sogenannten freieren Schreiben", müssen sich die Schüler ihre Textpläne selbst ausdenken und entwerfen.

Hinzu kommt, daß die Schüler bei ihrer konzeptionellen Tätigkeit dadurch entlastet werden, indem sie mit überwiegend konkreten und klaren Schreibaufgaben konfrontiert werden, die ihnen in den meisten Fällen auch klare Vorstellungen über den jeweiligen Schreibzweck vermitteln. Darüber hinaus haben wir uns beim Aufbau der einzelnen Sequenzen immer darum bemüht, das didaktische Prinzip „vom Einfachen zum Komplexen" durchzuhalten.

Erst auf der Grundlage der erstellten Textpläne kann dann der Schreiber den nächsten entscheidenden Schritt vollziehen und seine Konzeption sprachlich umsetzen.

> „Der gedankliche Entwurf muß in einer Folge von Sätzen (Textbildung) und diese wiederum in einer Folge von Wörtern (Satzbildung) ausformuliert werden. Wie die ‚Übersetzung' einer kognitiven in eine sprachliche Struktur im einzelnen erfolgt, ist noch weithin unklar." (J. Baurmann, Otto Ludwig, Aufsätze vorbereiten – Schreiben lernen, in PD Heft 80, 13. Jahrg., Nov. 86, S. 18)

Auch für diesen Teilprozeß können wir den Schülern entsprechende Hilfen anbieten. Die im Materialteil angebotenen Übungen zur angemessenen Verwendung sprachlicher Ausdrücke und „syntaktischer Textbausteine“ stehen nicht isoliert im Vordergrund, sondern werden von ihrer Funktion und von ihrem Verwendungszusammenhang her in enger Verbindung und Verzahnung mit dem zu erstellenden Textmuster gezielt ausgesucht und eingesetzt. Die Verbesserung der „stilistischen Kompetenz“ kann auf keinen Fall durch die bloße Vorgabe formalstilistischer Normen oder durch kontextlos zusammengestellte Wortschatzübungen gefördert werden.

Mit Hilfe der hier nur kurz skizzierten didaktischen Postulate wollen wir einige Widerstände, auf die das Schreiben in der Schule bei vielen Schülern stößt, abbauen helfen. Dazu wollen wir den Schreibprozeß insgesamt attraktiver (Materialauswahl), effektiver und transparenter gestalten. Die Lust am Schreiben wird ganz sicher geweckt, erhalten und gefördert durch eine stärkere Berücksichtigung und Respektierung der Subjektivität des Schreibenden. Dieses mehr „personale Schreiben“ muß in die Gesamtstruktur des Faches und einer „humanen Schule“ eingebettet sein, wenn es sich entsprechend entfalten soll. Bei diesem Schreiben sollen die Schüler vor allem im produktiven Umgang mit der Sprache die für die Gestaltung und Erhaltung einer zukünftigen humanen Lebenswelt erforderlichen Verhaltensweisen kennenlernen, ausprobieren, analysieren und reflektieren. Dieses Vorhaben ist deshalb nicht leicht, weil wir einerseits den Anforderungen einer demokratischen Schule gerecht werden wollen, andererseits aber auch versuchen müssen, die oft vorhandene Diskrepanz zwischen den stark abweichenden Schreibfähigkeiten der Schüler und den durch die Lehrpläne gesetzten Leistungsanforderungen zu überwinden. Textanalysen, Reflexionen, rhetorische Schulung allein reichen dazu sicher nicht aus. Das beständige Schreiben und „Eintrainieren“ altersgemäßer Textsorten muß die wichtigste Übung sein.

Schreiben lernt der Schüler in erster Linie durch Schreiben. Nur so ergibt sich die notwendige Routine und Selbstsicherheit, aus der die Schüler neue Motivationen für immer neue Schreibherausforderungen gewinnen.

Zu diesem anspruchsvollen Ziel machen wir im Rahmen dieses Projektes eine Reihe von Vorschlägen, ohne daß wir damit den herkömmlichen Aufsatzunterricht sprengen wollen.

# Hinweise zum Aufbau, zur Benutzung und zum Zusammenhang von Stundenblättern und Materialien

Die Sprachhandlungsform des Erzählens, die im Band für das 5./6. Schuljahr (P. Kohrs: Stundenblätter Aufsatz – Erzählen) bereits mit sieben Unterrichtseinheiten breite Berücksichtigung fand, wird in diesem Band erneut aufgegriffen und in sechs separaten Sequenzen dargestellt:

- Nach vorgegebenen Bauformen / literarischen Mustern erzählen (1.–13. St.)
- Texte umerzählen, verändern, variieren (14.–23. St.)
- Geschichten „freier" erzählen oder „freies Schreiben" in der Schule (24./25. St.)
- Nach Bildern erzählen (26.–28. St.)
- Schreiben im Anschluß an Ganzschriften (29. St.)
- Schildern (30.–32. St.)

Im Rahmen der Gesamtsequenz ‚Erzählen' werden wesentliche Lernziele aus 5/6 aufgegriffen, erweitert und vertieft (u. a. Erzählideen ordnen, erweitern, zu einem Erzählplan entwickeln und ausgestalten; sprachliche Mittel des spannenden, lebendigen und anschaulichen Erzählens intentionsgemäß auswählen und einsetzen; aus verschiedenen Perspektiven erzählen; usw.).
Bei der Strukturierung der zweiten Unterrichtseinheit ‚Appellieren', die aus insgesamt sechs Unterrichtsstunden besteht, sind wir in gleicher Weise verfahren und gehen davon aus, daß die Schüler bereits das Auffordern / Appellieren als adressatenbezogenes sprachliches Handeln bearbeitet und einige Grundstrukturen des appellativen Sprachverhaltens kennen. Auf diesen Voraussetzungen bauen wir unsere Lernsequenz zum ‚Appellieren' auf.
Die jeweiligen Kapitel werden durch ausführliche fachdidaktische Vorbemerkungen eingeleitet, an die sich eine Beschreibung der Sequenz mit der Darstellung der Sequenzziele anschließt. Zu den einzelnen Stunden enthält der Materialteil (Klettbuch 218700) die wesentlichen Schülermaterialien. Bei der Beschreibung der einzelnen Stunden sowohl im Stundenblatt als auch im Textheft wird jeweils auf die entsprechenden Arbeitsmittel im Materialheft verwiesen. Weitere Materialien sind im laufenden Text abgedruckt. Dabei handelt es sich in der Regel um ergänzende Texte, Lösungen und Mustertexte für die Hand des Lehrers, die erst im Anschluß an die Textherstellung an die Schüler ausgegeben werden sollten.
Die Stundenblätter sind als Einzelstunden bzw. Doppelstunden ausgewiesen. Nicht in allen Fällen wird sich das Pensum im 45-Minuten-Takt bewältigen lassen, jedoch sind die Einzelphasen der Stunden so angelegt, daß sich sinnvolle Zäsuren ergeben. Der Begriff „Stunde" sollte also nicht unbedingt mit dem Zeitraum einer Unterrichtsstunde gleichgesetzt werden, sondern eher als thematische Teileinheit einer Sequenz verstanden werden. Im laufenden Text werden meist im Anschluß an die Beschreibung des geplanten Unterrichtsverlaufes Hinweise gegeben, wie analog zum beschriebenen didaktisch-methodischen Grundgerüst weitere Stunden bzw. vertiefende und übende Phasen gestaltet werden können. Notwendigerweise

mußte auf die Beschreibung von Besprechungsstunden, die an individuelle Schülertexte gebunden sind, verzichtet werden. In einigen Fällen mußten die Textproduktionen in die Hausaufgabe „verlagert" werden. Die sonst bei Stundenblätter üblichen Tafelbilder wurden auf das für die Aufsatzerziehung notwendige und erforderliche Maß begrenzt. Dafür finden sich in der Spalte „Ergebnisse" umso mehr Hinweise und „Textbausteine" für ergebnissichernde Tafelanschriebe, die Teilphasen des Unterrichts als Merkhilfe für den Schüler abbilden.
Alle Sequenzen beziehen sich auf die 7. und 8. Jahrgangsstufe, was allerdings nicht bedeutet, daß einige Teilsequenzen (insbesondere aus der Teileinheit „Nach vorgegebenen Bauformen / lit. Mustern erzählen") nicht auch schon in der Unterstufe (5./6. Klasse) probiert werden könnten.

In diesem Band liegen die Teileinheiten ‚Erzählen – Appellieren' vor. Die Einheiten ‚Informieren – Argumentieren' erscheinen in einem weiteren Band der Stundenblätter-Reihe (Stundenblätter Aufsatz – Informieren – Argumentieren, Klettbuch Nr. 927325)
Die Schülermaterialien aller vier Unterrichtseinheiten sind in einem Band zusammengefaßt. (Klettbuch Nr. 218700)

Die Kollegin, die sich in diesem Buch oft maskulin mit „der Lehrer" angesprochen fühlt, möge dafür Verständnis haben, daß aus Gründen der Übersichtlichkeit auf das gleichzeitige Erwähnen des Terminus Lehrer bzw. Lehrerin verzichtet wurde. Man definiert hier also ganz allgemein: der Lehrer bedeutet immer der/die Lehrer(in). Analoges gilt natürlich auch für den Begriff die/der Schülerin/Schüler.

# Erzählen

Was Otto Ludwig in seinem Basisartikel „Die Schulerzählung oder Erzählen in der Schule“ im Heft 49 der Zeitschrift Praxis Deutsch im September 1981 über die Rolle und Funktion des Erzählens in der Schule feststellte, hat auch heute noch weitgehend Bestand. Nach wie vor gehören die Erzählungen sowie das mündliche und schriftliche Erzählen erfreulicherweise zu den dominierenden Lerninhalten in den Lernbereichen „Lesen und Verstehen von Texten“ und „Sprechen und Schreiben“. Erzählen spielt nach wie vor im Leben der Schüler und auch der Erwachsenen eine bedeutende Rolle. Es gehört zur alltäglichen Praxis und ist gerade im Zeitalter der Verkabelung und Medienüberflutung noch immer eine zentrale Form des täglichen Sprachgebrauchs. Diese Bedeutung des Erzählens als einer elementaren kommunikativen Interaktionsform ist sicher nach wie vor unbestritten. Dafür ließen sich unzählige Situationen anführen, in denen die menschliche Kommunikation durch das Erzählen in Gang gesetzt wird, in dem Erlebtes und Erfahrenes rekapituliert und sprachlich verbalisiert wird.

> „Vorkommen, Inhalt, Aufbau und ästhetische Ausgestaltung sind dabei in vielfältiger Weise von den Gegebenheiten der Interaktionssituation abhängig: weit entfernt davon, daß es eine feste Einheit ‚Erzählen‘ gäbe, die nach bestimmten Inhalten, einer konstanten Zahl von Aufbauteilen und einer bestimmten Art der ‚Sprachgestaltung‘ verlangte – ja selbst davon, daß eine gewisse Anzahl feste unterschiedliche Typen existieren –, treten die verschiedenen möglichen Charakteristika des Inhalts und der Form je nach den kommunikativen Erfordernissen der Situation in den unterschiedlichsten Mischungsverhältnissen auf, jedes unabhängig entsprechend seiner eigenen kommunikativen Funktion gewählt.“ (Anna Fuchs, Erzählen in der Schule und spontanes Erzählen, in: Konrad Ehlich, Hrsg., Erzählen in der Schule, 1984, S. 179)

Dieser knapp skizzierte Erzählbegriff verdeutlicht, daß das Erzählen als ein komplexer Sprechakt verstanden werden muß, der wiederum durch verschiedene Teilhandlungen und Bedingungsfaktoren konstituiert wird. Es erscheint uns in diesem Zusammenhang daher wenig sinnvoll, eine für das Erzählen grundsätzlich gültige Beschreibung zu liefern oder eine Erzähltheorie zu analysieren. Ebenso wenig kann es im Rahmen dieses Schreibprojektes unser Ziel sein, eine neue „Didaktik des Erzählens“ zu entwickeln.

Erzählen ist ein multifunktionaler und komplexer Prozeß, und die Schule hat die schwierige Aufgabe, diesen kommunikativen Interaktionsprozeß mit seinen Variablen und Unwägbarkeiten didaktisch auf die Verstehensebene der Schüler zu reduzieren. Didaktische Reduktion darf allerdings in keinem Falle bedeuten, das Erzählen in dem oben beschriebenen Sinne auf die sog. Stil- oder Darstellungsformen der Erzählung (häufig erfolgt hierbei noch eine weitere Reduzierung auf die Erlebniserzählung) bzw. des Berichtes zu begrenzen. Gewarnt werden muß in diesem Zusammenhang auch vor der Verabsolutierung und Überbewertung der formalen Aspekte und dem normativen Anspruch der Darstellungsform, die im herkömmlichen Aufsatzunterricht eine nicht unerhebliche Rolle spielten und z. T. noch immer spielen. Die Didaktik des mündlichen und schriftlichen Erzählens war zweifelsohne lange Zeit bestimmt von den allgemeinen Standards und der Normenlehre der Formen. Das Herstellen von Erzählungen war eng gebunden an hartnäckig tradierte Regeln, die es einzuhalten galt. Erzählen bedeutete für die Schüler in den meisten Fällen, ihre Vorstellungen und Phantasien, ihre spontanen Einfälle mit den von der Schule verlangten Mustern in Einklang zu bringen und die normativen Erzählschemata zu respektieren bzw. strikt einzuhalten.

In den letzten Jahren haben sich innerhalb der Erzähldidaktik doch einige einschneidende Veränderungen vollzogen. Die tradierten Normvorstellungen wurden doch entscheidend zurückgedrängt, die strengen Ab- und Ausgrenzungen zwischen dem literarischen Erzählen, dem Erzählen im Alltag und dem schulischen Erzählen wurden ebenso gelockert wie die strikte Unterscheidung und Abgrenzung zwischen dem Erzählen und Berichten. Dennoch sehen auch wir insbesondere im Bereich des schriftlichen Erzählens nach wie vor ein didaktisches Legitimationsdefizit. Im realen Sprachgebrauch ist das Erzählen immer an einen Adressaten gerichtet und in seiner Form vom Ziel der angestrebten Kommunikation und von den Faktoren der Situation abhängig. Die Erzählweise hängt immer von der Funktion des Erzählens und der Erzählsituation ab.

Die Schule aber tradiert noch immer die Vorstellung der Erzählung und definiert sie als einen Texttypus, der sich durch eine bestimmte Art des Aufbaues, bestimmte sprachgestalterische Charakteristika, eine bestimmte Stilebene und eine in der Regel subjektbezogene Sichtweise auszeichnet, was sicher auch von einer modernen Erzähldidaktik nicht völlig bestritten werden kann. All dies geschieht zumeist ganz adressatenlos und mehr oder weniger „zweckfrei“, also unter dem Primat der „reinen Form“ unter weitgehendem Verzicht auf die Einbeziehung des kommunikativen Umfeldes. Demnach sieht die Schule in der Erzählung überwiegend ein Gebilde, was in der realen Kommunikation überhaupt nicht existiert. Die Schüler empfinden diese Situation zuweilen als unecht und künstlich herbeigeführt, was sich mitunter motivationshemmend auswirken kann.

Diese Legitimationsproblematik betrifft sicher auch eine Fülle anderer Lerninhalte des Aufsatzunterrichtes, die Frage aber bleibt, ob die moderne Erzähldidaktik die vielen und überdies recht mannigfachen Funktionen des Erzählens entsprechend berücksichtigen und in unterrichtspraktikable Modelle umsetzen kann.

Gerade wegen dieser häufig beklagten Entfunktionalisierung des Erzählens in der Schule wollen wir die Einheit „Erzählen“ nicht mehr den tradierten und etablierten Textsorten Erlebniserzählung, Phantasieerzählung und Bilderzählung (= Bildergeschichte) vorbehalten, sondern bieten innerhalb der Unterrichtseinheit vielfältige Formen des literarischen und nichtliterarischen Erzählens an, die eine Fülle von unterschiedlichen und variantenreichen Erzählstrukturen und Erzählmuster repräsentieren. Dabei wollen wir uns insbesondere in den produktiven Phasen von den festen und starren Aufbauschemata der tradierten Schulerzählungen lösen, die gerade die Vielfalt der denkbaren und möglichen Erzählstrukturen ignoriert (z. B. kann eine Erzählung auch mehrere Höhepunkte oder gar keinen haben, ein Tempuswechsel kann an richtiger Stelle sinnvoll und vorteilhaft sein, usw.).

Auch wir wollen in erster Linie im Rahmen dieser Großsequenz die Schüler zum Erzählen ermuntern und ihre Fähigkeit fördern, mündlich und schriftlich zu erzählen.

Dazu werden wir entsprechende erzähldidaktische Aufgaben behandeln und die Aspekte des Erzählens vorrangig ansprechen, die dem Aufbau und der Ausbildung einer Erzählkompetenz dienen. (Konkretere Ziel- und Wegbeschreibungen erfolgen jeweils in den fachdidaktischen Vorbemerkungen zu den sechs Einzelsequenzen)

Gewiß gehen auch bei unseren didaktischen Analysen und methodischen Planungsprozessen bestimmte Vorstellungen und Erwartungen über Inhalt, Aufbau und Sprachstil des Texttypus einher. Unbestritten ist und sollte es auch bleiben, daß z.B. der Aufbau von Erzählungen einer bestimmten Logik zu folgen scheint, daß Erzählungen in der Regel eben doch eine typische Struktur aufweisen. Solche Strukturkomponenten muß der Schüler notwendigerweise erfassen, denn er soll ja Kenntnisse darüber gewinnen, was denn eine Erzählung zur Erzählung macht. Die Vermittlung dieser Kenntnisse und Einsichten geschieht innerhalb unserer Einheit „Erzählen“ auf zweierlei Art und Weise. Einmal stellen wir den Schülern fertige Erzähltexte zur Verfügung, deren literarische Analyse sich auf jene Aspekte konzentriert, die die Einsicht der Schüler in erzähltheoretische und strukturelle Zusammenhänge fördern und vertiefen helfen, damit sie die in den Reflexionsphasen erworbenen Kenntnisse auch für ihr eigenes Schreiben entsprechend nutzen können. Zum anderen vermitteln wir diese Einsichten durch den unmittelbaren Produktionsprozeß der Schüler, den wir in den einzelnen Sequenzen auf vielfältige Weise anzuregen versuchen. Das eigene Schreiben fördert wiederum das Verstehen erzählender Texte. Deshalb werden in der gesamten Sequenz beide Verfahrensweisen ständig miteinander verknüpft. Durch schreibendes Erzählen oder erzählendes Schreiben, bei dem sich die Schüler in der Regel bewußt oder unbewußt an Mustern und Vorgaben orientieren, lernen sie neue Möglichkeiten der Auseinandersetzung mit ihrer eigenen Lebenswirklichkeit zu erproben.

Auch die in den einzelnen Sequenzen zu beobachtende und praktizierte Orientierung an literarischen Mustern und Vorgaben und die Vermittlung von konkreten Schreibanleitungen und Schreibhilfen bieten u. E. noch genügend Raum für spontanes und kreatives Erzählen, dem wir ohnehin eine eigene Sequenz widmen. Bei diesen Vorgaben und Hilfen handelt es sich keinesfalls um die normierten und einengenden Regeln der alten Aufsatzdidaktik, sondern um notwendige Rahmenbedingungen und Basisimpulse, mit deren Hilfe sich die unterschiedliche Vielfalt der Formen und Funktionen des Erzählens erst entwickeln und entfalten kann. Hierzu bieten wir in dem Materialheft eine breite Palette von Themen und Texten, die einen großen inhaltlichen Spielraum und damit auch vielfältige Gestaltungsmöglichkeiten offen hält. Dadurch wird die von uns auch beabsichtigte und erwartete Ausrichtung des Schreibens an bestimmten erzähltechnischen Verfahren und Strukturen eher als hilfreiche „Spielregel“ denn als einengender Zwang oder Todesstoß für die Entfaltung der Kreativität empfunden.

Von elementarer Bedeutung ist in jedem Falle die Haltung und Position des Lehrers, insbesondere in seiner Bewertungs- und Beurteilungsfunktion. Auch hier sollten nicht einfach „neue Beurteilungsregeln“ die alten ersetzen. Was in diesem wahrlich recht schwierigen Feld des Deutschunterrichtes von einem Lehrer zu erhoffen ist, ist eine möglichst umfassend ausgebildete und auch angewandte Sensibilität für die von den Schülern tatsächlich befolgten Schreibaufträge und weniger die Fähigkeit, die von den Schülern erstellten

Texte mit Hilfe eines *einmal* erstellten Rasters oder Kriterienkataloges zum „Erzählen“ zu bewerten und zu beurteilen.

Die Unterrichtseinheit „Erzählen“ besteht aus insgesamt sechs Teilsequenzen, die weitgehend die in den Lehrplänen für die Klassenstufen 7 und 8 vorgesehenen Textsorten bzw. Ganzschriften repräsentieren.

## Fachdidaktische Vorbemerkungen

In dieser Sequenz geht es in erster Linie um die Integration von Literatur- und Aufsatzunterricht, d.h. um den Zusammenhang zwischen rezeptivem und produktivem Umgang mit literarischen Texten. Da die Schüler im täglichen Leben mit einer inzwischen fast unüberschaubaren Vielfalt von Texten konfrontiert werden, müssen sie die Fähigkeit erwerben, sich sachgerecht mit ihnen auseinanderzusetzen. Sie müssen mit inhaltlichen und formalen Strukturen von Texten bekannt werden und Einsicht gewinnen in deren Entstehungsbedingungen und Wirkungsabsichten. Die Kenntnis gattungsspezifischer Merkmale ermöglicht den Schülern, einen Text einer bestimmten Gattung zuzuordnen und von anderen abzugrenzen und zu unterscheiden. Sie baut zudem eine angemessene Erwartungshaltung dem Text gegenüber auf und ermöglicht eine Lesereinstellung, die eine grobe Fehlinterpretation zu verhindern hilft. Generell dient Schülern dieses Wissen dazu, einen Überblick über die Gattungsvielfalt und das Literaturangebot überhaupt zu gewinnen. Damit die Schüler das im Unterricht vermittelte Textangebot nicht nur konsumieren, sollen sie durch die Analyse und das Verstehen von Texten auch zu eigenen Gestaltungsversuchen angeregt werden. Ein inzwischen in der aufsatzdidaktischen Positionsbestimmung anerkannter Faktor ist das kreativ-literarische oder kreativ-gestaltende Schreiben. Die bei der Textanalyse gewonnenen Kategorien, Strukturen und Strategien werden unmittelbar in die eigene Textproduktion eingebracht. Textrezeption und Textproduktion sind eng aufeinander bezogen, produktive und rezeptive Erzählfähigkeit korrespondieren miteinander.

W. Menzel unterscheidet zwei Arten der schriftlichen Auseinandersetzung mit Texten:

1. das Schreiben <u>über</u> einen Text für jemanden mit überwiegend kommunikativer Funktion und
2. das Schreiben <u>nach</u> einem Text, wobei die Textproduktion weitgehend von Gestaltungsregeln und weniger von kommunikativen Absichten bestimmt wird. (Vgl. Menzel, PD 65/84, S. 15)

Zum Schreiben <u>nach</u> Texten führt er aus:

> – „der Schreiber gestaltet einen Text, den er gelesen hat und dessen Form ihn möglicherweise fasziniert, auf ähnliche Weise nach: Analogiebildungen, Textvariationen.
> – Er nimmt eine Umformung des Textes vor; Schreiben aus einer anderen Perspektive; Schreiben in einer anderen Form; Schreiben mit verspottender Absicht: Travestie, Umgestaltung.
> – Er übersetzt einen Text, um ihn sich selbst verfügbar zu machen: aus einer anderen Sprache, aus einem anderen Dialekt, aus einer früheren Sprachform.
> – Er macht probeweise Erfahrungen mit den Möglichkeiten des Textes, indem er ihn mitgestaltet: eine neue Figur einführt, einen anderen Schluß erfindet, Leerstellen auffüllt – und das mit den vorgegebenen Mitteln.
> – Er erprobt sich in der Gestaltung einer vorgegebenen Textform: verkürzendes Schreiben im Stil des Textes (Précis), Verwenden anderer Inhalte bei einer Beibehaltung der Form (Parodie)."
> (Menzel, PD 65/84, S. 15/16)

Diese hier auszugsweise vorgestellten operativen Verfahren, die in der Gesamtsequenz <u>Erzählen</u> von uns in vielfältiger Weise zum Einsatz gelangen, lassen u.E.

eher die Hoffnung zu, daß die eigene literarische Produktion das Interesse und die Sensibilität für Literatur und Formenreichtum wecken und fördern kann als die nur rezeptive Adaption von Literatur. Das Schreiben nach Texten, bei dem die vorgelegten Texte immer der Ausgangspunkt für das Schreiben sein werden, verstehen wir als eine kreativ-produktive Weise der Annäherung an Texte, um sich mit ihnen intensiver auseinanderzusetzen und sie damit letztlich auch besser zu verstehen.

> „Verstehen und Schreiben gehen ein sehr intensives Wechselverhältnis ein: über einen Text schreibend, lerne ich, ihn zunehmend besser verstehen; und ich lerne, zunehmend angemessener und aspektreicher über einen Text zu schreiben, je besser ich ihn verstanden habe. Dies ist vielleicht die wichtigste Legitimation dafür, in der Schule über Texte nicht nur zu sprechen, sondern auch zu schreiben."
> (W. Menzel, PD, 65/84, S. 14)

Fachdidaktisch unbestritten ist, daß Schreiben nach Texten bzw. das Schreiben anhand literarischer Vorlagen unmittelbarer entfaltet werden kann.

> „Schreibmotive – pragmatische wie ästhetische – ergeben sich nicht nur aus (noch) nicht verbalisierten Situationen oder durch sprachformale Gestaltungsreize. Sprachliches Agieren in der Wirklichkeit bzw. Reagieren auf Wirklichkeit ist auch so zu verstehen, daß es sich dabei um ein Reagieren auf Texte handeln kann. Texte fordern zur Stellungnahme heraus, regen zum Schreiben an, erwecken den Wunsch nach Variation, Fortführung, Veränderung. Die Bereitstellung und Vermittlung derartiger literarischer Texte, die ihrerseits den Schüler zum Schreiben motivieren, ist eine noch viel zu wenig genutzte aufsatzdidaktische Variante des Literaturunterrichts." (Sanner, 1975, S. 54)

Die berechtigte Klage Sanners hat in den letzten 13 Jahren immerhin dazu geführt, daß der kreativ-stilistische Umgang mit literarischen Texten sich einen festen Platz in der langen Reihe der aufsatzdidaktisch legitimierten Schreibtätigkeiten bzw. Schreibformen erobert hat (s. auch Aufgabenstellungen in neueren Sprach- und Lesebüchern zum ‚literarischen Schreiben'). Den aber leider immer noch bestehenden Mangel an unterrichtspraktischen Realisierungskonzeptionen will dieser Band der „Stundenblätter Aufsatz" beheben helfen. Die unterrichtspraktische Konkretisierung der Forderung Sanners vollziehen wir zunächst in exemplarischer Ausführlichkeit an der Erzählform der Fabel.

Die Lehrpläne sehen inzwischen sowohl für die Unterstufe als auch für die Klassen 7 und 8 die Behandlung epischer Kurz- und Langformen sowohl in rezeptiver als auch produktiver Form vor. In der Unterstufe wurde das Verstehen und Herstellen von erzählenden Texten in vielfältiger Weise geübt und erprobt (s. Kohrs, Stundenblätter: Erzählen 5/6). Auch in die Analyse und Produktion von expositorischen Texten wurden die Schüler bereits eingeführt (s. Kohrs, Stundenblätter: Informieren, 5/6).

Bei diesen Schreibtätigkeiten wurde durchaus die Phantasie der Schüler angesprochen, doch die erdachten Ereignisse und Handlungsstrukturen der produzierten Texte spielten sich in der Regel in einer für die Schüler bekannten und vertrauten Welt ab. Hinzu kommt nun das eigenständige Erstellen von poetischen Texten, die in der Regel von fiktiven Welten erzählen, die sich von der den Schülern vertrauten Realitäten merklich unterscheiden. Als Ausgangspunkt unserer Sequenz bot sich hierbei die Fabel an.

Sie hat den unbestreitbaren Vorteil, kurz und überschaubar zu sein. Viele Fabeln sind sprachliche Kunstwerke, haben also von ihrer ästhetischen Struktur her einen recht hohen Bildungswert. Sie weisen eine interessante und weitgehend unkomplizierte und leicht verständliche Handlung und Bildhaftigkeit auf. Sie bieten eine altersadäquate Anregung zur kritischen Reflexion über die eigene Person, das Verhalten zu anderen Menschen und die Gesellschaft. Fabeln stellen als Lehrbeispiele von provozierendem Charakter auch eine intellektuelle Herausforderung für die Schüler dar. Der zur Dekodierung der Fabel notwendige Reflexionsprozeß hat vermutlich für viele Schüler einen hohen Anreiz- und Motivationswert.

So soll es den Schülern der Klassenstufen 7 und 8 in allen Phasen der gesamten Sequenz ein ästhetisches und intellektuelles Vergnügen bereiten, gleichnishafte und verfremdete Texte verstehen zu lernen, d.h. Gesagtes und Gemeintes deutend aufeinander zu beziehen, über ihren Realitätsbezug und ihre zeitbedingte und aktuelle Wirkung nachzudenken und auf der Basis dieser Analyseergebnisse auch selbst Fabeln zu verändern und eigenständig neue zu verfassen. Hierbei sollten die Schüler auch erste Einblicke in die historische Bezogenheit der Fabel gewinnen und ihre gesellschaftlich-politische Bedingtheit ansatzweise erkennen. Ein umfassender Überblick über den historisch-soziologisch bedingten Wandel der Fabel in Bauform, Lehrgehalt und Sprachgestalt sollte erst in den Klassen 9 und 10 erarbeitet werden.

Fortgeführt wird das Schreiben nach literarischen Mustern oder Bauformen mit der Analyse und Herstellung von Eulenspiegel- und Schildbürgergeschichten. Überraschen könnte hierbei allenfalls die Auseinandersetzung mit dieser Gattung auf der sog. Mittelstufe und nicht schon in den Klassen 5 und 6. Wir räumen dabei ein, daß es sicher der unterrichtspraktische Normalfall ist, die Gattung Schwank auf diese Alters- und Klassenstufen zu fixieren, sind aber auch der Meinung, daß es möglich ist, gerade die Textherstellungsprozesse auch noch in den Klassen 7 und 8 durchführen zu können, ohne damit den unabdingbaren Zusammenhang von Textrezeption und Textproduktion aufheben zu wollen. So versuchen wir insbesondere in unserer Sequenz die den Schülern der Unterstufe ohne Zweifel bekannte reine „Spaßmacherfigur“ des Till Eulenspiegel in seiner Vielschichtigkeit und Komplexität näherzubringen, um die zu beobachtende didaktische Verengung der Rezeption dieser Figur im o.a. Sinne zu verhindern und neue Zugangsmöglichkeiten zu eröffnen.

Abschließen werden wir das Schreiben nach literarischen Mustern mit der Hereinnahme des Phänomens Kriminalliteratur. Gerade für die Schüler der 7. und 8. Klassen eignet sich die Thematik zur Behandlung des in den Lehrplänen empfohlenen Bereichs der Unterhaltungsliteratur. Mit der Lektüre und dem eigenen Herstellen dieser Form der Unterhaltungsliteratur knüpfen wir bei den Wünschen und Bedürfnissen der Schüler nach Identifikation und Spannung an. Aus der unendlichen Vielfalt der unterschiedlichen Spielarten der Kriminalliteratur haben wir die klassische Detektivgeschichte zum Gegenstand unserer Analyse und damit auch zum Ausgangspunkt für die intendierten Schreibprozesse gemacht.

## Zum Aufbau der Gesamtsequenz

Nach vorgegebenen Bauformen / literarischen Mustern erzählen, bedeutet die Strukturierung des intendierten Gesamtlernprozesses nach lernpsychologisch gesicherten Grundregeln. Die Folge von Rezeption und Produktion muß daher auch den Ablauf des Unterrichts bestimmen. Wenn die Schüler kreative Schreibmöglichkeiten erproben sollen, d.h. wenn sie in diesen Zusammenhängen nach literarischen Bauformen erzählen sollen, dann benötigen sie auch die Orientierung am literarischen Muster. Erst die genaue Kenntnis über Merkmale und unverwechselbare Strukturen inhaltlicher und formaler Art von Texten eröffnet ihnen die Möglichkeit, diese in der Rezeptionsphase erworbenen Kategorien beim Schreiben eigener Texte anwenden zu können. Kreative Anstöße gehen u. E. nur dann von Texten aus, wenn Rezeption und Produktion wechselweise und sehr intensiv aufeinander bezogen werden. Das Startsignal für diesen Prozeß leistet nach unserer Einschätzung immer der vielfältige Umgang mit der literarischen Vorlage.

Auch wir sind uns bewußt, daß ein Schreibverfahren, das den Schülern literarische Muster insbesondere zur formalen Orientierung vorgibt, ein Entdecken neuer und alternativer Ausdrucks- und Gestaltungsmöglichkeiten bzw. die Chancen, selbst zu einer eigenen Form zu finden, unter Umständen behindert oder sogar, wie manche Kritiker behaupten, *verhindert.* Oft sind in der Tat die gewählten literarischen Vorbilder zu übermächtig und erdrückend, Haltung, Sprache und Thematik zu fremd, als daß sich Schüler mit solchen Texten identifizieren könnten.

Im Zuge dieser Kritik wäre es sicher konsequent, jegliches Schreiben von Aufgabenstellungen auf der Grundlage von sog. Modell- oder Mustertexten zu befreien, da ein solches Schreiben nach Vorlagen bzw. literarischen Mustern die Schüler zu stark einenge und gängele und ihr Schreiben nichts weiter darstelle als eine Kopie von formalen und inhaltlichen Vorschriften. Die Konsequenz aus dieser Kritik wäre, die Schüler ohne jegliche thematische und formale Orientierung zum Schreiben zu bewegen, was sicher für das in der Schule leider noch immer zu verordnende Schreiben (s. Klassenarbeiten usw.) ein nach unserer Einschätzung nahezu aussichtsloses Unterfangen darstellt. Ein solcher Ansatz geht nach unserer Meinung völlig an den Voraussetzungen vorbei, unter denen sich das Schreiben als schulische Tätigkeit in unseren Klassenzimmern nach wie vor noch immer vollzieht.

Ästhetisches Empfinden, kreative Ideen und motivierende Schreibmotive sind sicher nicht allein durch Appelle an die kreativen Kräfte der Schüler freizusetzen. Die sicher gut gemeinte Aufforderung „Schreibt, was ihr wollt“ oder „Schreibt, was euch wichtig erscheint“ usw. wird auf Schülerseite sehr schnell zu dem Ergebnis führen, ihnen falle nichts ein, sie hätten keine Phantasie, was ja inzwischen von nicht wenigen unserer Schüler auch behauptet und bewiesen werden kann.

Aus diesen Gründen stößt Ulshöfers induktive Methode auch bei uns auf deutliche Ablehnung. Mit seiner Methode ist zumindest mit der augenblicklichen Schülergeneration kaum eine Erweiterung der kreativen Sprachkompetenz zu erwarten, denn wir wissen doch alle nur zu gut, vor welchen Problemen der größte Teil unserer Schüler steht, wenn sie aufgefordert werden, sozusagen aus dem „Nichts“ heraus und ohne formale Rahmenbedingungen strukturiert zu erzählen bzw. zu schreiben.

Sequenzziele:

---

**REZEPTION**

Die Schüler sollen zu den ausgewählten epischen Formen (Fabeln, Eulenspiegel- und Schildbürgergeschichten und Detektivgeschichten)

- entsprechende Strukturmerkmale kennenlernen und erste Einsichten in Entstehungsbedingungen und Wirkungsabsichten der Texte gewinnen
- durch die Kenntnis textspezifischer Merkmale einen Text einer entsprechenden Gattung zuordnen können

---

**PRODUKTION**

- die in der Phase der Rezeption erworbenen Kenntnisse über Merkmale und Kategorien der Texte beim Schreiben solcher Texte anwenden können
- diese Kenntnisse durch operativ-experimentelle Gestaltungsübungen weiter vertiefen und für die eigene Textproduktion sinnvoll nutzen
- somit mehr Spaß und Freude am Lesen, Verstehen und eigenständigen Verfassen solcher Texte entwickeln

---

## Fabeln analysieren, verändern und mit Hilfe durch Vorgaben selbst schreiben (1.–6. Stunde)

### Didaktische Legitimation

Ein Blick in die neueren Lese- und Sprachbücher für die Sekundarstufe I macht deutlich, daß Fabeln noch immer ein gewichtiger Stoff für den Deutschunterricht darstellen. Selbst die unterschiedlichsten Definitionen und literaturwissenschaftlichen Theorien sowie die Versuche, die Gattung zu ideologischen Zwekken zu mißbrauchen, haben ihre Attraktivität als anerkannten Lerninhalt des Deutschunterrichtes nicht beeinträchtigen können.

Umstritten unter den Didaktikern ist heute lediglich die Frage, in welchem Alter mit der Behandlung von Fabeln begonnen werden sollte. Kriterien für die Alterszuweisung, die von der Grundschule bis zum 10. Schuljahr der Sek. I reicht, werden meist nicht angegeben, die didaktische Plazierung erscheint oft willkürlich, die Auswahl der Texte erfolgt oft nicht schülergerecht. Der Schwerpunkt der Fabelanalyse liegt aber offensichtlich nach den Entscheidungen der Lesebuch-Herausgeber in der Orientierungsstufe, wenngleich es auch dafür kein explizites didaktisches und pädagogisches Argument gibt. (Vgl. Gerth, K.: Fabeln und Witze, in: Praxis Deutsch, Nr. 64/1984, S. 16) Wir sind der Meinung, daß man die Fabel grundsätzlich in den verschiedensten Alters- und Schulstufen ansiedeln kann, wenn man die entsprechenden Voraussetzungen auf seiten der Schüler bei allen zu treffenden Auswahl- und Planungsentscheidungen gebührend berücksichtigt. Die Voraussetzungen zur Reflexion und Abstraktion, zum Verstehen und Erkennen, sind sicher in jeder

Altersstufe gegeben, wenn auch auf unterschiedlichem Niveau. Das einzuübende distanzierte Betrachten, das zur anschließenden Reflexion über eigenes und fremdes Verhalten führen soll, läßt sich u. E. ebenfalls auf allen Stufen in unterschiedlicher qualitativer Ausprägung initiieren. Insbesondere die sozialkritische und politische Funktion der Fabel und ihre enge Verzahnung mit konkreten historischen und gesamtgesellschaftlichen Zusammenhängen legen es nahe, die Gattung schwerpunktmäßig in der Sek. I zu behandeln. Ihre kritisch-didaktische Funktion fordert die Anbahnung und Entfaltung wichtiger Grundkompetenzen, wie sie von vielen Lehrplänen gefordert werden. Der Umgang mit solchen Texten soll die Schüler anleiten „... zum Kennenlernen und Verstehen anderer Menschen und ihres Verhaltens, u. U. auch der Menschen anderer Zeiten, zur Begegnung mit menschlichen Grundsituationen führen, aber auch Anregungen zu ihrer Bewältigung geben.« (Lehrplan Deutsch, Orientierungsstufe Rheinland-Pfalz, S. 31)

Um diese grundlegenden Ziele zu erreichen, müssen die Schüler lernen, die von der Fabel vermittelte Einsicht zu übertragen und nutzbar zu machen, sich mit der Fabelweisheit kritisch auseinanderzusetzen und ihren Wahrheitsgehalt an ihrer konkret erfahrbaren Realität zu überprüfen. Mit dem Lesen und Verstehen von Fabeln verbinden sich eine ganze Reihe weiterer wichtiger allgemeiner und fachdidaktischer Zielsetzungen, die Klaus Gerth im Basisartikel des Heftes 64 von Praxis Deutsch aufgelistet und näher beschrieben hat.

Wie kaum eine andere literarische Form eignen sich Fabeln zum produktiven Umgang mit Literatur. Infolge ihrer stets überschaubaren narrativen Aufbaustruktur eignen sie sich gleichermaßen zum Lesen und Interpretieren wie zum Umformen und selbständigen Verfassen. „Man kann sie verändern, fortsetzen oder mit neuen Schlüssen versehen; man kann sie ironisieren oder Gegenfassungen schreiben. Man kann die Rollen vertauschen, den Sinn umkehren, episieren, verknappen oder das fehlende Epimythion ergänzen." (Gerth, Klaus: PD 64, 1984, S. 17)

Aus der Vielzahl der methodischen Möglichkeiten des Umgangs mit Fabeln (Analysieren, Vergleichen, Illustrieren, Spielen, Verändern, Vollenden, Produzieren) greifen wir die für den intendierten Schreibprozeß relevanten Gestaltungsübungen Verändern und Erfinden heraus und stellen dazu eine Unterrichtssequenz bereit.

Für das Verändern und Erfinden von Fabeln finden sich in der didaktischen Literatur eine Fülle von brauchbaren Hinweisen, die in diesem Zusammenhang nur insoweit knapp skizziert werden, als sie unsere methodischen Maßnahmen zur Inszenierung von Schreibintentionen und Bereitstellung von Schreibanlässen entsprechend beeinflußten.

Für das Verändern und Vollenden von Fabeln hat schon Lessing in seinen Abhandlungen über die Fabel detaillierte Vorschläge gemacht, die er z. T. selbst beim Fabelschreiben realisiert hat. (Vgl. Lessing, G. E.: Fabeln. Abhandlungen über die Fabel, Stuttgart 1979) Auch Payrhuber greift in seinem Buch „Wege zur Fabel" weitgehend auf die Methode Lessings zurück. Die Schüler sollen anfangs mehr finden als erfinden, um dann langsam von diesem Finden zum Erfinden zu gelangen. (Vgl. Payrhuber, F.-J.: Wege zur Fabel, Freiburg 1978, S. 114) Die Schüler sollen demnach Verkürzungen, Umformungen oder Ergänzungen an bestehenden Fabeln vornehmen, bei diesen kreativen Gestaltungsprozessen die Strukturen der Fabel erfassen und diese Erkenntnisse erst am Ende des Lernpro-

zesses bei der Eigenproduktion verwerten.
Für das Erfinden von Fabeln hat insbesondere Ulshöfer Vorschläge gemacht, die nach wie vor in der Fachdidaktik heftig umstritten sind. Er ist der Meinung, der beste Weg, Fabeln zu verstehen, sei das Erfinden eigener Fabeln. Ausgehend von einer Geschichte aus dem Erfahrungsbereich der Schüler sollen diese zu Beginn der Sequenz eine eigene Fabel schreiben. Nach der Präsentation literaturhistorischer Fabeln sollen die Schüler dann diese mit ihren eigenen Produktionen vergleichen und über diesen Fabelvergleich sich die Kenntnisse über inhaltliche und formale Strukturen der Fabel aneignen. (Vgl. Ulshöfer, Robert, Methodik des Deutschunterrichts, Bd. 1: Unterstufe, 1978, S. 229–244 und ders., Bd. 3: Mittelstufe II, 1978, 2. Aufl., S. 337–342)
Kritisch anzumerken bleibt, daß bei dieser Vorgehensweise die Leistung des Schülers nur sehr schwer zu erfassen ist, und rein formaler Natur bleibt. Wie soll er Fabeln verfassen, wenn er deren Strukturmerkmale und inhaltlichen Mechanismen noch nicht kennt?
R. Dithmar vertritt die Ansicht, daß die Schüler zum Erfinden von Fabeln keine Überschriften oder die beliebten Sprichwörter als Vorlage erhalten sollten, da dies auf Kosten der Lebendigkeit und Anschaulichkeit gehen würde. Diese Vorgaben führten zur Gestaltung von Fabeln mit unverbindlichen Lebensweisheiten. (Vgl. Dithmar, R., Die Fabel, Geschichte, Struktur, Didaktik, Paderborn 1971, S. 114) Er plädiert wie Ulshöfer zur Vorgabe einer konkreten Situation oder geeigneten Konstellation, die der Schüler dann in eine Fabel umsetzen oder „übersetzen“ soll. Hier richtet sich unsere Kritik gegen die Auffassung Dithmars, denn auch bei der Vorgabe von Sprichwörtern kann der Schüler aktuellen Bezug auf seine konkrete Lebenssituation (z.B. erlebte Ungerechtigkeiten, Machtverhältnisse usw.) nehmen und im Sprichwort sehr wohl einen motivierenden Schreibimpuls empfinden. Gleichgültig welchen umstrittenen methodischen Weg man favorisiert, das Erfinden von Fabeln leistet in jedem Fall zweierlei:

1. Durch die eigenen Gestaltungsversuche lernen die Schüler die gattungsspezifischen Merkmale und Strukturen besser kennen und vertiefen diese Kenntnisse so, daß sie in ihr eigenes Schreibpotential übernommen werden können.
2. Fabeln werden auf diese Weise, dabei ist es u.E. gleichgültig ob wir von Sprichwörtern oder von persönlichen Erlebnissen und Erfahrungen der Schüler ausgehen, Medium der Auseinandersetzung des jungen Menschen mit der Welt der Erwachsenen und den Problemfeldern, die sich durch den Sozialisationsprozeß der jungen Menschen zwangsläufig ergeben.
(Vgl. Landwehr, Hans, Die Grashalmfamilie, in: PD, Nr. 64/84, S. 46)

## Zum Aufbau der Sequenz

Wie schon in der Beschreibung der Gesamtsequenz „Nach vorgegebenen Bauformen / literarischen Mustern erzählen“ dargestellt, tritt beim Schreiben nach Texten die rein kommunikative Funktion hinter die Gestaltungsfunktion zurück oder bleibt ganz außerhalb des Gestaltungsspiels. Die Textproduktion ist hierbei nicht von kommunikativen Absichten mitbestimmt, sondern von Gestaltungsregeln und der Lösung von Gestaltungsregeln. (Vgl. Menzel, W., PD, Nr. 65/84, S. 15) Zum Einsatz in der nachfolgenden Sequenz gelangt ein Verfahren, das Textstrukturen der Fabel vornehmlich deshalb

analysiert, damit die gewonnenen Erkenntnisse in den literarischen Gestaltungsprozeß des Schülers integriert werden können. Folglich gliedert sich die Sequenz in einen rezeptiv-analytischen und produktiven Teil.
Verständlicherweise muß sich die Darstellung innerhalb der „Stundenblätter Aufsatz" auf die zum eigentlichen Textherstellungsprozeß gehörenden Stunden konzentrieren. Der Schwerpunkt in der Zielsetzung dieser und auch der nachfolgenden Sequenzen liegt eben auf der Darstellung operativ-experimenteller Gestaltungsübungen auf der Basis vorgegebener Texte. Andererseits baut dieser Lernschritt auf den Ergebnissen und Erkenntnissen der textanalytischen Phase auf, ohne die keine sinnvollen Lösungen zu erwarten sind.
Aus diesem Grunde beginnen wir die Sequenz mit einer Doppelstunde, in der schwerpunktmäßig die relevanten Merkmale und Strukturen der Fabel erarbeitet bzw. wiederholt werden, die für die nachfolgenden produktiven Schreibphasen benötigt werden.
Unabdingbare Voraussetzung zum Gelingen der produktiven Phase muß sein, daß die Schüler die Gattung „Fabel" und ihren Gleichnischarakter in der Unterstufe schon kennengelernt haben. Dem eigentlichen kreativ-gestalterischen Umgang mit der Textsorte müßte eine Unterrichtsreihe vorausgegangen sein, die den Schülern die typischen Kennzeichen der Fabel vermittelte. Als Lernvoraussetzung legen wir die Kenntnis folgender Strukturelemente zugrunde:

### 1. Struktur und Aufbau der Fabel

Der Aufbau folgt meist dem Schema:
- Situation
- actio (Rede oder Handlung)
- reactio (Gegenrede oder Gegenhandlung)
- Ergebnis (Pointe)

(Vgl. Gerth, Klaus, Fabeln und Witze, PD, Nr. 64/1984, S. 14)
Von diesem Grundschema gibt es mehrere Variationen, so können z.B. actio und reactio doppelten bis vierfachen Wechsel aufzeigen. Dieses vierteilige Aufbauprinzip beruht auf dem epischen und dramatischen Charakter der Fabel. Ein Drama in Kleinstform wird in einen erzählerischen Rahmen gefügt und zeigt die Einheit von Ort, Zeit und Handlung. Die Fabel setzt unmittelbar ein, ohne Hintergrund und Vorgeschichte zu erläutern. Zeit und Ort werden nur dann in knappster Form erwähnt, wenn sie für die Kernaussage der Fabel bedeutsam sind. Die Handlung besteht meist nur aus einem Handlungsstrang und beschränkt sich auf wenige Akteure.

### 2. Die Fabelfiguren

Für die meisten Fabeltheoretiker gilt als typisches Kennzeichen der Gattung das Auftreten vermenschlichter Tiere. Es sind in den meisten Fällen bestimmte Eigenschaften, die durch bestimmte Tiere verkörpert werden. (z.B. Fuchs = listig, Löwe = mächtig, Esel = dumm, usw.) Durch die Festlegung und Verknüpfung dieser Eigenschaften mit bestimmten Tieren erreicht der Fabeldichter, daß der Leser auf Anhieb weiß, worum es in der Fabel geht. Allerdings gibt es auch Fabelfiguren, die unterschiedliche Verhaltensweisen verkörpern. Der Wolf etwa, wird einmal als mächtig und stark, ein anderes Mal als töricht und plump dargestellt.
Für dieses häufige Auftreten von Tieren in Fabeln (auch seltene Pflanzen, unbelebte Naturgegenstände und Menschen treten in ca. 25% der Fabeln auf) gibt es eine Reihe von Ursachen und Erklärungen:
a) Der Fabeldichter kodiert seine Botschaft oder zu übermittelnde Wahrheit

und verfolgt damit unterschiedliche Intentionen. Einmal hatte diese Art der Verfremdung den Vorteil, daß sie dem Fabeldichter einen gewissen Schutz bot, falls ihm durch seine kritische Haltung Sanktionen von Seiten der Herrschenden drohten. Durch diesen Kodierungseffekt wird die direkte Reaktionsmöglichkeit derer hintertrieben, die getroffen werden sollen. Ihnen wird eine Distanzhaltung abgenötigt, weil sie sich selbst in einer „fremden Haut“ wiedererkennen sollen. Damit hebt die Fabel die Wahrheit aus der Sphäre der direkten scharfen Konfrontation in die der Erkenntnis. Emotionalität und Leidenschaft muß der Argumentation weichen.

b) Die Enträtselung und Dekodierung der in der Fabel versteckten Aussagen wird für den Leser zu einem intellektuellen und ästhetischen Vergnügen, dem er sich gerne widmet.

c) Der allgemein bekannte und festgelegte Charakter der Tiere erspart dem Fabeldichter eine umständliche und langatmige Charakterisierung der Handlungsträger. Hieraus erklärt sich auch die Überschaubarkeit, Kürze und Klarheit im Aufbau.

### 3. Der Gleichnischarakter

Die Fabel ist ein erzählender Text mit gleichnishaftem Charakter, bei dem wir die „Erzählseite“ von der eigentlichen „Sinnseite“ unterscheiden müssen. (Vgl. Gerth, Klaus, a.a.O., S. 16) Wir erfahren nichts um seiner selbst willen, sondern weil es auf einen Sinn verweist. Der Sinn muß aus der sog. „Tierhandlung“ erschlossen werden, es sei denn, die Fabelautoren fügen dem Fabelgeschehen noch eine direkte Lehre hinzu. (Vgl. Gerth, Klaus, a.a.O., S. 16)

In der Fabel werden insbesondere politische, gesellschaftliche und private Mißstände auf einen gleichnishaften Modellfall übertragen und zur distanzierten Anschauung gebracht.

### 4. Das Epimythion

Als Epimythion bezeichnet man eine an die Fabel angehängte Lehre oder Moral, die meist noch eine Verhaltensregel intendiert. Dieses Epimythion ist in seiner unmittelbaren Funktion für die Wirkabsichten der Fabel durchaus umstritten, da es nicht selten als wirkliches Anhängsel ohne direkten und inhaltlich schlüssigen Bezug zum Fabelgeschehen erscheint. Dennoch gehören Fabeln zweifelsfrei zur didaktischen Literatur, die sowohl informative als auch appellative Funktionen aufweist. „Ihre didaktische Wirk-Intention richtet sich auf eine Verhaltensänderung der Rezipienten im Sinne einer Erweiterung ihres Wissens (über den Menschen und die ‚Weltverhältnisse‘) und ihrer kritisch-reflektorischen Fähigkeiten (Kognitive Wirkung), aber auch im Sinne der Erzeugung einer Bereitschaft, aus gewonnener Erkenntnis handelnd Konsequenzen zu ziehen (pragmatische Wirkung).“ (Ecker, A., Fabel, Parabel, in: Stocker, Karl [Hrsg.], Taschenlexikon der Literatur- und Sprachdidaktik, Bd. 1, Frankfurt am Main 1976, S. 121)

In der einführenden Doppelstunde sollen die Schüler durch vergleichende Analyse die vorgelegten drei Texte als Fabeln identifizieren und ihnen bereits bekannte Merkmale und Eigenschaften dieser Textsorte wiedergeben. In diese analytisch angelegte Textbegegnungsphase integrieren wir bereits einen produktiven Vorkursus, indem die Schüler die Versfabel von La Fontaine in eine episierende Form umschreiben und dabei die relevanten Form- und Aufbaustrukturen beachten sollen.

Hauptaufgabe dieser Doppelstunde ist es, die für den späteren Schreibprozeß benötigten „Bausteine“ zu erarbeiten und bereitzustellen. Den produktiven Teil der Sequenz beginnen wir mit der Aufgabe, eine eher breit episierende Fabel umzuschreiben, d.h. auf die „klassische Struktur“ zu reduzieren und dabei auch dialogisierende Elemente einzubauen. In dieser Stunde sind die Schüler gefordert, ihr Wissen um die formale Aufbaustruktur der Fabel entsprechend anzuwenden.
Die darauffolgende Doppelstunde (4./5. Stunde) steigert die Anforderungen. Die Schüler werden mit Eigenproduktionen unterschiedlicher Qualitätsstufen konfrontiert und aufgefordert, die drei angebotenen Textbeispiele zu bewerten und die weniger gelungenen Exemplare zu überarbeiten. Diese Stunde dient in erster Linie noch einmal als Lernzielkontrolle, d.h. der vertiefenden Aneignung und Verinnerlichung der gesamten Strukturelemente der Fabel.
In der 6. Stunde schließlich werden die Schüler zu Selbstproduktionen von Fabeln aufgefordert. Als Schreibimpulse werden ihnen Sprichwörter, Konfliktsituationen und Fabelillustrationen angeboten (s. Materialteil).

### Lernziele

Die Schüler sollen
- die für den intendierten Schreibprozeß notwendigen inhaltlichen und formalen Fabelmerkmale kennenlernen und dabei
- erste Einsichten in Entstehungsbedingungen der Gattung gewinnen
- die Fabel als eine Form didaktischer Literatur erfahren, die Sachverhalte nicht direkt, sondern in kodierter Form mitteilt
- die aus der „Tiergeschichte“ bzw. dem Epimythion entnommenen Erkenntnisse und Wahrheiten auf konkrete Fälle aus dem menschlichen und gesellschaftlichen Bereich transferieren und kritisch prüfen;

---

- die in der Phase der Analyse und Rezeption erworbenen Kenntnisse über Fabelstrukturen beim Umformen und eigenen Verfassen von Fabeln anwenden können
- ihre Kenntnisse über bestimmte gattungsspezifische Merkmale der Fabel gerade durch die Eigenproduktion vertiefen und festigen
- durch die Produktion von Fabeln sich eine Erzählstruktur aneignen und damit ihre Erzähl- und Schreibfähigkeit insgesamt verbessern
- durch die kreativen Schreibtätigkeiten mehr Sensibilität für literarische Strukturen gewinnen und damit auch mehr Interesse an der Beschäftigung mit Literatur.

## 1./2. Stunde: Strukturmerkmale der Fabel (Mat. 1)

### Vorbemerkungen

Wie schon aus der Beschreibung der Gesamtsequenz hervorgeht, ist diese Doppelstunde als Einführungsstunde in die Unterrichtseinheit gedacht. In ihr sollen die für die geplanten Schreibprozesse benötigten gattungsstrukturellen Einsichten gewonnen werden. Die Stunde stellt durch Rezeption und Reflexion bzw. durch die Reorganisation des in der 5. und 6. Klasse erworbenen Wissens die erforderlichen Kenntnisse um die Baugesetze der Fabel bereit. Auf der Grundlage dieser Kenntnisse über das Wesen der Fabel soll der Schüler dann sein eigenes Schreiben ausrichten und selbst Fabeln erfinden. Die Erarbeitung der relevanten Strukturelemente vollzieht sich durch die vergleichende Analyse der drei Fabeln (Mat. 1), von denen wir meinen, daß sie die zu erarbeitenden gattungsspezifischen Merkmale eindeutig repräsentieren und von den Schülern in ihrer Gleichnishaftigkeit auch erfaßt werden können. Die u. E. von den Schülern zu leistende Inhaltsanalyse dürfte für die Schüler dieser Klassenstufen keine Probleme bereiten und damit den Weg freimachen für die formale Analyse.

Aus diesem Grund haben wir weder stoffgleiche noch motivverwandte Fabeln oder Fabelvarianten ausgesucht, sondern solche Fabeln, die zwar unterschiedliche Inhalte und unterschiedliches „Tierpersonal" aufweisen, in ihrer inneren Struktur aber trotz geringfügiger Nuancierungen als nahezu „baugleich" bezeichnet werden können. Die Unterschiede liegen entsprechend ihrer unterschiedlichen inhaltlichen Struktur in den voneinander abweichenden Lehrcharakteren und den damit verbundenen unterschiedlichen didaktischen Absichten. Ein weiterer Unterschied liegt in der Gestaltung des Epimythions. Der Fabeltext Martin Luthers wird ohne die angehängten Lehren angeboten, die beiden anderen Fabeln bieten dem Leser das Epimythion an unterschiedlichen Stellen direkt an.

Das Ziel der Analyse ist in dieser Stunde immer auf die Herausarbeitung der „Baugesetze" der Fabel gerichtet, andere verlockende Vergleichsgesichtspunkte sollten in eigenständigen Sequenzen durchgeführt werden. Neben dieser schwerpunktmäßig zu leistenden Form- und Inhaltsanalyse soll den Schülern die Funktion der Tierfiguren als Träger des Fabelgeschehens verständlich gemacht werden. Dieses Verständnis für die Kodierung von menschlichen Eigenschaften durch Fabelfiguren ist ebenfalls unerläßlich für die Herstellung eigener Fabeln. Hierbei muß dem Schüler bewußt gemacht werden, daß es sich nicht einfach um die festgelegte Übertragung naturkundlicher Tiereigenschaften auf den menschlichen Bereich handelt, sondern daß es sich bei den Tierfiguren der Fabel um echte „Fabelwesen" handelt, die in einer ganz bestimmten Intention eingesetzt werden. Neben dem Erfassen dieser Kodierungsfunktion müssen die Schüler die aus dem Fabelgeschehen zu ziehenden Lehren formulieren und auf konkrete Fälle aus dem menschlichen Bereich übertragen.

Die Fabeln von M. Luther und Jean de La Fontaine spiegeln eine Grundproblematik der sozialen Wirklichkeit wider: Das Verhältnis von Macht und Recht. Jeweils zwei Gegenspieler (Löwe – Esel und Wolf – Lamm) stehen sich gegenüber, der Mächtige und Privilegierte gegen den Ohnmächtigen, das Recht des Stärkeren gegen das Prinzip der Gleichheit und Gerechtigkeit. Die Lösung des Konfliktes vollzieht sich nach dem Prinzip: Wer Macht hat, hat recht. Der Fuchs unterwirft sich, durch die Bestrafung des Esels gewarnt, der Macht des Löwen und paßt sich an.

Charakteristisch an der Fabel La Fontaines ist, daß der Mächtige nach Argumenten sucht, um sein unrechtes Handeln zu rechtfertigen. Der Wolf bringt drei völlig haltlose Anschuldigungen gegen das Lamm vor, die es ohne weiteres sofort entkräften kann. Trotzdem tötet er das wehrlose und völlig unschuldige Opfer. Das Epimythion erfaßt hier nur die „Seite des Wolfes".

In der Lessingschen Fabel vom Raben und dem Fuchs werden am Ende die Rollen getauscht. Es triumphiert nicht der „schlaue" Fuchs über den törichten und eitlen Raben, sondern der Fuchs verendet an dem Stück vergifteten Fleisch, das ihm der Rabe aus purer Eitelkeit überläßt. Der Fuchs muß für seine unersättliche Gier mit dem Leben bezahlen. Lessing greift in der Moral der Fabel die Schmeichelei aus purer Gewinnsucht an und nicht die menschliche Eitelkeit, die der Rabe verkörpert. (Vgl. Weil, Bernd, Fabeln: Verstehen und Gestalten, Frankfurt 1982, S. 60)

## Lernziele

Die Schüler sollen
- die drei Fabeln formal und inhaltlich miteinander vergleichen und erkennen, daß trotz unterschiedlicher Erscheinungsformen und geringfügiger Varianten (z.B. dreifache Rede des Wolfes) alle Texte zur Gattung Fabel zählen und nach gleichem Grundmuster (4teiliger Aufbau) aufgebaut sind
- die drei Fabeln als kodierte Texte erkennen, die Lehre („Moral") vermitteln wollen
- die Lehre der drei Fabeln herausfinden, mit eigenen Worten formulieren und versuchen, sie in Form von Sprichwörtern wiederzugeben
- die Lehre der Fabel in den menschlich-gesellschaftlichen Bereich übertragen und mit eigenen konkreten Erlebnissen bzw. Erfahrungen in Beziehung setzen und auf ihr eigenes Leben anwenden können.

## Unterrichtsverlauf

*Phase 1:*
*Reorganisation des Vorwissens der Schüler zu den Merkmalen der Gattung Fabel*

Nach der kommentarlosen Präsentation und dem stillen Lesen der drei Fabeltexte (Mat. 1) werden zunächst die spontanen Reaktionen und Bewertungen der Schüler entgegengenommen. Es ist anzunehmen, daß die Ersteindrücke stärker kognitiven Gehalt haben und sich bereits auf die Formelemente der Fabel beziehen werden. Die Qualität und Quantität der Äußerungen geben dem Lehrer ein wichtiges Indiz für die erreichten und konservierten Lernzielstufen und werden die nachfolgenden Lernschritte entsprechend beeinflussen. Mit dem Hinweis, daß sie der Textsorte „Fabel" schon in der Unterstufe begegnet seien und sich sicher noch einiges über die Baugesetze der Fabel behalten haben, werden diese durchaus breit gestreuten Vorkenntnisse über die Erzählstruktur der Fabel reorganisiert und in ersten Ansätzen an den drei „neuen" Texten überprüft.

*Phase 2:*
*Erste vergleichende Analyse der drei Fabeln (formal und inhaltlich)*

Die zweite Phase setzt mit der ersten noch nicht zielgerichteten oder systematisch angelegten vergleichenden Analyse der drei Fabeln ein. Die Schüler erhalten den recht offenen Untersuchungsauftrag, beim zweiten Lesen die ihnen auffallenden charakteristischen Gemeinsamkeiten und Unterschiede der Texte aufzuspüren und zu beschreiben. Diesen Einstieg in die analytische Auseinandersetzung mit den Texten sollte der Lehrer anhand gezielter Impulse unterstützen (s. Stundenblatt).

*Phase 3:*
*Handlungsstruktur, Aufbau der Fabel*

Erst jetzt beginnt die eigentlich zielgerichtete textanalytische Phase mit der Erarbeitung des Erzählschemas der Fabel. Alle drei Fabeln folgen gleichen Baugesetzen, sieht man von der Variation in der Gestaltung von „actio“ und reactio“ bei der Fabel von La Fontaine einmal ab. Diese kleine Variante wird den Schülern aber sicher nicht den Blick verstellen, den Handlungsablauf der drei Fabeln zu gliedern und dabei jeweils gleiche oder ähnliche „Stationen“ oder „Kleinszenen“ zu erkennen. Die Schüler erhalten den Auftrag, die einzelnen Handlungssegmente der Fabel zu markieren und den Handlungsablauf der Fabel zu gliedern. Das Erreichen dieses Teillernzieles vollzieht man am besten, indem man drei Arbeitsgruppen bildet, wobei sich jede Gruppe an einem Text versucht. Sicher wird es in der anschließenden Auswertungsphase keine eindeutigen Lösungen oder „Baumodelle“ geben, aber das Zerlegen der Fabelhandlung in ‚kleinere Einheiten‘ dürfte den Schülern den vierteiligen Aufbau der Fabeln insgesamt transparent machen. Bei der Fabel von La Fontaine muß der Lehrer noch entsprechende Zusatzimpulse liefern. (Achtet bei dieser Fabel insbesondere auf den Mittelteil!) Bei der abschließenden Gewinnung der entsprechenden Fachtermini, die man den Schülern der 7./8. Klasse schon zumuten sollte, muß der Lehrer entsprechend steuern und lenken.

*Phase 4:*
*Charakterisierung der Tierfiguren, ihre Konstellation und Funktion in der Fabel*

In dieser Phase sollen die Schüler erfassen, daß die in der Fabel auftretenden und handelnden Tiere menschliche Eigenschaften und Verhaltensweisen verkörpern. Bei gleicher Beibehaltung der drei Gruppen sollen die Schüler in ihrem Beispiel die handelnden Tiere markieren, herausschreiben und ihnen entsprechende Eigenschaften zuordnen. Die Ergebnisse werden nacheinander im nachfolgenden Unterrichtsgespräch erörtert und in eine vorstrukturierte Tabelle eingetragen (s. Tafelanschrieb). Dieses Raster ist identisch mit dem gesamten Tafelanschrieb und sollte den Schülern als Lern- und Strukturierungshilfe während des Unterrichts ausgehändigt werden. Aus zeitökonomischen Gründen kann man dann auf die Übernahme des recht komplexen und inhaltsreichen Tafelbildes verzichten. Die ausgefüllte Tabelle signalisiert dem Schüler den Gleichnischarakter der Fabel. Er wird ohne Schwierigkeiten herauslesen, daß sich hinter den Fabeltieren eigentlich die gemeinten Menschen verbergen. Im nachfolgenden Unterrichtsgespräch sollte auch kurz die Frage erörtert werden, warum die Fabelautoren ihre Intentionen durch die Verwendung symbolischer Tierfiguren kodierten. Wer diese Problematik vertiefender darstellen möchte, könnte den Luther-Text zur Fabeltheorie heranziehen, der in vielen Lese- und Sprachbüchern zu finden ist. Auf die Klärung der sprachökonomischen Funktion der Tierverwendung sollte man an dieser Stelle ruhig verzichten. Für die folgenden kreativen Gestaltungsphasen genügt die Erarbeitung der Funktion des Kodierungsaspektes. Die Schüler sollen erkennen, daß niemand gerne die Wahrheit hören will. Um diese direkten Angriffe auf die Adressaten zu vermeiden, wer hört schon gerne die meist unbequemen und unangenehmen Wahrheiten, haben die Fabelautoren ihre Lehren in „Tiergeschichten“ versteckt.

*Phase 5:*
*Die Lehre der Fabel / Der gemeinte Sinn*

Die Schüler lernen in dieser Phase die Fabel als didaktische Literatur mit erzieherischen Absichten kennen. Sie werden zunächst aufgefordert, die Epimythien in den Fabeln von Lessing und La Fontaine im Text aufzufinden, mit eigenen Formulierungen zu erläutern und den fehlenden Lehrsatz in der Lutherfabel möglichst in einem Satz selbst zu schreiben. Als wichtige Vorübung für den später folgenden Schreibprozeß sollen sie anschließend versuchen, die formulierten Lehren in inhaltsgleiche Sprichwörter zu „übersetzen“.

*Phase 6:*
*Die Übertragung / Anwendung der Lehre auf den menschlichen / gesellschaftlichen Bereich*

Die Schüler haben gelernt, daß die Fabel eine allgemeingültige Aussage, Einsicht, Wahrheit oder Lehre modellhaft vermittelt. In dieser Phase müssen wir sie nun zu Analogieschlußbildungen auffordern. Die Schüler sollen versuchen, die in den Fabeln vermittelten Einsichten und Lehren auf den menschlichen Bereich zu übertragen und zu prüfen, ob ihnen diese moralischen Sätze auch heute noch etwas für ihr eigenes Leben vermitteln können. Sie dürften hier kaum Probleme haben, entsprechende Beispiele aus ihrem Alltag und Erfahrungsbereich zu bringen, um den Lehrsätzen der Fabel gegenüber eine kritische und reflektierende Einstellung einnehmen zu können. Mit einigen Impulsen kann der Lehrer die Diskussion dieser Transferbeispiele in Gang setzen. (z.B. Gibt es heute auch noch Menschen, die einen Vorwand für eine schlimme Tat suchen? usw.)
Für die folgenden produktiven Aufgabenstellungen ist diese Phase sehr wichtig. Zur Aktualisierung der Fabellehren erzählen die Schüler kleine Geschichten, die in der 4. Stunde dann Ausgangspunkt für das eigene Schreiben sein werden.

## 3. Stunde: Eine in epischer Breite erzählte Fabel auf eine dramatisierte Form reduzieren und Dialoge einbauen (Mat. 3)

### Vorbemerkungen

In der ersten und zweiten Stunde lag der Schwerpunkt auf der Einführung bzw. Wiederholung der Textsorte und der Analyse der für den eigenen Schreibprozeß bedeutsamen Strukturteile und Baugesetze. Diese Stunde dient der Schaffung bzw. Vertiefung einer notwendigen normativen gattungsstrukturellen Einsicht, die den anschließend intendierten Schreibprozeß der Schüler bestimmen soll. Die Schüler sollen die in gewisser epischer Breite erzählte Fabel „Der Dank des Löwen“ von Romulus auf eine knappere und strengere Erzählform bringen und durch den Einbau von wörtlichen Reden die Dominanz des Erzählerischen zurückdrängen und den dramatischen Charakter der Fabel stärker betonen und ihn strukturell deutlich herausarbeiten. Durch diesen Reduktionsprozeß der episierenden Fabel auf eine knappere Erzählform mit dramatisierendem Charakter, so wie sie die Schüler in der Rezeptionsphase kennengelernt haben, werden die für den eigenen Textherstellungsprozeß notwendigen Kriterien bereitgestellt und das in dieser Stunde angewandte operative Verfahren der Textveränderung entsprechend angeregt und vertieft.
Bezüglich der formalen Struktur der Fabel lassen sich zwei Varianten erkennen: die dramatisierende und die episierende Fabel.
In der den Schülern bekannteren dramatisierten Form steht der Dialog und die Aktion im Vordergrund, der Erzähler selbst tritt weitgehend zurück. Nur das

Wichtigste wird thematisiert, alle ausschmückenden Nebensächlichkeiten bleiben unberücksichtigt. Die dialogisierte Fabel ist insgesamt abstrakter und kann eher den Anspruch erheben, allgemeine Lehre und Denkmodell zu sein. (Vgl. Lutz, R. und Müller, U., Stundenblätter Fabeln, 1986, S. 30)
Die episierende Fabel bevorzugt dagegen die breite Ausschmückung der Sachverhalte und die liebevolle Entfaltung der Details, die allerdings für die eigentliche Darstellung des Konfliktes ohne Bedeutung sind. Der Erzähler tritt deutlich hervor und achtet insbesondere auf die Stimmigkeit der gesamten Erzählung, in dem die narrativen Komponenten eindeutig dominieren. Trotz dieser aufgezeigten Unterschiede sind beide Gattungsvarianten nach grundsätzlich gleichen poetischen Gesetzen geformt, so daß sie ohne Schwierigkeiten jeweils zur Gattung Fabel gerechnet werden können.
In der vorliegenden Fabel macht uns der Autor ebenfalls mit Einzelheiten und Ausschmückungen vertraut, die für den Gleichnischarakter der Fabel und die Erkenntnis der Lehre gänzlich unerheblich bleiben. Die didaktische Intention liegt demnach in der Erarbeitung und Bereitstellung der für den eigenen Schreibprozeß notwendigen formalen und inhaltlichen Voraussetzungen. Wenn die Schüler selbst eigene Fabeln vergleichen, bewerten und überarbeiten (4. und 5. Stunde) und schließlich selbst schreiben sollen (6. Stunde), dann müssen sie zwei Dinge beachten:

1. Sie müssen sich bei diesem vorbereitenden Prozeß der Strukturaneignung und -vertiefung unbedingt an die „Baugesetze“ der knappen dramatisierten Form der Fabel halten und den eigenen Schreibprozeß an dieser orientieren.
2. Sie müssen erkennen, daß die episierende Breite die Form der Fabel negativ verändert, wenn nicht sogar zerstört. Die benutzten ausschmückenden Erzählelemente sind in der Regel funktionslos und lenken den Blick des Lesers allzusehr auf Details, die mit dem eigentlichen Sinn der Fabel wenig oder nichts zu tun haben.

Die in dieser Stunde von den Schülern zu leistende Reduktion der episierenden Fabel in eine knappere Erzählform soll ihnen diese beiden Kriterien bewußt machen, die sie dann bei ihren eigenen Gestaltungsversuchen anwenden müssen. Die anzubahnende Einsicht in die Funktion der strengen und knappen Bauform der dramatisierenden Fabel sollte sie dann bei der Eigenproduktion von Fabeln daran hindern, langatmige Tiergeschichten zu verfassen oder ins „uferlose Fabulieren“ zu geraten und damit dem gestellten Erzählauftrag nicht mehr gerecht zu werden.

## Lernziele

Die Schüler sollen die episierende Fabel in eine dramatisierende Form umschreiben, indem sie

- durch vergleichendes Lesen die Gleichheiten, Ähnlichkeiten und Verschiedenheiten dieser Fabel zu den bekannten dramatisierten Formen entdecken und benennen
- die unbedingt notwendigen von den nur ausschmückenden Erzählelementen in der Fabel unterscheiden und
- den vorliegenden Fabeltext schließlich verknappen und ihn dialogisch anreichern, so daß er weitgehend die Erzählform der dramatisierten Fabel annimmt.

## Unterrichtsverlauf

*Vorphase und Phase 1:*
*Besprechung der Hausaufgabe – Präsentation des Textes und vergleichendes Lesen*

Nach der Überprüfung der Hausaufgabe (Eine Versfabel in eine episierende Form bringen) unter Beachtung der im Stundenblatt aufgelisteten Kriterien, wird den Schülern die Fabel „Der Dank des Löwen" von Romulus durch den Lehrer dargeboten. Anschließend können die Schüler in freien Äußerungen ihre Gedanken zur Thematik und formalen Struktur der Fabel vorbringen. Das nachfolgende vergleichende Lesen sollte den Schülern die Gleichheiten, Ähnlichkeiten und Unterschiede im inhaltlichen und formalen Aufbau der Fabel zu den bekannten dramatisierten Formen aus den ersten beiden Stunden aufzeigen.

*Phase 2:*
*Reduzieren der Fabel auf die knappste Form*

Der didaktisch-methodische Schwerpunkt der Stunde liegt auf der Reduktion der episierenden Form dieser Fabel. Hierzu müssen die Schüler zunächst in einer Stillarbeitsphase alle „überflüssigen" bzw. ausschmückenden Erzählelemente identifizieren und durch Unterstreichen markieren. In der nachfolgenden Auswertungsphase werden die entsprechenden Schülerergebnisse vorgetragen, geprüft und mehrheitlich akzeptiert. Schließlich erstellt die Klasse gemeinsam auf der Basis ihrer Formulierungsvorschläge das minimale Erzählgerüst, wobei sich der Lehrer zunächst auf die Reduktion des ersten Abschnittes beschränken und eine für alle verbindlichen verknappten Text erstellen sollte. Die Durchführung der Reduktion des gesamten Textes erfolgt in einer weiteren partnerschaftlichen Stillarbeitsphase, wobei der Lehrer unbedingt noch einmal darauf hinweisen sollte, daß die vorliegende Fabel auf die kürzest mögliche Form gebracht werden sollte. Diese Forderung sollte auch das wesentlichste Kriterium der nachfolgenden Bewertung der Schülerbeiträge sein.

*Phase 3:*
*Dialogisierung des dramatisierenden Handlungsgerüstes*

In dieser Phase des operativen Umgangs mit der Fabel können die Schüler ihre kreativ-gestalterische Handlungskompetenz um einen wichtigen Baustein erweitern, der ihnen bei der späteren Eigenproduktion von Fabeln unbedingt von Nutzen sein wird. Sie sollen nun die auf einen minimalen Umfang reduzierte Fabel mit Dialogen anreichern und damit die Fabel in die gewünschte Fassung bringen. Hierzu gehen die Schüler am besten noch einmal ihre „Rohfassungen" durch und markieren zunächst die Stellen, an denen der Einsatz von Dialogen geboten erscheint. Aus dem im Materialteil (Mat. 3) angebotenen Wortmaterial sollen sich die Schüler die passenden redebegleitenden Verben aussuchen und zweckgerichtet in den Text einbauen.

## Hausaufgabe

Mit der aus der Stunde heraus entwickelten Hausaufgabe (Die Fabel wird komplett neu gestaltet und auf die dramatisierte Form gebracht) wird innerhalb der Gesamtsequenz der Übergang von der Fabelanalyse zur Fabelproduktion eingeleitet. Die Hausaufgabe dient der Anwendung der in den vorausgegangenen Lernschritten gewonnenen Erkenntnisse und Fähigkeiten an einem Text, den sie nun vollständig auf die erlernte Fabelstruktur umschreiben sollen.

## 4./5. Stunde: Schülerfabeln miteinander vergleichen, bewerten und überarbeiten (Mat. 4)

### Vorbemerkungen

Die in den vorausgegangenen Unterrichtsstunden erarbeiteten Fabelmerkmale sollen in der als Doppelstunde konzipierten Unterrichtseinheit an Schülerproduktionen wiederentdeckt und letztmalig im analytischen Verfahren überprüft und vertieft werden. Es verwundert vielleicht, daß wir der intendierten Produktion von Texten die Bewertung und Überarbeitung eigener Entwürfe vorangestellt haben, anstatt den in der Didaktik üblicherweise umgekehrten Weg zu wählen. Diese Doppelstunde verfolgt innerhalb der gesamten Lernsequenz allerdings das Ziel, die Schüler endgültig zu befähigen, die Gattung Fabel unmißverständlich zu beschreiben und die normativen Kriterien der dramatisierenden Fabelform so zu verinnerlichen, damit sie in der 6. Stunde mit Hilfe von unterschiedlichen Vorgaben endlich ihre eigenen Fabeln strukturiert erzählen bzw. schreiben können. Unbestritten in der Didaktik ist die Tatsache, daß die Schüler vor dem von ihnen abverlangten kreativen Gestaltungsprozeß zuvor die entsprechenden textstrukturellen und kommunikativen Zusammenhänge erfassen müssen, auf die sie mit ihren eigenen Texten doch entsprechend reagieren sollen. Als Voraussetzung für das eigene Gestalten von Fabeln dient u. E. die vollständige Adaption der Strukturen und Erzählschemata der Fabel. Um die in der 6. Stunde zu leistende kreative Aufgabenstellung zu bewältigen, sollen in dieser Stunde die entsprechenden „Rahmenbedingungen" erarbeitet werden. Den Schülern werden hierzu drei Schülerarbeiten vorgelegt, die sie miteinander vergleichen und in ihren unterschiedlichen inhaltlichen und formalen Strukturen erkennen sollen. Dieser Diagnoseprozeß sollte insbesondere drei Kriterien berücksichtigen. Zum einen sollen die Schüler durch die treffende Einschätzung und Bewertung der Texte als gelungen bzw. weniger oder nicht gelungen zeigen, daß sie die Lernziele der vorausgegangenen Stunden inzwischen beherrschen und ihr Wissen um die Gattung Fabel bei der intendierten Bewertung und Beurteilung der vorgelegten Texte auch dementsprechend sicher und zielgerichtet anwenden können. Zum anderen soll ihnen die vergleichende Analyse der Schülerfassungen noch einmal einen Gesamtüberblick über alle relevanten Fabelmerkmale verschaffen, so daß sie ihre eigenen Gestaltungsversuche auf einer fundierten Basis aufbauen können.

Den Schülern wird es sicher keine Schwierigkeiten bereiten, die Arbeit „Der Elefant und die Ameisen" als die Konstruktion zu identifizieren, die am deutlichsten als Fabel erkennbar ist und die erarbeiteten Merkmale in signifikanter Weise repräsentiert. Den Text „Die Maus und der Frosch" werden sie ebenso sicher als episierende Form der Fabel wiedererkennen und deutliche Parallelen zu der Fabel „Der Dank des Löwen" von Romulus entdecken. Zweifelsfrei die größten Probleme werden ihnen bei der vergleichenden Betrachtung die Einordnung und Bewertung des Textes „Mein Freund Alfred" machen, da sie in diesem Text die ihnen bekannten konstitutionellen Elemente der Fabel zunächst vergeblich suchen. Dennoch sollten die Schüler mit entsprechender Hilfestellung anhand des Handlungsaufbaus, der gegensätzlichen Charaktere und der Art der vorgenommenen Konfliktlösung die Verwandtschaft der Textvorlage mit der Gattung Fabel erkennen. Die genaue Analyse sollte ihnen verdeutlichen, daß der Verfasser dieser „Nicht-Fabel" es lediglich versäumte, seine Geschichte auf die Ebene des Fabelgeschehens zu transponieren, d. h. seine „normale Geschichte aus dem Alltag" gattungsgemäß zu verfremden. Diese notwendige „Übersetzung" bzw. Kodierung der vorliegenden Alltagsgeschichte in eine Fabel wird dann in der Hausaufgabe geleistet und dient der Vorbereitung des eigenen Schreibprozesses.

## Lernziele

Die Schüler sollen

- drei Schülerarbeiten miteinander vergleichen und in einem ersten unangeleiteten Bewertungsversuch die am deutlichsten als Fabel erkennbare Arbeit benennen bzw. weitere grobe Einschätzungen vornehmen
- die drei Schülerfassungen nacheinander untersuchen und Kriterien für die Beurteilung als gelungene, mißlungene oder weniger gelungene Fassung nennen und dabei die in den letzten Unterrichtsstunden erworbenen Kenntnisse bei der vergleichenden Analyse und gattungsstrukturellen und -ästhetischen Bewertung der Produktionen anwenden können
- Möglichkeiten für eine notwendige Überarbeitung der weniger oder nicht gelungenen Fassungen aufzeigen.

## Unterrichtsverlauf

### *Vorphase und Phase 1: Überprüfung der Hausaufgabe und Schülerwettbewerb zur Fabelproduktion*

Der kriterienorientierten Besprechung der Hausaufgaben (s. Stundenblatt) folgt die Motivationsphase für den angestrebten Vergleich, die Bewertung und Überarbeitung von Schülerfabeln. Hierzu bieten wir den Schülern eine durchaus realistische Kommunikationsebene: Die Redaktion einer Schülerzeitung fordert die Schülerinnen und Schüler der Unter- und Mittelstufe auf, eigene Fabeln zu schreiben, wobei die beste Schülerarbeit veröffentlicht und prämiert werden soll. Die Schüler übernehmen somit während der gesamten Unterrichtsstunde die Rolle und Funktion der Jury, die nach den erlernten Kriterien die literarische Qualität der eingereichten Texte überprüfen und entsprechende Bewertungen vornehmen soll.

### *Phase 2: Vergleichende Analyse der drei Schülerarbeiten*

Die Textbegegnung erfolgt am zweckmäßigsten durch das Stillesen der drei Schülerfassungen. Die operative Phase der Textanalyse und -reflexion beginnt mit der Entgegennahme der freien Schüleräußerungen und setzt ein mit dem noch unangeleiteten und unstrukturierten Vergleich der drei Texte. Hierzu werden zunächst noch recht allgemein und offen gehaltene Analyse- und Reflexionsaufträge erteilt. Dennoch sollten schon in der dieser Phase erste Einordnungen und Wertungen vorgenommen werden, so daß am Ende dieser Phase der groben Analyse die Schüler in der Lage sind, die drei Texte hinsichtlich ihrer Zugehörigkeit zur Gattung Fabel qualitativ deutlich zu klassifizieren.

*Phase 3:*
*Eine weniger gut gelungene Fabelfassung untersuchen (Mat. 4a)*

Die eigentliche zielgerichtete Analysephase beginnt mit der sukzessiven Untersuchung der Texte, wobei wir mit der episierenden Fabel beginnen. Dem nochmaligen Lesen folgt ein anhand gezielter Fragen strukturiertes Unterrichtsgespräch, wobei die Schüler den episierenden Charakter der Fabel als deutlichen Mangel ohne Schwierigkeiten erkennen sollten. Anschließend sollen sie ihre Überarbeitungsvorschläge einbringen und schließlich in einer kurzen Stillarbeit aus zeitökonomischen Gründen nur den 1. Abschnitt erzählerisch verknappen.

*Phase 4:*
*Die gelungene Fassung untersuchen und mit Text A (Mat. 4a) vergleichen*

Keine Probleme dürfte den Schülern die Identifizierung des Textes B (Mat. 4b) als gelungenste Form der Fabel bereiten. Nach erneutem Lesen werden sie aufgefordert, alle Elemente aufzulisten, die diesen Text am deutlichsten als dramatisierte Form der Fabel erkennbar werden lassen. In der Ergebnisdarbietung sollten die Schüler auch ihre Bewertungen und Begründungen durch entsprechende Textstellen belegen.

*Phase 5:*
*Die noch nicht kodierte Fassung untersuchen und mit den beiden anderen Texten vergleichen*

Die zweifelsfrei größten Probleme und Schwierigkeiten für die Schüler werden sich bei der Einschätzung und Bewertung des Textes C (Mat. 4c) ergeben. Der in dieser Phase zu leistende Struktur- und Inhaltsvergleich wird die Schüler zunächst zu der Erkenntnis führen, daß dieser Text überhaupt keine Fabel ist, weil er die entsprechenden gattungsspezifischen Merkmale nicht vorweist. Durch gezielte Impulse muß der Lehrer versuchen, den Schülern die Beziehung und Verwandtschaft dieses Textes zur behandelten Gattung aufzuzeigen. Schließlich werden sie erkennen, daß die vorliegende Geschichte ohne weiteres anhand des Handlungsaufbaues, der gegensätzlichen Figuren und des Schlusses mit dem strukturellen Aufbau einer Fabel verwandt ist. Der Verfasser hat es lediglich versäumt, diese Alltagsgeschichte in eine Tiergeschichte zu „übersetzen", d. h. sie für den Leser entsprechend zu verfremden oder zu kodieren. Damit ist auch gleichzeitig der nachfolgende Arbeitsauftrag für die Schüler einsichtig geworden: Diese Alltagsgeschichte muß in eine Fabelgeschichte „übersetzt" werden. Nach der Feststellung der grundsätzlichen Eignung dieser Geschichte zum Umformen in eine Fabel sollte schließlich noch untersucht werden, was genau so übernommen werden kann und was zu verändern ist.

## Hausaufgabe

Für die Hausaufgabe stellt der Lehrer zwei Angebote bereit, die der Schüler frei wählen kann:

1. Die episierende Fabel wird komplett in eine dramatisierende Fabel umgeschrieben.
2. Die „Geschichte von Alfred" soll in eine Fabel umgestaltet werden. Die Schüler sollen hierbei alle bisher erworbenen Kenntnisse über die Struktur der dramatisierenden Form der Fabel anwenden.

## 6. Stunde: Schüler verfassen eigene Fabeln (Mat. 5)

### Vorbemerkungen

In der sechsten und letzten Stunde der Sequenz beginnen wir mit den rein produktiven Aufgabenstellungen. Gewonnene Einsichten über den Entstehungsprozeß, die Konstruktion und Intention der Gattung sollen nun für den eigenen kreativen Schreibprozeß genutzt werden. Der Fabelanalyse, dem Fabelvergleich sowie ersten produktiven Arbeitsformen folgt nun die selbständige Fabelproduktion. Um diesen Prozeß der Selbstproduktion adäquat zu unterstützen, werden den Schülern entsprechende Vorgaben angeboten, die ihnen die sicher noch dringend benötigten Leitlinien beim Schreiben liefern. Am eigenen Fabelversuch sollte nun am Ende des intendierten Lernprozesses ablesbar werden, inwieweit den Schülern die Strukturelemente der Fabel bekannt geworden sind. Durch den kreativen Einsatz der in der Lerneinheit erworbenen Kenntnisse und Fertigkeiten können die Schüler nun nachweisen, daß sie Fabeln als didaktische Literatur mit erzieherischen Intentionen verstehen und nun insbesondere beim Herstellen eigener Fabeln auch entsprechenden Spaß entwickeln können. Die von den Schülern zu schreibenden Fabeln sollten alle erarbeiteten relevanten Fabelmerkmale und Stilelemente erkennen lassen. Dementsprechend werden den Schülern drei Möglichkeiten angeboten:

1. Sie können ein Fabelgeschehen entwickeln und darstellen, das zu vorgegebenen Sprichwörtern paßt. (Mat. 5)
   Nachdem sie gelernt und geübt haben, die Lehren von Fabeln auch in Form von Sprichwörtern wiedergeben zu können, müssen sie nun die gedankliche Reflexion umkehren und zu dem vorgestellten Sprichwort das entsprechende Fabelgeschehen konstruieren.
   Die Vorgabe von Sprichwörtern ist in der Didaktik sicher umstritten, nach unserer Meinung aber durchaus sinnvoll, um die Schüler beim Schreibakt thematisch zu begrenzen und insbesondere bei der Bewertung der Schülerarbeiten vergleichbare Maßstäbe anzusetzen. Auch durch die Vorgabe von Sprichwörtern kann sich der Schüler mit den Problemen des Heranwachsens und der Welt der Erwachsenen kritisch auseinandersetzen und dabei seine persönlichen Erlebnisse und Erfahrungen durchaus einbringen. Die Auseinandersetzung mit eigenen Gefühlen und Gedanken und mit der Situation des Jugendlichen zwischen Abhängigkeit, Unterdrückung und Lösung wird u. E. durch die Vorgabe von Sprichwörtern nicht blockiert. Indem er das Sprichwort als Leitlinie nutzt, formuliert er seine adäquaten Probleme, zeigt verschiedene Lösungsansätze auf und wird sich so seiner eigenen Lage bewußt. Er lernt dabei, auch seinen „Gegenspieler“ besser zu verstehen, in den er sich während der Fabelarbeit hineinversetzt.
2. Die Schüler sollen anhand von vorgegebenen Illustrationen Fabeln schreiben. (Mat. 5/Ü)
   Dem Schüler wird hierbei die fabelgerechte Verschlüsselung eines Konfliktes in Form einer Illustration vorgegeben, die er nun zu verbalisieren hat.
3. Ausgehend von einer konkreten Situation sollen die Schüler eine vorgegebene Alltagsgeschichte in die Fabelwelt „übersetzen“. (Mat. 5)
   Hier beginnt das Schreiben bei den für die Schüler nachvollziehbaren persönlichen Erfahrungen und Lebensumstän-

den. Seine Aufgabe besteht in erster Linie darin, für den vorgestellten Problem- bzw. Konfliktfall eine fabelgerechte Kodierungsform zu finden.

Diese alternative Aufgabenstellung, die im Sinne der Lerntheorie bewußt an bereits erworbene Kenntnisse und Fähigkeiten der Schüler anknüpft, läßt ihnen auch einen gewissen Spielraum bei der Themenwahl und berücksichtigt durch das unterschiedliche Anspruchsniveau in der Aufgabenstellung auch das unterschiedliche Leistungsniveau der Schüler beim Textherstellungsprozeß. Der Lehrer sollte es dem Schüler selbst überlassen, an welche der drei Aufgabenstellungen er sich „heranwagt".

## Lernziele

Die Schüler sollen
- anhand von vorgegebenen Sprichwörtern eigene Fabeln schreiben können
- mit Hilfe von Vorgaben zu Bildern eigene Fabeln schreiben können
- eine Alltagsgeschichte in die Welt der Fabel „übersetzen".

## Unterrichtsverlauf

*Phase 1:*
*Anknüpfung an die Lernergebnisse der letzten Stunden (Schülerfabeln miteinander vergleichen, bewerten und überarbeiten)*

Durch die Anknüpfung an die Lernergebnisse der letzten Stunden sollen die Schüler die für den intendierten eigenständigen Schreibprozeß notwendige inhaltliche und formale Sicherheit gewinnen, in dem sie noch einmal die wesentlichen Ergebnisse der kognitiven Analysephase zusammenfassen und sich dabei insbesondere die ihnen bekannten Strukturmerkmale der Gattung ins Gedächtnis rufen.

*Phase 2:*
*Aufgabenstellung: Eine eigene Fabel neu schreiben*

Die nachfolgende Zielangabe des Lehrers verdeutlicht den Schülern, daß in dieser Stunde etwas Neues, etwas über die vorhergehenden Stunden Hinausweisendes geleistet werden soll: Schüler verfassen nun ihre eigenen Fabeln. Diesen selbständigen Schreibprozeß unterstützt der Lehrer, indem er den Schülern die vorgesehenen „Unterstützungsmaßnahmen" vorstellt und ihnen somit drei Auswahlmöglichkeiten eröffnet, unter denen der Schüler wirklich frei wählen kann. Der Lehrer sollte in dieser Phase eine Bewertung der vorgestellten Schreibaufgaben nach unterschiedlichen Schwierigkeitsgraden und Anforderungen möglichst unterlassen, um den Schülern eine völlig unvoreingenommene Wahlentscheidung zu überlassen. Wir gehen ohnehin davon aus, daß sich in dieser Phase der Vorentscheidung die Schüler sehr wohl in ihrem Leistungsverhalten und ihrer Leistungsfähigkeit treffend einschätzen können, so daß in der Regel die Schüler zu den „leistungsadäquaten" Aufgaben greifen werden.

*Phase 3:*
*Entwicklung der Erzählideen anhand der unterschiedlichen Vorgaben*

In dieser Phase werden in erster Linie die inhaltlichen und formalen Rahmenbedingungen für die drei möglichen Schreibaufgaben erarbeitet. Nacheinander werden im Unterrichtsgespräch die jeweils denkbaren Erzählideen zu jeder der drei angebotenen Vorgaben entwickelt und grob skizziert, so daß den Schülern zu jeder Aufgabenstellung ein ausreichendes Fundamentum an formalen und inhaltlichen „Bauelementen“ zur Verfügung gestellt wird. Die hierbei sicherheitshalber noch einmal zu leistende Wiederholung der gattungsspezifischen Erscheinungen und Strukturen gilt logischerweise für alle drei Schreibaufgaben.

**a) Schreiben nach Sprichwörtern**

Im ersten Unterrichtsgespräch sollte den Schülern verdeutlicht werden, daß diese Schreibaufgabe die Umkehrung des bisher beschrittenen Weges der kognitiven Analyse einer Fabel beinhaltet. Hatten die Schüler in der vorausgehenden reflexiven Phase die sog. „Fabelmoral“ oder „Lehre“ jeweils aus der Fabelhandlung abgeleitet, formuliert (auch in Form von Sprichwörtern) und auf den menschlichen und damit auch gesellschaftlichen Bereich übertragen, so müssen sie nun den genau umgekehrten Weg beschreiten. Das vorgegebene Sprichwort signalisiert in aller Deutlichkeit den Verweischarakter der Fabel und gibt auch eindeutig die Grundrichtung der didaktischen Funktion der Fabel schon zu erkennen. Die von uns vorgegebenen Sprichwörter siedeln den didaktischen Auftrag der dazu zu verfassenden Fabeln eindeutig im Bereich der praktischen Lebenserfahrung und situationsadäquaten Lebenslehren an, was gerade dem Auffassungsvermögen der Schüler dieser Stufe entgegenkommen sollte.
In dem Unterrichtsgespräch sollte insbesondere die Bedeutsamkeit der „richtigen Auswahl“ der entsprechenden Tiere hervorgehoben werden, die ja jene menschlichen Eigenschaften und Verhaltensweisen verkörpern müssen, die schließlich zur Kongruenz von zu erfindender Fabelhandlung und vorgegebener „Moral“ führt. Gerade dieser unbedingt anzustrebende Prozeß der zutreffenden und passenden Kodierung wird den Schülern bei dieser Schreibaufgabe die größten Probleme bereiten.

**b) Bilder und Bilderfolgen als Schreibvorlagen**

Diese Schreibaufgabe verlangt das Erzählen einer neuen Fabel mit Hilfe von Vorgaben zu Bildern bzw. ganzen Bildfolgen. Vorausgesetzt werden kann, daß alle Schüler in den Klassen 7 und 8 entweder Illustrationen zu bestimmten Fabeln kennengelernt bzw. ihnen schon bekannte Fabeln selbst zu illustrieren versucht haben. Insofern sind sie vertraut mit der Tatsache, daß die vorgegebenen Fabelillustrationen, die sich alle auf mehr oder minder bekannte Fabeln von Äsop beziehen (Mat. 5a–d) immer das signifikante Moment der Fabel abbildet, auf das es insbesondere bei der Dekodierung und Deutung ankommt. Wir haben innerhalb dieser Schreibaufgabe eine Reihe von Auswahl- und Übungsmöglichkeiten angeboten, werden aber aus Platzgründen am Bildbeispiel „Der Wolf und der Kranich“ exemplarisch die Behandlungsmöglichkeiten aufzeigen.
Der Betrachtung des Bildes (Mat. 5a) durch die Schüler folgen deren spontane Äußerungen. Im folgenden Unterrichtsgespräch wird zunächst in einer Art Bestandsaufnahme registriert und festgehalten, was auf dem Bild dargestellt ist. So sollte z. B. schon bei der Identifizierung der abgebildeten Tiere unbedingt Konsens hergestellt werden. Ob sich die Schüler hierbei auf den Kranich oder den Storch verständigen können, spielt für die weitere Entfaltung der Erzählstruktur der Fabel keine Rolle. Der nachfolgende Impuls soll den Schülern verdeutlichen, daß das vorliegende Bild lediglich den Kern des dramatischen Geschehens darstellt, was sicher noch nicht ausreicht, um daraus die gesamte Fabel mit ihrer didakti-

schen Funktion zu erstellen. Die Schüler werden demnach aufgefordert, die mögliche Ausgangssituation näher zu kennzeichnen, die schließlich über die Rede und Gegenrede (Handlung und Gegenhandlung) zum abgebildeten dramatischen Höhepunkt führte. Ebenso muß in einem weiteren Lernschritt die mögliche Endsituation „durchdacht“ und „durchgespielt“ werden, wobei wir den Schülern noch einmal bewußt machen, daß es unterschiedliche Lösungsmöglichkeiten („Ergebnisse“) und damit auch unterschiedliche Lehren geben kann. Der Reiz dieser Schreibaufgabe liegt schließlich gerade darin, daß Schüler unterschiedliche Lösungsversionen mit unterschiedlichen Lehren präsentieren können, die man in der Auswertungsphase diskutieren sollte. Wenn Fabeln eine Lehre enthalten, so ist es selbstverständlich, daß sich diese Lehre ändert, wenn man z.B. den Ausgang des Fabelgeschehens verändert. Dieser ‚Mechanismus‘ läßt sich gerade bei der vorliegenden Schreibaufgabe sehr deutlich aufzeigen. Gerade die Vorstellung der verschiedensten Alternativen und deren Vergleich untereinander könnte ein sinnvoller Ansatz sein, die Schüler anzuleiten und zu ermuntern, auch einmal den Schritt über die eingefahrenen und z.T. schon recht normierten Denkmuster hinaus zu wagen.

### c) Eine Alltagsgeschichte in eine Fabel „übersetzen“

Bei der detaillierten Vorstellung dieses Schreibauftrages kann der Lehrer wiederum an die gewonnenen Erfahrungen der letzten beiden Stunden anknüpfen. Den Schülern ist bewußt geworden, daß die Fabel als allegorisch-didaktische Erzählung eine Form des indirekten Sagens darstellt und daß der Fabeldichter für die Vermittlung seiner Botschaften in kodierter Form bestimmte Motive anführen kann. Bei der folgenden Schreibaufgabe kann den Schülern anhand der Analyse der vorgegebenen Alltagsgeschichte diese Kodierungsfunktion auf einfache und nachvollziehbare Weise bewußt gemacht werden. So wird er ohne weiteres erkennen, daß die direkte Übermittlung einer unbequemen und schmerzenden Wahrheit zwischen zwei Freunden größere Überwindung verlangt als die Verfremdung bzw. Verkleidung dieser Wahrheit, die entsprechende Distanz herstellt und persönlich weniger betroffen macht. Selbstverständlich sollte aber auch in diesem Falle der Adressat durch die Deutung des ihm verschlüsselt übermittelten Sachverhaltes entsprechende Folgerungen für sein reales Verhalten ziehen. Aufgabe des Schülers bei diesem Schreibauftrag ist es also, eine situationsadäquate Fabelhandlung mit entsprechender „Moral“ zu erfinden, die in Form eines geschlossenen Bildes die zu übermittelnde Weisheit oder Wahrheit für den Adressaten einprägsam werden läßt, ohne ihn dabei selbst zutiefst zu verletzen.

## Eulenspiegelgeschichten schreiben (7.–9. Stunde)

### Didaktische Legitimation

Till Eulenspiegel ist nach wie vor wegen seiner schalkhaften Späße bei Kindern und Jugendlichen sehr beliebt. Dies zeigen zum einen die zahlreich auf dem Markt vorhandenen Eulenspiegelbücher und zum anderen die Berücksichtigung diverser Schwänke aus dem Volksbuch „Till Eulenspiegel“ in den Lese- und Sprachbüchern. Aufgrund eigener Leseerfahrungen und einer eher naiv-verharmlosenden Analysephase in der Grundschule bzw.

der Unterstufe kennen die meisten Schüler Till Eulenspiegel überwiegend als harmlosen und apolitischen Spaßmacher oder Clown. Seine Streiche sind oft so angelegt, daß der Leser oder Zuhörer spontan Sympathie für Till empfindet. Schüler der Unterstufe und der Mittelstufe stehen solchen Schalkheiten recht aufgeschlossen gegenüber und sehen es gerne, wenn Eulenspiegel seine weniger schlauen Mitmenschen bzw. seine Vorgesetzten übertölpelt und sie an der Nase herumführt.

Diese doch recht einseitig und vordergründig angelegte Figurenanalyse des Till Eulenspiegel sollte nun in den Klassen 5–7 weiter ausgebaut werden und das Spektrum der Figurenkonzeption auch um die soziale Dimension seiner Handlungsmotive erweitert werden.

> „Die Charakteristik Eulenspiegels schwankt zwischen individueller und typischer Zeichnung ebenso, wie seine Schwänke zeitgenössische Gesellschaftssatire mit der Kritik allgemeiner menschlicher Schwächen vermischen. In gleicher Weise können seine Schwänke durch situative oder sprachliche Komik strukturiert sein und sich als zwar derber, aber befreiender Humor präsentieren. Sie können jedoch ebenso satirische und bittere Anklage ohne den befreienden Effekt enthalten oder sich zu selbstbezogener zerstörerischer Gehässigkeit steigern.“ (A. Brunkhorst-Hasenclever, Till Eulenspiegel, Texte und Materialien zum Literaturunterricht, Frankfurt 1979, S. 2)

Die in dem Zitat deutlich werdende Mehrschichtigkeit und Komplexität der Eulenspiegelfigur kann natürlich keinesfalls im Rahmen dieses Projektes voll entfaltet und erschöpfend erarbeitet werden. Wir müssen uns bei der Interpretation der Eulenspiegelgestalt auf die Aspekte beschränken, die die Voraussetzungen für das Erfinden eigener Eulenspiegelgeschichten liefern. Verzichten müssen wir in diesem Zusammenhang auf die differenzierten literaturhistorischen Zielsetzungen sowie die durchaus interessante Analyse der Wirkungs- und Rezeptionsgeschichte des Eulenspiegel-Stoffes.

Aus dem breiten Spektrum der Figurenanalyse Eulenspiegels, die in der Literatur sehr kontrovers diskutiert wird, interessiert uns in erster Linie sein Verhältnis zur Sprache. Seine belehrenden Streiche, die man auch als „Wortwitz-Schwänke“ bezeichnet, haben von Anfang an etwas mit dem Sprachgebrauch zu tun. In den sog. „Handwerkerschwänken“ nehmen das Wörtlichnehmen von Anweisungen eine zentrale Rolle ein und treten dort als charakteristisches Merkmal in ihrer reinsten Form auf. Da Eulenspiegel nur die Sprache akzeptiert, die konkret ist, sich auf Erfahrung beruft, ist die Bezeichnung „Eulenspiegel als Sprachkritiker“ durchaus gerechtfertigt. Er vermeidet und verhöhnt eine Sprache, die sich zu sehr der Allegorie und Metaphorik bedient. Er nutzt die Vieldeutigkeit von Sprichwörtern und Leitgedanken oder macht die reine Wortverwechslung zum Motiv seines Handelns.

„Das Wörtlichnehmen übertragen/bildlich gebrauchter Redewendungen führt zu einer Art von ‚Wortgehorsam‘, dem eine besonders unangreifbare Form des Ungehorsams, der Auflehnung und des Subversiven innewohnt. Das Märchenhafte an den Eulenspiegelgeschichten ist, daß sich die Genarrten tatsächlich auf die formalen Spielereien mit der Sprache einlassen.“ (K. Fingerhut, Umerzählen, Texte und Materialien zum Literaturunterricht, Frankfurt, 1982, S. 62)

Till benutzt in der Tat die Mehrdeutigkeit der Sprache als Waffe gegen seine Auftraggeber. Er nimmt bildhafte Ausdrücke und Redewendungen absichtlich falsch oder wörtlich und führt auf diese Weise seine „Opfer“ an der Nase herum. Dies wirkt sich oft zum Nachteil derer aus, die

die Befehle erteilen, manchmal schadet sich Till auch selbst. Seine Verzerrungen des – an sich eindeutigen – Sprachgebrauchs durch den Rückgriff auf die Buchstäblichkeit sind überwiegend sozial motiviert. Eulenspiegel hat als Lacher stets auch die Benachteiligten und Unterprivilegierten auf seiner Seite. (Vgl. K. Fingerhut, a.a.O., S. 62) Vor allem in den Handwerkerschwänken läßt sich zweifelsfrei nachweisen, daß Till Sozialkritik üben wollte. Die Meister und Lehrherren konnten es nur schwer verstehen, wie ausgerechnet ein Geselle ihre eindeutige Sprache auf ganz andere Weise interpretieren konnte. Das bisher Selbstverständliche war aufgehoben, der Autoritätsverlust war offensichtlich. In einer Welt, die regelrecht in normative Ordnungsschemata gepreßt war, mußte Eulenspiegel mit seinen normsprengenden Handlungen wie ein Revolutionär und Außenseiter wirken. Indem er sich die Freiheit nimmt, die ihm aufgetragenen Arbeitsanweisungen in seinem Sinne zu interpretieren, bringt er die hierarchisch gegliederte Gesellschaftsstruktur ins Wanken. Er will die Naiven und Gutgläubigen wachrütteln und ihnen deutlich machen, daß man durch blindes Vertrauen sehr schnell genarrt werden kann. Eulenspiegel ist seinen Widersachern gegenüber immer im Vorteil, weil er ihr in starren Bahnen gelenktes Verhalten voraussagen und sich sehr rasch und flexibel auf ihr Handeln einstellen kann. Umgekehrt sind seine Gegner selbst in der Lage, die Reaktionen Tills im voraus zu berechnen und Abwehrmechanismen zu entwickeln. Die starren Normen engen sie in ihrer Handlungsfreiheit so sehr ein, daß Till alle ihre Aktionen und Reaktionen antizipieren kann. Eulenspiegel legt es eben darauf an, das in Frage zu stellen, was bislang ohne kritisches Hinterfragen gegolten hat.
Von den nahezu hundert Eulenspiegelerzählungen eignen sich für den Analyseprozeß nur die Gruppe der Schwänke, die auf Wortwitz oder Wortspiel beruhen, die satirischen und grobianischen Schwänke überfordern die Schüler der Unter- und Mittelstufe. Der von uns gewählte Schwank (Mat. 6) repräsentiert das spezifischste Merkmal der Eulenspiegelgeschichten, nämlich das Wörtlichnehmen metaphorisch gebrauchter Redewendungen. Zum andern gibt auch diese Historie einen Einblick in die damals vorhandenen sozialen Spannungen zwischen den einzelnen Schichten.

## Zum Aufbau der Sequenz

Zu Beginn der Sequenz steht die rezeptiv-analytische Phase des Textumgangs. Anhand des ausgewählten Schwanks „Die 47. Historie sagt, wie Eulenspiegel sich bei einem Schneider verdingte und unter einer Bütte nähte“ sollen die Schüler in der ersten Stunde mit der Gestalt des Eulenspiegel vertraut gemacht werden und wesentliche Kennzeichen und Kriterien dieser volkstümlichen Erzählgattung erfassen. Im Mittelpunkt der Textanalyse steht dabei das Erfassen der Wortspielerei, d. h. das schon mehrfach erwähnte Wörtlichnehmen metaphorischer Redensarten. Gerade dieser charakteristische Sprachgebrauch Till Eulenspiegels muß den Schülern den Unterschied zwischen wörtlichem und übertragenem Gebrauch der Sprache verdeutlichen. Hier geht es insbesondere um die Redewendungen, die etwas anderes besagen als die sie konstituierenden Einzellexeme zusammen genommen. Bei der notwendigen Entschlüsselung solcher Redewendungen gilt es auch, das Sprachbewußtsein der Schüler für eine bestimmte Gruppe fester Syntagmen zu sensibilisieren und die Funktion solcher oft schon zum sprachlichen Eigenbesitz der Schüler

gehörenden Bildhaftigkeit des Ausdrucks einsichtig zu machen. Am Ende dieser Stunde muß der Schüler in der Lage sein, die bildliche Dimension der Sprache oder die pragmatische Funktion der Redewendung im Prozeß der menschlichen Kommunikation zu durchschauen. Damit werden durch den Analyseprozeß dem Schüler auch Hilfen und Anregungen zu einem bewußteren und kontrollierteren Gebrauch solcher Redewendungen in aktuellen Sprachhandlungssituationen gegeben. Im weiteren Verlauf der Unterrichtsreihe sollen die Schüler dann anhand der erarbeiteten Merkmale und „Regeln“ selbständig Geschichten über Till Eulenspiegel erstellen. Wenn ihnen dies gelingen soll, müssen sie die für einen Schwank zutreffenden Merkmale in ihre eigenen Textproduktionen einbauen, so daß diese bestimmten Bedingungen genügen. Das in der ersten Doppelstunde bereitgestellte Anregungspotential sollte ausreichen, um den eigenen Schreibprozeß unter Beachtung der Merkmale und Kennzeichen der Textgattung Schwank zu motivieren. Hilfestellungen für die produktive Phase geben dann für die folgenden Stunden vorgegebene Textstrukturen und fertige Überschriften, die zur kreativen Auseinandersetzung mit der vorgegebenen Redensart auffordern. In häuslicher Arbeit sollen sie eine zum Teil vorgegebene Eulenspiegelgeschichte „ergänzen“, wobei sie nur das Wortwörtlichnehmen und das daraus resultierende Mißverständnis ausdenken und darstellen sollen.
In der 3. Stunde schreiben die Schüler zu der vorgegebenen Überschrift „Wie Eulenspiegel von dem Bäcker aufgefordert wurde, Mehl im Mondschein zu beuteln“ eine eigene Eulenspiegelgeschichte, bevor sie schließlich in der 4. Stunde zu vorgegebenen Redensarten bzw. Sprichwörtern Eulenspiegeleien erfinden. (Ohne Stundenblatt)

### Lernziele

Die Schüler sollen
- am Beispiel einer Eulenspiegelgeschichte wesentliche Merkmale der lit. Gattung Schwank kennenlernen
- aufgrund der erarbeiteten Merkmale selbständig einen Eulenspiegelschwank nach einem Grundmuster schreiben
- nach vorgegebenen Redensarten und Sprichwörtern selbst (moderne) Eulenspiegeleien erfinden.

## 7./8. Stunde: Erarbeitung wesentlicher charakteristischer Merkmale von Eulenspiegelgeschichten am Beispiel der 47. Historie (Mat. 6)

### Vorbemerkungen

„Die 47. Historie sagt, wie Eulenspiegel sich bei einem Schneider verdingte und unter einer Bütte nähte“ gehört zu den etwa 30 Handwerkerschwänken, deren spezifische Pointe vor allem das Wörtlichnehmen von Arbeitsanweisungen ist. Auch in diesem Schwank stellt sich Till Eulenspiegel als Knecht/Geselle zur Verfügung, auch wenn er von der geforderten Arbeit kaum eine Ahnung hat. Er erhält von seinem Meister drei Arbeitsanweisungen, die er jedesmal wortwörtlich ausführt. Einmal soll er so nähen, daß man es nicht sieht, d.h. mit französischer Naht, worauf Till unter eine Bütte kriecht, um diese Arbeit auszuführen. Zum anderen soll er einen Wolf, d.h. einen alten Bauernrock fertig machen. Till nimmt den Auftrag wörtlich und formt aus dem kostbaren Stoff einen richtigen Wolf. Zum dritten heißt ihn der Meister, Ärmel an einen Rock zu werfen und meint damit, daß die Ärmel angenäht werden müssen.

Till aber wirft eine ganze Nacht lang die fertigen Ärmel an den Rock und verbraucht dabei eine Menge Kerzen. Als ihn der Meister nach dem letzten Streich zur Rechenschaft ziehen will, rafft Eulenspiegel seine wenigen Sachen zusammen und verschwindet. Till Eulenspiegel macht hier aus der Sprache als einem Verständigungsmittel eine Ursache möglicher Mißverständnisse. „Dadurch wird eine verfremdete Wirklichkeit geschaffen, die zur gewohnten im Widerspruch steht. Der Wortwitz als Inbegriff der eigentlichen Eulenspiegelei spielt eigentlichen Wortsinn und bildhafte Wortbedeutung gegeneinander aus, schafft komische Kontraste und stiftet Verwirrung. Das wortgetreue Befolgen der Anordnungen ist die Methode, mit der Till den Konflikt mit dem Meister sucht, und mit der er sich an seiner Ungerechtigkeit rächt." (W. Wunderlich, Nur allein, um ein fröhlich Gemüt zu machen ...?, Zur Behandlung eines Eulenspiegel-Schwankes auf der Orientierungsstufe, in PD, Nr. 22, 1977, S. 18)

Das Wortspiel, das in diesem Schwank gleich dreimal vorkommt, enthüllt die Doppelsinnigkeit der Sprache und will auf fragwürdige soziale Normen hinweisen.

Dem Schneidermeister kommt es vor allem darauf an, eine billige und willfährige Arbeitskraft einzustellen. Während sich der Meister beizeiten ins Bett legt, muß der müde Knecht auch in der Nacht hart arbeiten. Gerade hier wird die soziale Kluft zwischen den herumziehenden, arbeitssuchenden Gesellen und den etablierten Meistern, die in Zünften zusammengeschlossen waren, deutlich sichtbar. Die Knechte besaßen so wenig Rechte, daß sie bei einer Anstellung ihre gesamte Arbeitskraft jederzeit zur Verfügung stellen mußten, d.h. nach unseren heutigen Maßstäben keinerlei Anspruch auf eine geregelte Arbeitszeit besaßen. Erschwert wurden die Arbeitsbedingungen noch durch den Umstand, daß die Zunftmeister von den Gesellen ein Höchstmaß an qualitativ wertvoller Arbeit verlangten, selbst wenn diese durch die mangelhafte Ausbildung der Gesellen und die oft unzureichenden Lichtverhältnisse überhaupt nicht zu erbringen war. Entsprach das Produkt nicht den Güteansprüchen, konnte der Meister sogar von seinem Gesellen Schadenersatz verlangen.

Till ist aber – im Gegensatz zu seinen ‚Leidensgenossen' nicht gewillt, diese Ungerechtigkeit widerspruchslos hinzunehmen. Er kann durch seine individuelle Interpretation die Sprache verfremden, indem er die metaphorisch gebrauchten Redewendungen, die in der Handwerkersprache durchaus eindeutig sind, wörtlich ausführt. Dadurch fügt er dem Handwerkermeister erheblichen Schaden zu: er verschwendet unnötig Stoff, ruiniert eine Jacke und verbraucht eine Menge Kerzen. Als der Meister Schadenersatz fordert, rafft Till seine Sachen und verschwindet.

Durch das Wörtlichnehmen der Arbeitsaufträge nimmt Till auch für sich eine Reihe von Unannehmlichkeiten in Kauf. Er arbeitet in einer äußerst unbequemen Stellung, bleibt die ganze Nacht über wach, um Ärmel an einen Rock zu werfen und verliert letztlich sogar seinen Arbeitsplatz.

Sein Verhalten erlaubt ihm, relativ unbeschadet seine Streiche auszuführen. Er kann dadurch eine geforderte Leistung verweigern, bzw. umformen, ohne daß er sich direkt ins Unrecht setzt. Zudem kehrt er das Machtverhältnis zwischen dem Unterlegenen und Überlegenen zu seinen Gunsten einfach um.

## Lernziele

Die Schüler sollen
- ihre Assoziationen zu dem Namen „Till Eulenspiegel" nennen
- das Verhalten der beiden Hauptfiguren beschreiben
- erkennen, daß Gesagtes von verschiedenen Personen unterschiedlich verstanden und ausgelegt werden kann
- historische Informationen für die Deutung des Textes verwerten
- das Vorhandensein einer Narrenfigur und die durch das Wörtlichnehmen von bildlichen Redensarten entstehende Komik als wesentliche Merkmale des Schwanks erarbeiten.

## Unterrichtsverlauf

*Phase 1:*
*„Till Eulenspiegel" – eine bekannte Narrenfigur*

Es gibt sicher eine ganze Reihe von Möglichkeiten, zu dieser Eulenspiegelgeschichte hinzuführen. Denkbar wäre es, den Schülern anhand zweier getrennter Bildsymbole (Spiegel und Eule) eine Art Bilderrätsel zu bieten, dessen sicher einfache Auflösung den Namen unserer Narrenfigur ergibt. Wir haben uns dafür entschieden, den Namen „Eulenspiegel" als stummen Impuls an die Tafel zu schreiben und sich die Schüler anschließend frei äußern zu lassen. Dieser Impuls dürfte die Schüler sicher dazu animieren, ihre bereits gemachten Leseerfahrungen mit Eulenspiegelgeschichten zu verbalisieren. Die Textbegegnung sollte in jedem Falle durch den Lehrervortrag erfolgen. Der gesamte Text ist in einer den Schülern ungewohnten Syntax und Lexik geschrieben, so daß beim lauten oder stillen Lesen durch die Schüler der Lesefluß gehemmt und das erste Textverständnis doch erheblich beeinträchtigt wäre.

*Phase 2:*
*Analyse des Textes*

Die eigentliche Analysephase beginnen wir mit dem nochmaligen stillen Lesen des Textes durch die Schüler, das wir mit der Aufforderung verbinden, alle ihnen unbekannten Wörter, Begriffe und Textpassagen durch Unterstreichen kenntlich zu machen. Die Klärung dieser Schwierigkeiten erfolgt anschließend im Unterrichtsgespräch, wobei der Lehrer jeweils versuchen sollte, daß die Schüler unter Heranziehung des jeweiligen Kontextes selbständig zur Klärung gelangen sollten. Anschließend sollen die Schüler die gesamte Historie in Erzählabschnitte einteilen und dazu jeweils entsprechende Überschriften finden.

*Phase 3:*
*Das Verhalten der handelnden Hauptpersonen*

Kern der Anlaysephase ist das genaue Beschreiben des Verhaltens der beiden agierenden Hauptpersonen. Hierzu teilt der Lehrer die Klasse am sinnvollsten in zwei Gruppen ein und stellt jeder zunächst die Aufgabe, das Verhalten des Meisters bzw. des Till Eulenspiegel zu beschreiben. Die Gruppen tragen danach die bedeutsamen Verhaltensmerkmale des jeweiligen Handlungsträgers vor und liefern den entsprechenden Kontext dazu. In einer weiteren Arbeitsphase erfolgt schließlich die genaue Entschlüsselung des Mechanismus der Kommunikationsschwierigkeiten zwischen dem Meister und Till. Durch das Bewußtmachen des textspezifischen sprachlichen Elementes – das Wörtlichnehmen metaphorischer Redewendungen – sollen die Schüler die Funktionsweise der den Text auszeichnenden Komik verstehen und nachvollziehen können. Um diesen scheinbar einfachen Prozeß wirklich einsichtig zu machen, sollen die Schüler in einer Tabelle aufschreiben, was der Meister sagt, was er damit meint und wie Till den Meister versteht. Die vorbereiteten Fragen werden sodann von den Schülern beantwortet, indem sie jede der drei vom Meister gegebenen Arbeitsanweisungen untersuchen und analysieren. Die Ergebnisse werden anschließend in die an der Tafel vorbereitete Tabelle übertragen. Nach der Erstellung der tabellarischen Übersicht können nun die Schüler eindeutig die Gründe für die Unzufriedenheit des Meisters nennen: Eulenspiegel wehrt sich, indem er die Anweisungen wortwörtlich befolgt und somit immer etwas anderes unternimmt als der Meister gerade von ihm verlangt. Am Ende dieser Phase sollen die Schüler im Unterrichtsgespräch auch erkennen und erklären können, worauf es Till bei dieser schalkhaften Auslegung der Arbeitsanweisung seines Meisters ankommt. Sie wissen, daß es das „Geschäft" des Till Eulenspiegel ist, Verwirrspiele mit Wortbedeutungen zu treiben, nun sollen sie auch die Störfaktoren in der kommunikativen Funktion dieses wichtigen Kompositionselementes erfassen. Die Schüler sollen auf der Grundlage der Kenntnis der bildlichen Dimension der Sprache lernen, daß man zwischen wörtlicher und übertragener Bedeutung unterscheidet. Unter ersterer versteht man das ursprüngliche, einem Soziolekt entlehnte Bild, das wegen seiner Anschaulichkeit von der eigentlich dazugehörigen Situation abgelöst und verselbständigt worden ist, während mit übertragener Bedeutung das in der neuen Situation An-sich-Auszudrückende (Gemeinte) bezeichnet wird. Gemeint sind damit die von der wörtlichen Bedeutung abstrahierten Merkmale. Schüler sollten hierbei erkennen, daß die Mehrdeutigkeiten im Wortmaterial zwischen Till und dem Meister unterschiedlich genutzt werden. Nicht jeder kennt auch die genaue Bedeutung der fachsprachlich verwendeten Ausdrücke. Um solche Mißverständnisse zu vermeiden, soll der Meister genau sagen, was er wirklich will, er soll die Sprache eindeutig benutzen.

### *Phase 4: Die historische Dimension des Textes*

Im bisherigen Verlauf der Analysephase wurden schon eine Reihe von sprachlichen und inhaltlichen Indizien zusammengetragen, die belegen, daß diese Historie schon „vor langer Zeit" gespielt hat. Der gesamte Text beinhaltet einige Passagen, die von den Schülern wegen ihrer Historizität nicht ohne weiteres verstanden werden können. So zeigt sich Eulenspiegel in diesem Schwank den Schülern sicher vordergründig als kecker und lustiger Handwerksgeselle und Possenreißer, der seinem Meister aus purer Lust spitzbübische Streiche spielt und damit in erster Linie für die Unterhaltung des Publikums sorgt. Die Kritik an der sozialen Ordnung und der Struktur des Zunftwesens und seiner unsozialen Praktiken bzw. die Sorge um die Sicherung seiner Lebensexistenz als Motiv seines Handelns werden die Schüler nur sehr mühsam nachvollziehen können. Zwar werden sie mit Hilfe des Lehrers aus dem kontextuellen Zusammenhang einige sozialkritische Intentionen des Textes interpretieren können, die Kritik an den fragwürdigen sozialen und moralischen Normen können Schüler dieser Stufe u. E. nur dann verstehen, wenn der Lehrer in dieser Phase einige ergänzende geschichtliche Hinweise liefert, die insbesondere das damalige Verhältnis zwischen den Zunftmeistern und den Handwerkergesellen beleuchten. Nur vor dem Hintergrund solcher vorzugebender Informationen können die Schüler schließlich ansatzweise verstehen, daß Tills Wörtlichnehmen der Arbeitsanweisungen für ihn eine Möglichkeit darstellt, seinen Protest gegen seine Behandlung und gegen die gesellschaftlichen Machtverhältnisse insgesamt zum Ausdruck zu bringen. Herauszustreichen ist insbesondere die Tatsache, daß sich Till gegen die machterhaltende Verwirrsprache seiner Vorgesetzten nicht mit überlegener Muskelkraft, sondern mit der Schlagfertigkeit des Wortes und seiner Auslegung zur Wehr setzt. Auf dieser Ebene können die Schüler insgesamt für einen toleranten Umgang mit Randfiguren und Nichtangepaßten sensibilisiert werden.

*Phase 5:*
*Gattungsmäßige Bestimmung und Einordnung des Textes*

Wie schon in den Vorbemerkungen erwähnt, kann anhand der Eulenspiegelgeschichten keine umfassende Einführung in die Vielfalt der Textsorte geleistet werden. Zum Ende dieser Doppelstunde sollen die Schüler lediglich eine grobe und undifferenzierte Einordnung und Bestimmung des Textes vornehmen. Sollte der Begriff „Schwank“ nicht von den Schülern genannt werden, so kann ihn der Lehrer durchaus vorgeben und kurz erläutern. In einem abschließenden Unterrichtsgespräch sollten schließlich die für den intendierten Schreibprozeß relevanten Merkmale dieser Textsorte noch einmal zusammengetragen werden. Zu nennen sind insbesondere das Vorhandensein einer Narrenfigur und eine besondere Figurenkonstellation, die verwickelte und verzwickte Form der Sprachverwendung und die daraus entstehende Komik, die Umkehrung der Machtverhältnisse der Hauptfiguren sowie das Erzählen auf eine Pointe hin.

*Phase 6:*
*Umsetzen der Geschichte in ein szenisches Spiel*

Eulenspiegelgeschichten bieten sich als Spielvorlagen geradezu an, weil Till einerseits das machterhaltende Wort bewußt falsch versteht oder verdreht und sich bei seinen Auseinandersetzungen auch einer wohl durchdachten Körpersprache bedient. Folglich können die Schüler in dieser Phase der Nachgestaltung die Historie in ein szenisches Spiel umsetzen, und dabei insbesondere nicht-verbale Ausdrucksformen spielerisch erproben.

## Hausaufgabe

Wir ergänzen eine vorgegebene Eulenspiegelgeschichte (Mat. 7).
Den kreativen Gestaltungsprozeß beginnen wir mit der Ergänzung der zum Teil vorgegebenen Eulenspiegelhistorie, so daß die Schüler nur das Wörtlichnehmen und das daraus resultierende Mißverständnis ausdenken und gestalten müssen. Die Schüler müssen hierzu die vom Meister gegebene Arbeitsanweisung „Folge mit den Bälgen nach“ in ihrer Doppeldeutigkeit erkennen und dieses Mißverständnis zum Gegenstand ihrer Pointe machen. Mit dem zweiten Beispiel für Wortspielerei „Geh mir da oben aus meinem Haus“ dürften die Schüler sicher größere Schwierigkeiten haben. Die bildlichen Redewendungen des Meisters sollten daher genau analysiert werden. Der Auftrag des Meisters an Till „Folge mit den Bälgen nach“ ist wiederum ein Beispiel für die stark schematisierte Arbeitsanweisung, die fast nur noch die Funktion eines nonverbalen Signales hatte. Eulenspiegel verdingt sich bei einem Schmied, der, wenn der Geselle kräftig den Blasebalg treten soll – zu sagen pflegt: „Folge mit den Bälgen nach!“ Daraufhin nimmt Eulenspiegel den Balg auf

den Rücken und trägt ihn seinem Meister nach in den Hof. Auch diese Geschichte verdeutlicht, daß die Anweisungen eigentlich zu leeren Sprachhülsen geworden sind. Die Sprache bietet den Ansatzpunkt für das Infragestellen der Ordnung. Till verweist durch Dekodierung auf lexikalischer Ebene auf fragwürdige Verhaltensweisen bestimmter Gruppen der Gesellschaft hin.

**Die 62. Historie sagt, wie Eulenspiegel Im Mondschein das Mehl in den Hof beutelte**

Eulenspiegel wanderte im Land umher, kam in das Dorf Uelzen und wurde dort wieder ein Bäckergeselle. Als er nun im Hause eines Meisters war, da richtete der Meister alles her, um zu backen. Eulenspiegel sollte das Mehl in der Nacht beuteln, damit es am Morgen früh fertig wäre. Eulenspiegel sprach: „Meister, ihr solltet mir ein Licht geben, damit ich beim Beuteln sehen kann." Der Bäcker sagte zu ihm: „Ich gebe dir kein Licht. Ich habe meinen Gesellen zu dieser Zeit nie Licht gegeben. Sie mußten im Mondschein beuteln; also mußt du es auch so tun." Eulenspiegel sprach: „Haben sie bei Mondschein gebeutelt, so will ich es auch tun." Der Meister ging zu Bett und wollte ein paar Stunden schlafen.

Derweilen nahm Eulenspiegel den Beutel, hielt ihn zum Fenster hinaus und siebte das Mehl in den Hof, wohin der Mond schien, immer dem Scheine nach. Als der Bäcker des Morgens früh aufstand und backen wollte, stand Eulenspiegel immer noch da und beutelte. Da sah der Bäcker, daß Eulenspiegel immer noch Mehl auf den Hof siebte, der vom Mehl auf der Erde ganz weiß geworden war. Da sprach der Meister: „Was, zum Teufel, machst du hier? Hat das Mehl nicht mehr gekostet, als daß du es in den Dreck beutelst?"

Eulenspiegel antwortete: „Habt ihr es mich nicht geheißen, in dem Mondschein zu sieben ohne Licht? Also habe ich getan." Der Brotbäcker sprach: „Ich hieß dich, du solltest beuteln bei dem Mondschein." Eulenspiegel sagte: „Wohlan, Meister, seid nur zufrieden, es ist beides geschehen: in und bei dem Mondschein. Und da ist auch nicht mehr verloren als eine Handvoll. Ich will das bald wieder aufraffen, das schadet dem Mehl nur ganz wenig."

Der Bäcker sprach zu ihm: „Geh mir aus den Augen, du bist ein Schalk!" Und Eulenspiegel ging hinweg und ließ den Bäcker stehen.

(H. Sichtermann, aus: Hermann Bote, Till Eulenspiegel, it 336 © Insel Verlag Frankfurt am Main 1978, S. 346)

## 9. Stunde: Nach Vorgabe der Überschrift einen Eulenspiegelschwank verfassen, in dem Till die Anweisung seines Meisters wortwörtlich befolgt.

### Vorbemerkungen

In der dritten Stunde setzen wir den in der Hausaufgabe begonnenen kreativen Gestaltungsprozeß fort, indem wir nun die Anforderungen steigern und die Schüler selbständig einen kompletten Eulenspiegelschwank schreiben lassen, in dem wesentliche Kennzeichen der Gattung verarbeitet werden sollten. Dadurch werden die Schüler gezwungen, sich noch einmal bewußt und intensiv mit den gattungstypischen Gestaltungsmitteln intensiv auseinanderzusetzen. Der zu der vorgegebenen Überschrift „Wie Eulenspiegel von dem Bäcker aufgefordert wurde, Mehl im Mondschein zu beuteln" zu verfassende

Schwank wird ebenfalls den Typen zugerechnet, in denen Till eine Anweisung seines Meisters wortwörtlich befolgt und ihm dadurch materiellen Schaden zufügt. Bei der Herstellung eines solchen Schwanks sollten von den Schülern folgende Kriterien beachtet werden:

- Till muß als schlauer und schlagfertiger Narr erscheinen, der ohne Muskelkraft den Meister „besiegt“
- der Meister muß eine doppeldeutige Arbeitsanweisung geben, die Till bewußt falsch versteht oder verdreht
- Tills Handeln muß ein sichtbares Ergebnis zeigen, so daß er behaupten kann, er habe die Arbeitsanweisung nach bestem Wissen und Gewissen im Sinne der Erwartung des Meisters ausgeführt
- durch Tills Handeln wird dem Meister Schaden zugefügt
- Till entzieht sich der Strafe des Meisters durch die Flucht
- die Geschichte wird auf eine Pointe hin erzählt.

Probleme dürfte den Schülern zunächst der Begriff „Mehl beuteln“ bereiten. „Beuteln“ muß daher als „sieben“ definiert werden. Erst mit dieser unabdingbaren Hilfe dürften die Schüler einen ersten Entwurf erstellen können.

## Lernziele

Die Schüler sollen

- sich zu der vorgegebenen Überschrift äußern und die mögliche Doppeldeutigkeit in der Anweisung des Meisters erkennen und erklären können
- zu dieser Überschrift selbständig einen Schwank verfassen
- die selbständig verfaßte Eulenspiegelgeschichte beurteilen und unter Heranziehung und Verwendung der relevanten Gattungskriterien überarbeiten
- die eigenen Gestaltungsversuche mit der Originalhistorie vergleichen.

## Unterrichtsverlauf

*Vorphase und Phase 1:*
*Besprechen der Hausaufgabe/Aus einer vorgegebenen Überschrift einen Eulenspiegelschwank entwickeln*

Unter Beachtung der gattungstypischen Kennzeichen und Konstruktionsprinzipien sollen die Schüler in der Historie „Wie Eulenspiegel sich bei einem Schmied verdingte und wie er ihm die Bälge in den Hof trug“ die Leerstellen in der vorgegebenen Geschichte ausfüllen. Zuerst stellen Schüler ihre eigenen Gestaltungsversuche vor, zu denen sich die Mitschüler jeweils spontan äußern sollten. Anschließend werden weitere Schülerarbeiten unter Berücksichtigung der bekannten Konstruktionsmerkmale analysiert und bewertet. Auf der Basis dieser „Mängeldiagnose“ können dann die Schüler ihre Entwürfe mit Hilfe der gattungsrelevanten Kriterien inhaltlich und formal verbessern. Die eigentliche Unterrichtsstunde beginnt mit dem in dieser Arbeitsphase sicher motivierenden Hinweis des Lehrers, daß man nun für den eigenen intendierten Schreibprozeß nur noch die Überschrift vorgeben werde, zu der die Schüler schließlich eine komplette Eulenspiegelgeschichte selbst herstellen sollen. Nach der Präsentation und Fixierung der Überschrift an der Tafel, sollte der Lehrer zunächst den Schülern Gelegenheit geben, ihre Gedanken und Assoziationen zu der inhaltlichen Vorgabe zu verbalisieren. Im Gegensatz zu vielen anderen Eulenspiegelgeschichten nimmt diese den Inhalt nur teilweise vorweg und

läßt den Schülern doch genügend Freiraum zur Spekulation und Entwicklung eigener Ideen. Wenn aber die Schüler andererseits einen „Vorstellungsinhalt“ in eine gestaltete Form bringen sollen und sich dabei weitgehend an die Gattungsmerkmale der anvisierten Textsorte anlehnen sollen, dann müssen sie in der Planungsphase auch entsprechende Klarheit über die Konturen des zu gestaltenden Inhaltes gewinnen. Diese vorinhaltliche Klärung kann nur durch eine genaue Analyse der in der Überschrift vorkommenden sinntragenden Wörtern geschehen. Die Schüler müssen in dieser Phase erkennen, daß als Quelle für mögliche Mißverständnisse dieser Eulenspiegelhistorie die Doppeldeutigkeit der Wörter „beuteln“ sowie „im Mondschein beuteln“ in Frage kommt. Erst durch die Klärung dieses doppeldeutigen „Begriffspaares“ wird das für den intendierten Schreibprozeß unerläßliche Erzählziel festgelegt.
Erst jetzt werden die Schüler aufgefordert, zu der vorgegebenen Überschrift eine entsprechende Eulenspiegelgeschichte mosaiksteinartig aufzubauen. Vor der Gestaltungsphase, die in Stillarbeit durchgeführt wird, werden die Schüler noch einmal an die wesentlichen Merkmale der Textgattung Schwank erinnert.

*Phase 2:*
*Beurteilung der in Stillarbeit verfaßten Eulenspiegelschwänke*

Da die in der vorausgegangenen Stillarbeitsphase erstellten ersten Schreibversuche sicher nicht den gestellten Anforderungen genügen dürften, sind in dieser Phase entsprechende Überarbeitungen der ersten Entwürfe vorzunehmen.
Um dieses Vorhaben effektiv durchführen zu können, erfolgt nach dem Vorlesen der Schülerarbeiten und ersten Spontanreaktionen eine inhaltliche und formale Grobbewertung der Entwürfe. Anhand vorstrukturierter Fragen sollen die Schüler zunächst feststellen, ob die vorgelesenen Schülerarbeiten eine grobe Übereinstimmung mit dem bekannten Erzählaufbau von Eulenspiegelgeschichten erkennen lassen (s. Stundenblatt). Probleme dürften sich wahrscheinlich beim Herstellen eines sinnvollen und passenden Situationskontextes ergeben. Viele Schüler wollen sicher unvermittelt mit der Anweisung des Meisters beginnen, ohne vorab die entsprechenden Motive und Anlässe zu dem Arbeitsauftrag zu beschreiben. Hier muß den Schülern noch einmal verdeutlicht werden, daß die Darstellung der Ausgangslage (u. a. Wer ist am Geschehen beteiligt, wo und wann spielt das Geschehen und welche näheren Umstände sind für den Ablauf des Geschehens von besonderer Bedeutung?) ein unverzichtbarer Bestandteil und Baustein zum Erzählen einer jeglichen Geschichte ist.
Nach der erfolgten Korrektur und mündlichen Verbesserung eventuell vorhandener grober inhaltlicher und formaler Mängel erfolgt in einem weiteren Analyseverfahren eine detaillierte Feinbeurteilung der Schülerentwürfe. Unter Berücksichtigung der im Unterrichtsgespräch erarbeiteten Verbesserungsvorschläge werden nun alle Schüler noch einmal aufgefordert, ihre ersten Entwürfe entsprechend zu überarbeiten. Auch vor dieser schriftlich durchzuführenden Überarbeitung sollten unbedingt noch einmal die für den Schreibprozeß relevanten Gattungsmerkmale in Erinnerung gebracht werden. Denkbar wäre in dieser Phase auch die Bereitstellung von entsprechendem Wortmaterial. (z. B. redebegleitende Verben, die insbesondere die typische Kommunikationssituation zwischen Till und seinem Meister treffend beschreiben, s. Materialteil)
Am Ende dieser Überarbeitungsphase le-

sen die Schüler ihre verbesserten Texte vor und überlassen den Mitschülern die kritische Bewertung, inwieweit nun die zu beachtenden Kriterien tatsächlich auch verarbeitet und beachtet wurden.

*Phase 3:*
*Vergleich der Schülerentwürfe mit dem Original*

Nachdem die Schüler ihre nun optimierten Entwürfe vorgelesen und einer letzten Bewertung durch ihre Mitschüler unterzogen haben, wird ihnen der Originaltext ausgeteilt. In einem abschließenden Unterrichtsgespräch werden nach den spontanen Reaktionen auf das „Original" die Schüler aufgefordert, die vordergründigen Gemeinsamkeiten und Unterschiede zwischen ihren Texten und dem Original zu nennen. Diese Phase der vergleichenden Betrachtung soll den Schülern lediglich ins Bewußtsein rufen, daß es ihnen ebenfalls gelungen ist, die wesentlichen und charakteristischen Merkmale der Textsorte „Schwank" zu erfassen und adäquat darzustellen, wenngleich sich die meisten Schreibprodukte der Schüler in vielerlei Hinsicht noch von dem des Originals unterscheiden werden. Es ist in dieser Phase keinesfalls erstrebenswert, und darauf möchten wir noch einmal mit Nachdruck hinweisen, die anvisierte Textsorte mit ihren idealtypischen Ausprägungen und Musterungen zu kopieren und die Schülerarbeiten an den Normen des Originals zu messen. Allein das Produzieren eigener Texte unter Berücksichtigung der in der Analysephase erarbeiteten Strukturen und Konstruktionsprinzipien der Gattung hilft den Schülern eher einen motivierenden und auch einsichtigeren Zugang zu der Textsorte Schwank zu finden als durch ausschließlich analytische Verfahren.

## Schildbürgergeschichten schreiben (10.–11. Stunde)

### Didaktische Legitimation

Im Gegensatz zu den Eulenspiegelschwänken ist den Schildbürgergeschichten der allein im Sprachlichen verankerte Humor, d.h. das Verhältnis von eigentlicher zu übertragener Wortbedeutung als Quelle der Komik ziemlich fremd. Die Erzählstruktur der Eulenspiegelgeschichten erschließt sich im wesentlichen bereits aus der inadäquaten Semantik. Eulenspiegel spielt mit der Vieldeutigkeit der Sprache, er beruft sich meist auf die ihm zustatten kommende Bedeutung eines sprachlich nicht eindeutigen Ausdruckes, um seine Taten zu erklären, die selbstverständlich auch sozial motiviert sind. Die Schildbürgergeschichten unterscheiden sich von den Taten und Aussprüchen Eulenspiegels, daß dieser im allgemeinen seine schalkhaften Streiche durchschaut und sich ihrer Folgen voll bewußt ist, während die Schildbürger immer ernsthaft an die Richtigkeit ihres Denkens und Handelns glauben und gerade dadurch komische Wirkung erzielen.
„Die Schildbürger sind als gesellschaftliche Gruppe – ebenso wie Eulenspiegel als Individuum – eine epische Figur, die dadurch charakterisiert ist, daß die gemeinsamen Beschlüsse – die allen Taten der Schildbürger vorausgehen – das formale Prinzip der gemeinsamen Suche nach der je besten Möglichkeit ins Formalistische steigern und dadurch konsequenterweise die je schlechteste Möglichkeit zeitigen, nämlich die, welche der intendierten Absicht strikt zuwider läuft." (Wolfgang Popp, Zur Frage der Beziehung zwischen didaktischer Analyse und methodischer Gestaltung des Literaturunterrichts. Dargestellt am Beispiel der Eulenspiegel- und

Schildbürgergeschichten, in: Der Deutschunterricht, Nr. 3/70, S. 107)
Hiermit ist das wesentliche Erzählgesetz der Schildbürgergeschichten bereits geschrieben. Trotz ernsthaftester Ratschläge und demokratischer Bemühungen geht jede Unternehmung der Schildbürger gerade umgekehrt aus wie man sie plant. Die dauernden Verstöße gegen die Logik und menschliche Vernunft sind der Motor ihres Handelns und Verhaltens. Dies ist eben die grundlegende Erzählstruktur der Schildbürgergeschichten. Zur Komik der Schildbürgergeschichten gehört im Besonderen auch das Moment der Überraschung. Die Erwartung der Leser muß in eine völlig andere Richtung gehen, wenn mehr oder weniger plötzlich eine unerwartete Wendung eintritt, die den Gesetzen des vernunftmäßigen Handelns, meist aber auch der Wahrscheinlichkeit zuwider läuft. Viele der Schildbürgerschwänke zeichnen sich dadurch aus, daß sie solch überraschende Wendungen gleich mehrfach und in eindrucksvoller Steigerung anbieten. (Vgl. H. Bausinger, Schildbürgergeschichten, in: Der Deutschunterricht, Heft 1, 1961, S. 38)

## Zum Aufbau der Sequenz

Für den in der ersten Stunde zu leistenden Analyseprozeß haben wir zwei Fassungen der Schildbürgergeschichten von Otfried Preußler ausgewählt, der die Schildbürgerstreiche so erzählt, als habe Jeremias Punktum, der Stadtschreiber von Schilda, sie selbst aufgezeichnet. Dieses Mittel der Ich-Erzählung und die damit verbundene Auflösung der gesellschaftlichen Gruppe (= epische Figur) der Schildbürger in individualisierte Handlungsfiguren (Siebenkäs, Kalbfell, Sauerbrot, usw.) stellt u. E. eine bessere Ausgangsbasis für den intendierten Gestaltungsprozeß der Schüler dar als die Präsentation der recht schmucklosen und mehr in informierender Berichtsform abgefaßten „Originalepisoden“. Die Versionen von O. Preußler sind bereits erzählerisch so durchgestaltet und dialogisch angereichert, daß insbesondere die Komik des schwankhaften Geschehens für den Leser überdeutlich wird. Gerade an diesen Fassungen lassen sich grundlegende Mittel des spannenden und anschaulichen Erzählens exemplarisch erarbeiten, die dann in den nachfolgenden Schreibprozeß integriert werden sollen.
Für die notwendige Herausarbeitung der schwanktypischen Strukturen und Gesetzmäßigkeiten in der rezeptiven Phase favorisieren wir die vergleichende Analyse zweier Schildbürgergeschichten von Preußler. Erst der Vergleich läßt die Schüler zweifelsfrei erkennen, was das Besondere an diesen Leuten in Schilda ist; erst die Analyse zweier „Muster“ läßt sie herausfinden, wie die namentlich genannten Schildbürger in den beiden dargestellten Problemsituationen jeweils agieren und reagieren und wie sie sich vielleicht voneinander unterscheiden. Erst die exakte Herausarbeitung dieser Handlungs- und Verhaltenstypologien schafft die notwendige Voraussetzung für die Übernahme dieser Gestaltungsmittel in die produktive Phase. Für diese geben wir den Schülern einen auf die wesentlichsten inhaltlichen Elemente reduzierten Erzählkern vor (Mat. 13), den sie analog den bekannten Erzählgesetzen zu einer eigenständigen Schildbürgergeschichte ausgestalten sollen und dabei insbesondere die in den Neu-Erzählungen von O. Preußler vorkommenden Figuren und deren Rollen auf die neue Situation übertragen und somit eine Art Parallelgeschichte entwickeln.

### Lernziele

Die Schüler sollen
- durch vergleichende Analyse zweier Schildbürgergeschichten in der Fassung von O. Preußler die typischen Erzählgesetze dieser Schildbürgergeschichten erfassen
- auf der Basis der in der Analysephase erarbeiteten Erzählgesetze einen vorgegebenen Erzählkern selbständig zu einer Schildbürgergeschichte ausgestalten und sich dabei an das erzählerische Grundmuster von Preußler halten
- zu vorgegebenen aktuellen Problemsituationen ebenfalls Schildbürgergeschichten verfassen.
- [Eine gemeinschaftlich erarbeitete epische Textvorlage zu einem szenisch-dialogischen Text umformen] (s. Texte umerzählen, verändern, variieren ..., S. 67)

## 10. Stunde: Die Erzählgesetze einer Schildbürgergeschichte erarbeiten (Mat. 12)

### Vorbemerkungen

Wie schon erwähnt, hat O. Preußler diesen überlieferten Stoff aufgegriffen und nicht nacherzählt, sondern neu erzählt. Er gruppierte die alten Geschichten gänzlich neu, ließ Belangloses weg und verzichtete insbesondere auf Unverständliches. Er läßt alle Ereignisse, die sich im Städtchen Schilda zutragen, von einem Augenzeugen berichten. Herr Jeremias Punktum, der Stadtschreiber von Schilda, vermag zwar die selbstverschuldeten Mißgeschikke nicht so recht zu durchschauen, wohl aber kennt er sich im Städtchen aus wie kein anderer. Er kennt alle Gassen und Winkel und nennt diese ebenso beim Namen wie eine Reihe von bedeutsamen Mitbürgern. Damit bewirkt er, daß aus der sonst anonymen Masse der Schildbürger nun einzelne Gestalten hervortreten, die der Leser als Individuen kennenlernt:
- Bürgermeister Samuel Hechelmann, Schwiegervater des Stadtschreibers
- Meister Kalbfell, der Metzger, Schwager des Stadtschreibers
- Schneider Siebenkäs, Vetter des Stadtschreibers
- der Schmied, als einziger ohne Namen
- Bäcker Sauerbrot, Oheim des Stadtschreibers
- Schreiner Quast, Pate des Stadtschreibers

Durch die vergleichende Analyse der beiden Geschichten „Die Rathausglocke“ und „Grausam“ sollen die Schüler die charakteristischen Erzählgesetze von Schildbürgergeschichten in der Version von Preußler erfassen. Ein Schwerpunkt der Analyse liegt in der genauen Beschreibung und Erfassung der von Preußler eingeführten Personen und ihrer typisierten Verhaltensformen. Wenn die Schüler diese Typisierung erkannt haben, können sie das von Preußler vorgegebene und streng durchgehaltene Erzählmuster von törichten Menschen, welche in komischer und unverständlicher Art und Weise auf die Probleme des Alltags im Städtchen reagieren, auch auf die „neue“ Situation transferieren, die ihnen in Form eines knappen Erzählkernes kurz dargestellt wird. Keine Probleme dürfte den Schülern in der Analysephase das Erkennen der Motive und Grundlagen für das schwankhafte Geschehen bereiten. Die Schildbürger setzen die recht einfach zu durchschauenden Verstöße gegen die Vernunft und Logik als komische Mittel ein, obwohl alle in den Texten von Preußler vorgestellten Bürger von Schilda immer ernsthaft an die Richtigkeit ihres Tuns und Argumentierens glauben.

So versenken sie in den Kriegswirren ihre kostbare Rathausglocke im See und bezeichnen die Stelle durch eine Kerbe in ihrem Schiff. Für den ersten Krebs, den die Schildbürger nach dem Verlust der Glocke in ihren Gewässern sichten und an dem sie sich für den Verlust der Glocke rächen wollen, sehen sie nach langen Diskussionen den grausamsten und elendsten Tod vor, den sie sich nur ausdenken können: „Ersäufen im Wasser". In beiden Geschichten nimmt das Verhängnis seinen Lauf über mehrere Stationen. Der knappen Situationsschilderung am Anfang folgt die Darstellung des unerwarteten Ereignisses. Die Schildbürger werden mit Problemsituationen und Mißständen konfrontiert, die nach einer „wohldurchdachten" und demokratisch legitimierten Lösung verlangen. An der Beratung werden alle Schildbürger ernsthaft beteiligt und als vollwertige Mitglieder des Gemeinwesens akzeptiert und respektiert. Dieser immer wiederkehrenden eingehenden Beratung, in deren Verlauf die Lösungsvorschläge der Ratsmitglieder diskutiert werden, folgt schließlich die Mehrheitsentscheidung und danach die Ausführung der geplanten Maßnahme zur Behebung der Mißstände bzw. zur Abwendung der Gefahr. Am Ende der jeweiligen Erzählung wird der Leser mit den Folgen des einfältigen Handelns vertraut gemacht. Auffallend dabei ist, daß die Schildbürger nicht bereit und auch nicht in der Lage sind, ihr eigenes Denken und Tun als ursächlich für das Scheitern ihrer Aktionen und Missionen zu erkennen. Die Schuldfrage wird erst gar nicht gestellt, man handelt immer verderblich im Plural. Schilda wird zu einem Modellfall, der zeigt, wie ein Gemeinwesen durch Unvernunft, mangelnde Informationsbereitschaft und -pflicht und maßloße Selbstüberschätzung sich seinen eigenen Untergang bereitet. Dennoch unterscheidet sich Schilda sehr wohltuend von vielen politischen, sozialen und militärischen Strukturen unserer Gesellschaft, in der gerade in jüngster Vergangenheit die Suche nach den sog. „Skandalverursachern" und Mitverantwortlichen sich als wahres Lügen- und Possenspiel darstellt, ganz zu schweigen von den Konsequenzen, die politisch Verantwortliche in unserer Gesellschaft zu ziehen gedenken, wenn man sie wegen „unkorrekten Verhaltens" anklagen und verurteilen kann.

## Lernziele

Die Schüler sollen
- den Inhalt beider Texte wiedergeben können
- die Texte in Handlungsabschnitte gliedern, eine Personenliste erstellen und deren Denk- und Handlungsweisen erfassen
- das Unlogische in den Handlungen der Schildbürger als charakteristisches und typisiertes Verhalten erkennen
- durch Textstellen belegen, wie die Schildbürger sich selbst und ihre Handlungsweisen einschätzen
- die komische Wirkung der Handlungsweisen auf den Leser begründen.

## Unterrichtsverlauf

*Phase 1:*
*Kontrolle der Hausaufgabe (Häusliches Lesen der Texte als gemeinsame Verständigungsgrundlage)*

Der Schwerpunkt der Stunde liegt auf der Herausarbeitung und Bewußtmachung der typischen Erzählgesetze von Schildbürgergeschichten. Aus arbeitsökonomischen Gründen haben wir das Erlesen der beiden Texte in die häusliche Vorbereitung verlagert. Schüler dieser Altersstufe sollten über die notwendigen Fertigkeiten verfügen, sich in der häuslichen Vorbereitung insbesondere auf der Inhaltsebene intensiv mit den beiden Texten zu befassen. Dieses zu erwartende Vorwissen über inhaltliche Strukturen und Zusammenhänge stellt in der nachfolgenden analytischen Phase die erforderliche Zeit für die Klärung wichtiger gattungsstruktureller bzw. erzähltypischer Gesetzmäßigkeiten frei. Nach der mündlichen Wiedergabe des Inhaltes beider Texte werden die Schüler dazu aufgefordert, erste spontane Eindrücke des vergleichenden Lesens wiederzugeben. Bereits in dieser Phase des Textverständnisses dürften sie zu recht konkreten Aussagen über die Parallelität im formalen Aufbau beider Texte gelangen.

*Phase 2:*
*Vergleichende Analyse beider Schildbürgergeschichten (Gruppenarbeit)*

Schwerpunkt der in dieser Phase einsetzenden Textanalyse ist die stufenweise Entwicklung des Erzählgerüstes, das beiden Texten zugrunde liegt. Um die konstitutiven „Bauelemente" der Schildbürgergeschichten zu erfassen, ist es zunächst einmal erforderlich, beide Texte in Handlungs- oder Erzählabschnitte einzuteilen und diese mit Überschriften zu benennen, was sich erfahrungsgemäß als recht schwierig erweist, weil eine abstrahierende Denkleistung verlangt wird. Diese Stillarbeit wird dann ebenfalls aus ökonomischen Gründen in Gruppen durchgeführt, wobei sich jede Gruppe mit einem Text auseinandersetzen sollte. Vor der Erteilung des Arbeitsauftrages, die Texte in Handlungsabschnitte einzuteilen, sollte der Lehrer noch einmal daran erinnern, nach welchen Kriterien man längere erzählende Texte in kleinere Erzählsequenzen untergliedern kann. (z.B. Orts-, Zeit- und Personenwechsel) Anschließend werden die Gruppenergebnisse nacheinander ausgewertet und in das an der Tafel oder einem Arbeitsblatt vorbereitete Raster eingetragen (s. Tafelanschrieb). Danach werden die beiden Handlungsabläufe in ihrer jeweiligen Sequentierung miteinander verglichen. Hierbei sollte den Schülern zunächst einmal auffallen, daß sich beide Geschichten in fünf Teilhandlungen „zerlegen" lassen, die in beiden Texten nahezu identische Funktionen für das Textganze erfüllen. Um diese Erzählfunktion auch zu verstehen, sollten die Schüler die einzelnen Erzähl- oder Handlungsabschnitte mit den passenden Überbegriffen näher charakterisieren. Bei dieser Zuordnungs- und Formulierungsaufgabe brauchen die Schüler die Hilfestellung des Lehrers. Auf diese Weise wird der komplette Erzählplan für die Schildbürgergeschichten in der Version von O. Preußler erstellt und im Tafelbild bzw. Arbeitsblatt fixiert. Ein weiterer in dieser Phase zu leistender strukturaler Vergleich bezieht sich auf die in beiden Texten handelnden Personen und die genaue Analyse ihres jeweiligen Rollenverhaltens. Hierzu werden die Schüler aufgefordert, das gesamte Figurenarsenal in beiden Texten zu benennen und zu untersuchen, ob die entsprechenden Personen in beiden Texten identisch sind und ob sie in beiden Handlungen auch jeweils auf dieselben Rollen fixiert sind. Bei der Auswertung dieser „Personalliste" beider Texte werden die Schüler erkennen, daß in beiden Geschichten der Erzähler der Episoden nicht mit dem Autor identisch ist. Im nachfolgenden Unterrichtsgespräch werden sie zunächst den Jeremias Punktum, Stadtschreiber von Schilda, als den Erzähler identifizieren, der die Schildbürgerstreiche in der Regel in der „Wir-Form" präsentiert bzw. sich selbst in der Geschichte „Grausam" als Ich-Erzähler einbringt. Auch die möglichen Motive für diese Veränderung der Erzählperspektiven sollten am Ende dieser Phase mit den Schüler diskutiert werden.

*Phase 3:*
*Wirkung der Schildbürgergeschichte auf den Leser*

Nach der Erarbeitung der Gesetzmäßigkeiten im Aufbau und der Erzählweise der beiden Geschichten sollen die Schüler abschließend über die Wirkungen der Schildbürgergeschichten auf die Leser reflektieren. Sie sollen im abschließenden Unterrichtsgespräch dazu animiert werden, über die Ursachen für das zuweilen herzhafte Lachen bzw. das ungläubige Kopfschütteln der Leser solcher Geschichten mit überraschenden Wendungen nachzudenken. Ob es allerdings anhand der Analyse der beiden Einzelgeschichten in dieser kurzen Rezeptionsphase schon möglich sein wird, den exemplarischen Charakter der Schildbürger, falls es einen solchen überhaupt gibt, näher zu beschreiben und damit letztlich die politischen und soziologischen Beweggründe für ihr unerwartetes, nonkonformes Verhalten zu nennen, ist sicher zweifelhaft. Sie werden anhand der Handlungsstruktur beider Geschichten erkennen, welche gemeinwohlerhaltenden Aktivitäten und Lösungsmöglichkeiten die Schildbürger immer in demokratischer Weise vorschlagen und ausführen, damit die Geschichte eben die Bedingungen einer Schildbürgergeschichte erfüllt. Dieses Wissen müssen die Schüler bei der produktiven Aufgabenstellung in der folgenden Stunde selbst anwenden, um ihre Geschichte im Sinne der Lesererwartung „funktionsfähig“ zu gestalten.

## 11. Stunde: Einen vorgegebenen Erzählkern zu einer typischen Schildbürgergeschichte in der Erzählversion von O. Preußler ausgestalten (Mat. 13)

### Vorbemerkungen

In dieser Stunde sollen die Schüler einen auf das knappste Erzählgerüst reduzierten Erzählkern zu einer Schildbürgergeschichte in der ihnen bekannten Erzählversion von O. Preußler ausgestalten. Zu leisten haben die Schüler bei dieser produktiven Aufgabenstellung zweierlei: einmal müssen sie entsprechende Mittel zur Ausgestaltung eines Erzählkernes zu einer anschaulichen und unterhaltsamen Schildbürgergeschichte funktionsbezogen in den zu erstellenden Text einbauen, zum anderen müssen sie sich bei der Erfindung der Handlung und dem Aufbau ihres gesamten Erzählplanes an der vorgegebenen Erzählstruktur und Erzählweise der Neuerzählungen von O. Preußler orientieren. Die Schüler sollten aus dem vorgegebenen Erzählkern schon eigenständige Erzählideen entwickeln, dabei aber aufpassen, daß sie die inhaltlichen und formalen Gesetzmäßigkeiten solcher Texte nicht grob verletzen. Sie werden vor dem eigenständigen Schreibprozeß dazu angehalten, unter sinnvoller und textsortenabhängiger Verwendung entsprechender sprachlicher Mittel (Insbesondere: Einsatz der direkten Rede und der Gedankenrede, passende Begleitwörter für die direkte Rede, Verzögerung und Ausdehnung zwecks Steigerung der Spannung usw.) ideen- und variantenreicher zu schreiben und ihren Wortschatz sowie die stilistischen Fähigkeiten insgesamt zu erweitern bzw. zu verbessern.

## Lernziele

Die Schüler sollen
- aus dem vorgegebenen Erzählkern entsprechende Erzählideen entwickeln, die den typischen Erzählplänen von Schildbürgergeschichten und damit auch deren Erzählgesetzen insgesamt entsprechen
- adäquate sprachliche Mittel zur anschaulichen, unterhaltsamen und spannenden Ausgestaltung einer solchen Erzählung erkennen und sinnvoll anwenden.

## Unterrichtsverlauf

*Phase 1:*
*Den vorgegebenen Erzählkern zu einer Erzählidee ausgestalten*

Zu Beginn dieser Phase macht der Lehrer die Schüler mit der vorgesehenen Schreibaufgabe vertraut und stellt ihnen den Erzählkern vor, zu dem sie nach dem ersten Lesen sich bereits spontan äußern sollten. Dabei werden die Schüler zunächst einmal ihre vielfältigen Erzählideen vorstellen und sich dabei automatisch schon an dem Erzählmuster von O. Preußler orientieren. Im anschließenden Unterrichtsgespräch lenkt der Lehrer den Schwerpunkt der Schreibvorbereitung auf den möglichen Erzählplan. (Wie sollten wir die Schildbürgergeschichte aufbauen? Was solltet ihr beim Entwerfen der Handlung beachten?) Beim Erstellen des Erzählplanes sind die in der Analysephase gewonnenen Kriterien (z. B. 5 Teilhandlungselemente) zu berücksichtigen und auf die neue inhaltliche Struktur zu übertragen. Insbesondere muß den Schülern deutlich gemacht werden, daß die notwendigerweise anstehende Beratung und Beschlußfassung der Schildbürger in eine ganz bestimmte Richtung gehen muß, damit am Ende die ganze Geschichte auch die erzählerischen Gesetzmäßigkeiten einer solchen speziellen Erzählweise erfüllt. „Verraten" sollte in dieser Phase der Lehrer aber die einzig mögliche Bestrafung des unbekannten Tieres (Tod durch lebendiges Vergraben!) aber nicht, um den Schülern das Nachdenken über den logischen Handlungsaufbau des Textes nicht auch noch abzunehmen. Diesen Teil der Geschichte muß der Schüler im Sinne der „Stimmigkeit" des Textganzen selbst erfinden, andere Möglichkeiten der Bestrafung des Feindes würden zweifelsohne gegen die anzustrebende Textstruktur und die Erzählabsichten solcher Schildbürgergeschichten verstoßen.
Schließlich sollte am Ende dieser Phase den Schülern noch einmal verdeutlicht werden, daß er aus einem recht nüchtern und sachlich wirkenden Erzählkern mit eher informierendem Charakter eine lustige, unterhaltsame und spannende Geschichte erzählen soll. In der Analysephase hat er bereits entsprechende Mittel einer lebendigen Darstellung kennengelernt, die ihm auch noch aus anderen Sequenzen und Lerninhalten (u. a. Erlebtes und Erfundenes strukturiert erzählen – Teilband Erzählen, 5. u. 6. Schuljahr) bekannt sein sollten. In der nachfolgenden Schreibphase sollten die Schüler diese Mittel (u. a. Verzögern, Ausdehnen durch genaue Beschreibung der Fangaktion des Maulwurfes, Dramatisierung durch wörtliche Rede und Gedankenrede der Schildbürger usw.) entsprechend anwenden und damit ihren eigenen Text stilistisch wirksamer zu gestalten.

*Phase 2:*
*Ausgestalten des Erzählkernes zu einer Schildbürgergeschichte*

Eigentlicher Kern der Unterrichtsstunde ist die schriftliche Produktion der Texte. Etwa 25–30 Minuten sollten dafür zur Verfügung stehen. Sollte nach der Herstellung der Schildbürgergeschichten, die in Alleinarbeit erfolgt, noch Zeit zur Verfügung stehen, dann sollte der Lehrer dazu auffordern, daß sich die Schüler gegenseitig ihre Texte vorlesen und kritisieren. Eine ausführliche Besprechung sollte auf jeden Fall in der nachfolgenden Stunde geleistet werden. Diese sollte sich dann auch an den in der Analysephase erarbeiteten Kriterien bzw. an den angebotenen Schreibhilfen orientieren. Kern der Besprechung wird in jedem Falle die Frage sein, inwieweit die Schülertexte die Erzählgesetze der Schildbürgergeschichten respektiert haben. In dieser Folgestunde könnten dann in Tischgruppenarbeit die Schülertexte überarbeitet werden, so daß mindestens drei oder vier gemeinsame Texte entstehen sollten, die die wesentlichen inhaltlichen und formalen Kriterien erfüllen sollten. Schließlich könnte sich die gesamte Klasse auf einen der in Gruppenarbeit erstellten Textvorschläge einigen, der dann z. B. als epische Textvorlage zur weiteren Arbeit verwendet werden könnte. Gedacht ist dabei an die Umformung dieser epischen Textvorlage in einen szenisch-dialogischen Text (s. Texte umerzählen, verändern, variieren . . .).

## Detektivgeschichten schreiben (12./13. Stunde)

### Didaktische Legitimation

Zur Millionenleserschaft von Kriminal- und Detektivgeschichten gehören zum großen Teil auch Schüler, vor allem Jungen ab dem 12. Lebensjahr. Die Gründe für den hohen Beliebt- und Bekanntheitsgrad dieser Literatur bei den Jugendlichen liegen auf der Hand. Detektivgeschichten sind sehr einfach, aber spannend geschrieben und somit als „leichte“ Lektüre besonders geeignet für den Freizeitvertreib. Sie fordern vom Leser keine allzu großen Denkaufgaben, abgesehen von der Rekonstruktion des Verbrechens. Als entscheidendes Kriterium wird die von der Lektüre ausgehende Spannung angegeben. Knüpft man an dieses Schülerinteresse an, so bieten sich eine Reihe von didaktischen Möglichkeiten. Für Schüler der 7. und 8. Klassen eignet sich das Thema zur Behandlung des in den Lehrplänen empfohlenen Bereichs der Unterhaltungsliteratur. Mit der Lektüre dieser Form von Literatur kommen wir den Wünschen und Bedürfnissen der Schüler nach Identifikation und Spannung entgegen. Detektivgeschichten eignen sich weiterhin aufgrund ihres recht eindeutigen Aufbaus und festen Schemas für die Erarbeitung grundlegender literarischer Strukturen. Gerade die tektonisch kompakt strukturierte, relativ kurze Form der Detektivgeschichte mit ihrem Modellcharakter bietet die Möglichkeit, bereits in der erwähnten Altersstufe eine Analyse von Formelementen durchzuführen, die den Schülern deutlich macht, daß diese Form der Literatur „konstruiert“ bzw. „gemacht“ ist, d. h. bestimmten klaren Aufbauprinzipien folgt. Indem Schüler z. B. erkennen, daß Irreführungen und

Vorausdeutungen von den Autoren in das Geschehen eingeflochten werden, um dem Leser entsprechende Hilfestellung zu bieten, lernen sie, bewußter und aufmerksamer zu lesen. In der Produktionsphase werden die Schüler nach solchen Strukturprinzipien eine eigene Detektivgeschichte schreiben und somit lernen, nach einer Bauform zu erzählen.
Aufgabe dieser Unterrichtssequenz kann aus den genannten Gründen nicht die Präsentation und Analyse der verschiedensten Spielarten der Kriminalliteratur (u. a. Kurzkrimi, klassischer Detektivroman, moderner Detektivroman, Polizeiroman, psychologischer Kriminalroman, soziologischer Kriminalroman, usw.) sein. Autoren wie Chandler und Kemelmann, die in ihren Romanen durchaus auch Ansätze zur Aufklärung und Gesellschaftskritik bieten, würden in diesem Zusammenhang die Schüler der 7. und 8. Klassenstufe überfordern und auch nicht in hinreichendem Maße interessieren, da in dieser Altersstufe eben das Vergnügen, die Unterhaltung dominiert. Diesem Bedürfnis kommt die Detektivgeschichte entgegen, die keinerlei Ambitionen hat, als durch Spannung zu unterhalten. Gesellschaftskritik ist nicht vorhanden, d.h. das Verbrechen wird nie als gesellschaftlich verursachte Tat dargestellt. Deswegen wollen wir an dem ausgewählten Textbeispiel in erster Linie die ästhetisch konventionelle Form analysieren, die immer auf die reine Unterhaltungsfunktion hinweist.
Im Rahmen dieser Sequenz wird auch die Frage nach der Abgrenzung bzw. Unterscheidung von Kriminal- und Detektivliteratur erst gar nicht gestellt. Unter Detektivgeschichte wird innerhalb dieser Sequenz das klassische Fakten-Puzzle um einen Detektiv verstanden, das in der Tradition berühmter Autoren wie Poe, Conan Doyle, Chesterton, Christie und Sayers steht. Komplizierte Kompositionsschemata aus dem Bereich der modernen Detektivromane sollten erst in den Klassenstufen 9 und 10 behandelt werden.

## Aufbau der Sequenz

Um den Schülern in der analytischen Phase das immer gleiche Aufbauschema solcher Texte klarzumachen, benötigten wir eigentlich zwei oder mehrere Texte im Materialteil, was aber kaum zu realisieren ist, da es fast keine geeignete Detektivgeschichte gibt, die kurz genug für eine Behandlung in einer oder zwei Unterrichtsstunden ist. Überhaupt stellt die Herausarbeitung wesentlicher Strukturelemente der Textsorte im Rahmen dieser Kurzsequenz eine stoffliche Herausforderung dar, so daß dem intendierten Textherstellungsprozeß am sinnvollsten eine eigenständige Unterrichtseinheit vorgeschaltet werden sollte, in der die Konstruktionsprinzipien von Detektivgeschichten an mehreren Beispielen ohne Zeitdruck erarbeitet werden könnten.
Für das erstmalige Herausarbeiten der für den eigenen Gestaltungsprozeß unbedingt notwendigen Aufbau- und Strukturmerkmale einer Detektivgeschichte halten wir den „Ratekrimi“ (Mat. 14) für besonders geeignet, weil dieser Text die Bausteine der Textgattung in einfacher und anschaulicher Weise repräsentiert und obendrein die Schüler unmittelbar an der Aufklärung und Rekonstruktion des Falles beteiligt.

## Sequenzziele

Die Schüler sollen
- befähigt werden, Strukturelemente der klassischen Detektivgeschichte aus einem (oder mehreren) vorgegebenen Textbeispielen herauszuarbeiten und
- auf der Basis dieser erarbeiteten Auf-

baukriterien eigene Detektivgeschichten mit Hilfe von Vorgaben erfinden und gestalten können.

### 12. Stunde: Die Grobstruktur einer Detektivgeschichte erarbeiten (Mat. 14)

#### Vorbemerkungen

Die für den intendierten Schreibprozeß notwendigen und unverzichtbaren Minimalvoraussetzungen erarbeiten wir an dem „Ratekrimi". (Mat. 14) Der klar und einfach aufgebaute Text repräsentiert in schülergerechter Weise die grobe Aufbaustruktur einer klassischen Detektivgeschichte, indem er die tragenden inhaltlichen Elemente einer Detektivgeschichte aufweist:

1. Das rätselhafte Verschwinden der Juwelen
2. Die Fahndung nach dem Täter und die Aufklärung des Tatherganges
3. Die Rekonstruktion des Tatherganges, die in unserem „Ratekrimi" von den Lesern selbst geleistet werden muß.

In dem vorliegenden Text geschieht das Verbrechen textsortengemäß vor dem Einsetzen der eigentlichen Handlung, sieht man einmal von dem Erzählrahmen ab, der lediglich die Funktion übernimmt, den Inspektor vorzustellen und den Leser mit seiner Aufgabe vertraut macht, den geschilderten Fall selbst zu lösen. Die Tat selbst, im vorliegenden Beispiel nicht der sonst übliche Mord, sondern der Juwelendiebstahl, hat an sich keine Bedeutung, sondern dient lediglich als Anlaß für die Tätigkeit der Detektion. Die Lösung des Falles stellt eine intellektuelle Aufgabe dar und erfolgt beinahe ausschließlich mit Hilfe der Kombinationsgabe des Inspektors, der seine Schlüsse und sein Vorgehen in unserem Beispiel nicht erst vor den Personen der Handlung und vor dem Leser erklärt, sondern diesen mit der reizvollen Aufgabe konfrontiert, die Tat selbst durch logische Schlüsse aufzuklären.

Planmäßig erschwert wird die eigenständige Lösung für den Leser durch die gattungstypische in die Irre führenden Verdächtigungen und Verzögerungen. (Mr. Benston: „Ich glaube, Sie folgen der falschen Fährte ...") In unserem Beispiel werden gleich vier verdächtige Personen vorgestellt (Lord Benston, der Butler, das Stubenmädchen, der große Unbekannte), wobei zunächst der Besitzer der gestohlenen Juwelen, Lord Benston, am wenigsten belastet wird, was sicher schon manchen Schüler vermuten läßt, daß aus diesen Gründen gerade er der Täter sein kann. Andererseits wird das große Geheimnis und Rätselraten um die Täterschaft durch die zwingende Ermittlungs- und Gedankenarbeit des Inspektors systematisch abgebaut. Die innere Spannung auch unseres „Ratekrimis" resultiert aus der Konkurrenz dieser beiden unverzichtbaren Aufbauelemente.

Formal trägt die vorliegende Detektivgeschichte ebenfalls die Kennzeichen der analytischen Erzählweise. Die gesamte Handlung besteht primär aus Untersuchungen und Reflexionen über bereits Geschehenes. Ziel des gesamten Erzählprozesses ist die Deduktion und Rekonstruktion des Tathergangs, wobei in unserem Beispiel diese Arbeit der Leser selbst übernehmen soll. Dem genau festgelegten Aufbau der Detektivgeschichte entspricht auch weitgehend das Figurenarsenal, das dem Handlungsplan eindeutig unterworfen ist und lediglich die Aufgabe übernimmt, einen prinzipiell festgelegten Vorgang zu illustrieren und Mittel zum Zweck zu sein. Aus diesem Grunde versucht die Detektivgeschichte auch in der Regel, emotionale Bindungen und Betroffenheit des Lesers zu verhindern. Affektive Teilnahme oder gar Sympathie oder Antipathie für die handelnden Figuren werden nahezu ausgeschlossen, denn dann wäre das intellektuelle Spiel der Detektion gefährdet. Lediglich der Inspektor oder Detektiv spielt in jedem Textbeispiel die zentrale Rolle. Er ist immer die einzige Figur, die nicht zu den Verdächtigen zählt. Auch in unserem Falle handelt es sich um einen Mann mit überragendem detektorischem Talent, außergewöhnlichem Scharfsinn und bewunderswerten analytischen Fähigkeiten.

## Lernziele

Die Schüler sollen
- Inhalt und Aufbau der Erzählung „Ratekrimi" kennenlernen und als besonderen Reiz einer Detektivgeschichte die Möglichkeit der eigenständigen Enträtselung wahrnehmen
- die Detektivgeschichte als eine Form der Erzählung interpretieren können, die ausschließlich auf die Enträtselung des Verbrechens hin konzipiert ist und in der durch die bewußte Irreführung des Lesers durch die Vorstellung der Verdächtigen, durch falsche Fährten und Indizien, die vom Leser erwartete Spannung erzeugt wird
- erkennen, daß in der vorliegenden Detektivgeschichte der Inspektor den Fall durch logisches Denken und überragende Kombinationsgabe löst.

## Unterrichtsverlauf

### *Phase 1:*
### *Textpräsentation: „Ratekrimi" – Wer war der Täter?*

Ein rätselhafter Juwelendiebstahl stellt den Aufhänger für das Erzählen bzw. Vorlesen des „Ratekrimis" dar. Aus diesem Grunde werden die Schüler in der Einstiegsphase mit ihrer besonderen Rolle vertraut gemacht: Sie selbst sollen den gleichen Scharfsinn wie der ermittelnde Inspektor Brush beweisen und den unbekannten Täter überführen. Durch dieses Vorgehen erkennen die Schüler gleichsam spielerisch, daß bei einer Detektivgeschichte Täter und Tathergang unbekannt und voller Rätsel sind. Rätsel stellen überhaupt ein beliebtes Denkspiel dar. Jeder will sich beweisen, daß er fähig, bzw. „clever" genug ist, die Aufgabe zu lösen. Gerade der von uns in der Analysephase angebotene Ratekrimi spornt die Schüler in besonderer Weise an, den Versuch zu unternehmen, den Täter zu finden und den Tathergang zu rekonstruieren. Daher sollten sie zunächst nach dem ersten Hören und kurzen Überlesen des Textes ihre Vermutungen über den möglichen Täter und Tathergang äußern. Hierbei kann der Lehrer ohne weiteres auch eine genaue Abstimmung über die mögliche Täterschaft durchführen und die Ergebnisse zahlenmäßig festhalten.

### *Phase 2:*
### *Detektion – Das Vorgehen des Inspektors*

Nachdem die Schüler feststellen mußten, daß es ihnen nach den ersten Hör- und Leseeindrücken noch nicht gelungen ist, den Täter eindeutig zu ermitteln, daß in bezug auf die Täterschaft sogar verschiedene Meinungen zu registrieren waren, sollen nun in der 2. Phase die Vermutungen ersetzt werden durch die schrittweise erfolgende Detektion. In logischer Konsequenz stellt sich den Schülern daher die Frage: Wie geht der Inspektor bei seinen Ermittlungen vor? Die Schüler müssen von der Notwendigkeit überzeugt werden, daß eine Lösung nur gelingen kann, wenn sie bei der Rekonstruktion des Verbrechens genau den Beobachtungen und Nachforschungen des Detektivs folgen. Daher sollen sie in dieser Phase zunächst in systematischer Vorgehensweise den Ablauf der Handlung genauestens beobachten und verfolgen, entsprechende Schlüsse ziehen, kombinieren und Auswertungen vornehmen. Die Schüler gehen den gleichen Weg wie der Inspektor. Der Feststellung der Tatzeit und der genauen Untersuchung des Schauplatzes des Diebstahls (hier empfiehlt sich auch die Anfertigung einer Skizze vom Tatort) sollen die Schüler zunächst den Kreis der verdächtigen Personen ermitteln und die sie belastenden Verdachtsmomente benennen. In einem weiteren Lernschritt werden sie auf die besondere Funktion der Indizien und Vorausdeutungen aufmerksam gemacht. In einer kurzen Stillarbeit sollen sie den gesamten Text noch einmal durchgehen und dabei auf jeden Hinweis, jedes Indiz und jede Vorausdeutung achten, die zur Lösung des Falles beitragen können. Dabei soll den Schülern insbesondere bewußt gemacht werden, daß in einer Detektivgeschichte jede kleine Einzelheit eine große Rolle spielen kann. Am Ende dieses Lernschrittes sollten die Schüler anhand der Tatortskizze und mit Hilfe der Indizien nun erneut ihre Hypothesen über den möglichen Ausgang der Geschichte formulieren. Auf diese Weise üben sie die Formulierung begründeter Aussagen. Die zuhörenden Schüler können dann über die abgegebenen „Tätertips“ diskutieren, diese auf ihre Logik und Wahrscheinlichkeit hin überprüfen. Interessant ist in dieser Phase, ob es bei der Festlegung auf den Täter „Verschiebungen“ gab und welche Begründungen die „Abweichler“ für ihren neuen Tip angeben. Den Abschluß dieser Phase bildet die Klärung der Frage: „Wer hat den Fall nun zweifelsfrei gelöst? Welcher der Hauptverdächtigen hat wohl dem Inspektor die Unwahrheit gesagt?“ Sollten die Schüler dabei die Umkehrung der Naturgesetzmäßigkeit (erst der Donner, dann der Blitz) in der Aussage des Lords, der den Verdacht immer auf den „großen Unbekannten“ lenken will, nicht bemerken und in dieser Lüge den Schlüssel für die Auflösung des Falles nicht entdecken, so sollte der Lehrer entsprechende Hilfen anbieten: Ich denke, in Detektivgeschichten ist meistens derjenige der Täter, der am wenigsten verdächtigt wird.

*Phase 3:*
*Allgemeine Aufbaumerkmale von Detektivgeschichten*

In dieser Phase leisten die Schüler nun den für die eigene Textherstellung notwendigen Transfer. Ausgehend von dem soeben „gelösten Rätselkrimi“ sollen sie Rückschlüsse über den allgemeinen Aufbau von Detektivgeschichten ziehen und die gewonnenen Erkenntnisse als Minimalbasis für den eigenen Textherstellungsprozeß verwerten. Hierbei sollten die Schüler auch ihre Erfahrungen mit dem Medium Fernsehen einbringen und am Beispiel bestimmter geeigneter Sendungen (z.B. Derrick) analoge Aufbaustrukturen nachweisen. Einschränkend sollte allerdings festgehalten werden, daß in kaum einer aktuellen Krimi-Serie des Fernsehens das Verbrechen anhand überragender detektorischer Fähigkeiten des Kommissars aufgeklärt wird, sondern daß meist der Zufall und die Intuition des ermittelnden Beamten oder Detektivs den Täter entlarven. Da bleibt dem verblüfften Zuschauer oft nur noch das reine Raten, logisches Denken, außergewöhnlicher Scharfsinn, genaues Hinsehen und Beachten der Details sowie analytische Fähigkeiten werden vom Zuschauer kaum oder überhaupt nicht gefordert. Dieses intellektuelle Unterhaltungsmoment ersetzten manche Fernsehanstalten durch die Präsentation sinnloser Gewalt.

## 13. Stunde: Mit Hilfe von Vorgaben eine eigene Detektivgeschichte schreiben (Mat. 15 und 16)

### Vorbemerkungen

Anhand der in der 12. Stunde erarbeiteten Aufbaukriterien sollen die Schüler in dieser Stunde eigene Detektivgeschichten verfassen, wobei wir ihnen doppelte Hilfestellung bieten: Zum einen erhalten sie als Vorgaben das mögliche Figurenarsenal einer Detektivgeschichte mit den entsprechenden „Rollenverteilungen" (Mat. 15a und Mat. 15b), zum anderen bieten wir ihnen zu einigen wesentlichen inhaltlichen und formalen Segmenten entsprechendes Informationsmaterial (Mat. 16), das ihnen die eigene Produktion erleichtern soll. Als wesentliche Impulse und Orientierungsdaten für das Herstellen einer Detektivgeschichte soll den Schülern noch einmal verdeutlicht werden, daß diese Textsorte in erster Linie von der Spannung und den Rätselelementen lebt. Ohne sie wäre die Detektivgeschichte ihrer charakteristischen Merkmale beraubt. Der Leser kann sich nicht mehr dem Zwang entziehen, alles und jeden in Frage zu stellen, keinem mehr zu trauen und unaufhörlich nach dem wahren Täter zu fahnden. Dadurch steht er selbst unter einer ständigen Anspannung. Je mehr sich der Leser durch Hinweise, Indizien und Informationen, die er vom Inspektor / Detektiv erhält, der Auflösung des Rätsels nähert, desto aufregender und eindrucksvoller erlebt er die Spannung. Der Inspektor / Detektiv reizt den Leser darüber hinaus noch dadurch, daß er seinen gedanklichen Vorsprung immer nur andeutet, ohne sich je explizit zu äußern. Die Spannung löst sich erst mit der Preisgabe des Täters. Die Realisierung solcher recht subtiler Erzähltechniken darf von den Schülern in ihren eigenen Textproduktionen sicher nicht oder nur in bescheidenen Ansätzen erwartet werden. Zufrieden sollte man sein, wenn sich die Schüler der idealtypischen Spannungskurve einer Detektivgeschichte weitgehend annähern und die „Regeln" zum Herstellen dieser Textsorte befolgen.

### Lernziele

Die Schüler sollen mit Hilfe von Vorgaben und unter Berücksichtigung der zuvor erarbeiteten Elemente einer Detektivgeschichte eigene Geschichten verfassen und dabei

- die prinzipielle Aufbaustruktur und „Machart" (Verbrechen – Fahndung / Rekonstruktion – Lösung / Detektion) berücksichtigen
- einen ermittelnden Inspektor / Detektiv erfinden, ihn näher beschreiben und charakterisieren
- die Geschichte aus der Perspektive des Inspektors / Detektivs erzählen.

## Unterrichtsverlauf

*Phase 1:*
*Erläuterung und Vorstellung des Schreibauftrages: Anhand von Vorgaben eigene Detektivgeschichten verfassen*

Zu Beginn der Unterrichtsstunde erläutert der Lehrer den Schülern den Schreibauftrag: Sie sollen selbst eine Detektivgeschichte verfassen und sich dabei auf die beiden angebotenen Materialien stützen. Die Schüler sollten zwischen dem vorgegebenen Figurenarsenal (Mat. 15a) und dem Zeitungstext (Mat. 15b) wählen können. Wer auf der Grundlage des vorgegebenen Personals schreibt, hat es sicher etwas leichter, denn die Vorgabe enthält bereits eine Liste mit allen verdächtigen Personen und ihren Tatmotiven, während bei der Verwendung des Zeitungstextes über den Mord an dem Prominentenfrisör der notwendige Kreis von Tatverdächtigen erst noch erfunden werden muß. Sollten die Schüler in dieser Anfangsphase den Wunsch äußern, ihre „schriftstellerische" Produktion und kreative Detektivarbeit ohne den Rückgriff auf eine der beiden Textvorlagen durchführen zu wollen, so sollte der Lehrer ihnen diese Freiheit durchaus zugestehen. Will der Lehrer allerdings die entstandenen Schülerarbeiten beurteilen und bewerten, so sollte er eher auf der Verwendung der angebotenen „Lernhilfen" bestehen, um eine optimalere Vergleichbarkeit der Leistungen zu ermöglichen.

*Phase 2:*
*Die beim Aufbau der Detektivgeschichte zu beachtenden „Regeln"*

Da anhand der Analyse nur eines „Modelltextes" das literarische Grundmuster einer Detektivgeschichte sicher noch nicht voll vertraut sein kann, sollte vor dem eigentlichen Schreibprozeß in einer Wiederholungs- und Vertiefungsphase noch einmal der Schematismus im Aufbau und der Machart der Textsorte bewußt gemacht werden. Geht man davon aus, daß bei einem Großteil der Schüler bereits eine umfangreiche Kenntnis des Genres vorhanden ist, auf der man aufbauen kann, so sollten in dieser Phase die beim Aufbau der eigenen Detektivgeschichte zu beachtenden „Regeln" und Prinzipien relativ zügig aktualisiert und vertieft werden. Die Klasse sollte auf jeden Fall darauf hingewiesen werden, daß jeder Schreiber die Hauptperson für seine Geschichte – den Inspektor / Detektiv – selbst erfinden muß. Hierbei sollte den Schülern noch erklärt werden, daß es unbedingt notwendig ist, den Inspektor / Detektiv auch vorzustellen, da er dem Leser – im Gegensatz zu bekannten Detektiven der Kriminalliteratur – noch nicht bekannt ist. Vor der Übernahme bekannter Detektive (Sherlock Holmes, Hercule Poirot, usw.) und ihrer unverwechselbarer Kennzeichen in den eigenen Gestaltungsprozeß sollte der Lehrer deutlich genug warnen. Viel wichtiger ist für den Schreibprozeß die Einsicht, daß der neu zu erfindende Inspektor / Detektiv mit Hilfe seiner überragenden Kombinationsgabe und logischen Gedankenarbeit die Fälle löst.

*Phase 3:*
*Spannungskurve beachten*

Da Schüler dieser Altersstufe mit hoher Wahrscheinlichkeit beim Herstellen ihrer Detektivgeschichte primär an der Darstellung von Elementen der Spannung und „action" interessiert sein dürften, soll ihnen in dieser Phase noch einmal verdeutlicht werden, wodurch in einer Detektivgeschichte Spannung erzeugt wird. Anhand der Analyseergebnisse der vorangegangenen Stunde sowie aufgrund ihrer eigenen Lese- und Seherfahrungen sollen sie in der Lage sein anzugeben, daß der Gesamtaufbau der Handlung, daß Irreführungen des Lesers durch falsche Indizien und falsche Fährten sowie Vorausdeutungen die Funktion übernehmen, Spannung zu erzeugen, indem sich der Leser ständig entscheiden muß, ob er die ihm durch den Detektiv gebotenen Informationen als konkrete und glaubhafte Hinweise auf den wirklichen Täter verstehen oder ob er sie als Irreführungen fallenlassen muß. Diese Technik des Erzählens macht ja insgesamt erst den Reiz einer Detektivgeschichte aus. Auch hierbei sollten wir schon zufrieden sein, wenn Schüler in ihren eigenen Produktionen solche differenzierten gestalterischen Mittel ansatzweise berücksichtigen und text- und situationsadäquat einsetzen.

*Phase 4:*
*Kenntnisse und „Tricks“, die der Detektiv bei seiner Arbeit benötigt*

Detektive verfügen in der Regel über ausgezeichnete detektorische Fähigkeiten. Um die schreibenden Schüler etwas ausführlicher und intensiver als dies durch die „Aufklärung“ nur eines Falles geschehen konnte, mit solchen „Tricks und Raffinessen“ vertraut zu machen, bieten wir ihnen noch einige Stichwörter (Alibi bis Tatzeit), die den Schülern wertvolle Unterstützung beim Schreiben liefern können. So erfahren sie noch einige Kniffe und sachliche Hinweise, die jeder Detektiv bei der Aufklärung eines Verbrechens unbedingt beachten muß.

## Fachdidaktische Vorbemerkungen

Weitere häufig zu beobachtende Formen des „Schreibens nach Texten" bzw. der produktiven Auseinandersetzung mit Texten sind die Umformung, das Umerzählen, Verändern, Neu- und Nachbearbeiten und Weiterschreiben. Bei all diesen Varianten der operativen und produktiven Formen des Textumgangs sind die Ausgangstexte jeweils die Ausgangspunkte bzw. Auslöser des produktionsorientierten Schreibens im Sinne der Herstellung von selbstverfaßten Texten. Alle Verfahren und Formen der reproduktiv eingreifenden Textverarbeitung führen entweder zu eigenständigen literarischen Mustern und Gebilden (wie z. B. die Parodie) oder zu selbständigen Textergänzungen (wie z. B. die Fortsetzung einer Geschichte), zu Textalternativen (wie z. B. die Umformung eines epischen in einen dialogischen Text) oder reinen Textzusätzen (wie z. B. die Glosse oder Kommentar am Rande eines bearbeiteten Textes). Bei allen hier aufgezeigten Formen setzt sich der Schreibende in kreativer Arbeit mit einem Ausgangstext auseinander und nähert sich ihm durch die eigene Gestaltung an.
(Vgl. W. Menzel, Schreiben über Texte, in: Praxis Deutsch, Nr. 65, Mai 1984, S. 20)
Menzel nennt in dem zitierten Aufsatz eine Fülle von Motiven für den kreativen Eingriff in die Textvorlagen und beschreibt die Absichten und Ziele der so produzierten Texte:

> „Schüler können angeregt werden durch eine Textüberschrift, einen Textanfang, einen Text ohne Schluß, einen Text ohne Anfang, durch die Formen eines Textes, den Inhalt oder das Thema eines Textes, durch die Textsorte, das Stichwortmaterial eines Textes oder das Textgerüst, durch die Hauptfigur eines Textes, durch Lücken oder Leerstellen in einem Text oder auch durch das Unverstandene in einem Text. Dabei können Intentionen und Ziele des Schreibens sein: zu übertragen oder zu übersetzen, zu ergänzen oder zu vervollständigen, zu antizipieren, zu variieren oder zu verändern, auf die eigene Situation zu übertragen, den vermuteten Ausgangstext herzustellen, sich schreibend in einer Form zu erproben, zu parodieren." (W. Menzel, a.a.O., S. 20/21)

Menzel legt an gleicher Stelle eine Übersicht über zehn operative Verfahren vor, die im Unterricht von der Grundschule bis zur Sek. II eingesetzt werden können. Die riesige Bandbreite der produktiven Reaktions- und Ausgestaltungsmöglichkeiten wurde von G. Waldmann nahezu lückenlos erfaßt und beschrieben. Er liefert einen systematischen Katalog nahezu aller denkbaren Formen des produktionsorientierten Textumgangs, aus dem wir nur die für unsere intendierten Schreibprozesse relevanten Verfahren und Formen der produktiven Eingriffsmöglichkeiten in Texte vorstellen:

> „Bei den dargestellten Verfahren geht es darum, daß der Leser selbst mit seiner Phantasie in den Text eingreift und ihn verändert, um auf diese Weise aktive Erfahrungen mit ihm zu machen: Im eigenen verändernden Umgehen mit dem Text soll der Leser dessen Inhalte und Strukturen, ihre Wirkungen und Leistungen aktiv erfahren und bewußt, gegebenenfalls kritisch auffassen. Im aktiven Abarbeiten an dem von ihm rezipierten Text soll der Leser sich seine Aktualisierung von Sinnsystemen und deren individuelle wie gesellschaftliche Bedingtheit bewußt machen und soll sie nach Möglichkeit kritisch auffassen. Wichtig ist, daß die Veränderungen des Textes nicht spielerischer

Selbstzweck werden, sondern der Erhellung und damit der Analyse der geschichtlichen und gesellschaftlichen Bezüge des Textes, der literarischen Textstrukturen sowie der Erkundung der Leseprozesse, in denen sie aufgenommen werden, dienen."
(G. Waldmann, Grundzüge von Theorie und Praxis eines produktionsorientierten Literaturunterrichts, in: N. Hopster: Handbuch Deutsch Sek. I, 1984, S. 122)

Unter den Überschriften „Produktive Konkretisation eines Textes" und „Produktive Veränderung eines Textes" schlägt Waldmann u.a. folgende Verfahren vor, die wir in den nachfolgenden Sequenzen jeweils in unterrichtspraktischen Handlungsmodellen konkretisieren:

- „Einfügen von Überlegungen der Figuren (entweder im Selbstgespräch des inneren Monologs oder im Dialog mit einem von der Person erfundenen imaginären Gesprächspartner, oder im Dialog mit einer anderen im Text vorkommenden oder auch hinzuerfundenen Figur) in bezug auf wichtige Handlungen dieser Figuren, die im Text nicht ausdrücklich oder nur knapp begründet werden.
- Fortführen von Handlungen, deren Beschreibung im Text abgebrochen wird oder nur summarisch erfolgt; Einfügen von Handlungen, die im Text ausgespart oder übersprungen werden; Ausfüllen von Handlungssprüngen im Text oder von Lücken (Leerstellen) im Handlungsverlauf.
- Einfügen weiterer Handlungen, die ähnlich wie die im Text dargestellten verlaufen.
- Weiterführen des Textes über den Schluß hinaus mit Handlungen, die den Textschluß genauer interpretieren.
- Identifizieren mit einer Figur in einem Text durch Wiedergeben des Textes aus ihm in der Ich-Form; dadurch u.a. auch Darstellen der eigenen Reaktionen, Empfindungen, Wünsche, Ängste und Hoffnungen bei dem Textvorgang.
- Verfassen von Briefen zu auffälligen Handlungsvorgängen an die Figuren, auch von Antwortbriefen der Figuren.
- Verändern von Kernstellen des Textes (z.B. von Konfliktlösungen) durch Herstellen von Varianten, Umschreiben des Schlusses gemäß eigener Einstellungen und Einsichten.
- Verändern der Erzählform von der Er- in die Ich-Erzählform: eine Figur erzählt das Geschehen aus ihrer Perspektive, oder mehrere Figuren erzählen dasselbe Geschehen modifiziert oder sogar verschieden aus ihren jeweiligen Perspektiven.
- Umformung eines Textes in eine andere Textsorte."

(G. Waldmann, a.a.O., S. 123ff.)

Zu ergänzen ist diese riesige Auswahl von G. Waldmann, die wir jedem Deutschlehrer dringend zur Durchsicht empfehlen, noch um das Schreiben eigener Texte im Anschluß an die Rezeption von Kinder- und Jugendliteratur. Zu dieser Form des erst in jüngster Vergangenheit entdeckten und praktizierten Schreibens haben wir ebenfalls eine Sequenz entwickelt.
Während die notwendige Kopplung von Textrezeption und Textproduktion inzwischen von allen Didaktikern als sinnvoll und notwendig angesehen wird, gibt es in der Frage der Bewertung und Akzentuierung der erforderlichen Methoden und Konzeptionen für einen produktionsorientierten Aufsatzunterricht noch erhebliche Divergenzen. Insbesondere die Frage nach der Gewichtung analytischer und produktiver Methoden innerhalb des angestrebten Gesamtlernprozesses des Textumgangs wird noch immer sehr kontrovers behandelt und auch unterschiedlich beantwortet.
Auch wir sind zunächst einmal der Meinung, daß mit den vorgestellten Formen des produktiven Textumgangs und der engen Verzahnung von Textrezeption und Textproduktion sich gegenüber dem traditionellen Aufsatzunterricht gänzlich neue Chancen des kreativen Gestaltens und Arbeitens im Aufsatzunterricht eröffnen,

die jeder Lehrer nutzen sollte. Die von einigen Autoren herbeigesehnte grenzenlose „kreative Freiheit“ wird es nach unserer Einschätzung und Erfahrung bei diesen Formen des Textumgangs aber ebenso wenig geben und geben können, wie beim Schreiben nach literarischen Mustern (s. S. 19). Alle Formen der produktiv eingreifenden Textverarbeitungen setzen u. E. die exakte Analyse der Vorlage voraus, das intendierte Schreiben muß sich nach plan- und sinnvollen Zielvorstellungen ausrichten, an deren Entwicklung die Schüler allerdings in angemessener Weise beteiligt werden sollten. Erst auf der Grundlage der sorgfältigen Analyse eines Textes können auch entsprechende produktive Prozesse erfolgen. Der kreative und produktive Textumgang bedeutet demnach keineswegs den Verzicht auf analytische Operationen und Verfahren, sondern bedeutet, daß der produktive Umgang durch Phasen reflexiver Aneignung und Durchdringung ergänzt werden muß. Dementsprechend wird ein Aufsatzunterricht immer drei Arbeitsfelder gleichberechtigt nebeneinander bestellen müssen: den analytischen Textumgang, die produktiven Formen der Auseinandersetzung mit den Texten und die Gespräche über beides. (Vgl. Karl-Heinz Fingerhut: Umerzählen, Frankfurt 1982, S. 6)

> „Genießen und Erkennen, Betroffenheit und kognitive Durchdringung, rezeptive und produktive Tätigkeit stehen einander nicht als Gegensätze gegenüber, sondern bedingen einander.“
> (Fingerhut, Melenk, Waldmann: Kritischer und produktiver Umgang mit Literatur, in: Diskussion Deutsch, Nr. 12, 1981, S. 130)

Aufgabe des Lehrers ist es, die Grundlagen für eine disziplinierte und gewissenhafte Auseinandersetzung mit dem jeweiligen Ausgangstext zu schaffen, d. h. in der Regel die dem Text zugrunde liegenden inhaltlichen und formalen Gesichtspunkte, die Handlungsstrukturen und Textsortenmerkmale usw. transparent zu machen. Dieses Dekodieren von Handlungsmustern und Erlebnisstrukturen sollte zumindest intuitiv stattgefunden haben, weil sonst der Sinnzusammenhang nicht gegeben ist, auf den die Schüler in der kreativen Phase doch reagieren sollen.

> „Sollen etwa Textstrukturen transponiert, vorgegebene Erzählschemata adaptiert und neu aktualisiert werden, so müssen die Strukturen, Schemata oder Muster, um deren produktive Umgestaltung es geht, zuvor erkannt sein. Dies macht analytische Schritte notwendig.“ (K. Wellner, B. Wellner-Pricelius: Zum Zusammenhang von Methoden, Lernzielen, Lerngegenstand und Entwicklungspsychologie, in: Norbert Hopster [Hrsg.], Handbuch Deutsch Sek. I, 1984, S. 40)

Obwohl die Vielzahl von Vorschlägen zu einem kreativen und produktiven Umgang mit Texten nur in Ansätzen didaktisch-methodisch konkretisiert wurden und noch wenig praxisorientierte Unterrichtsmodelle hierzu existieren, sind die Vorzüge eines solchen handlungs- und produktionsorientierten Umgangs mit Texten literatur- und aufsatzdidaktisch unbestritten. Gerade die Verbindung von Textrezeption und Textproduktion macht den Literatur- und Aufsatzunterricht zu einer breit angelegten, didaktisch fundierten Aktion. Das operative Durchdringen der Literatur durch textproduktive Möglichkeiten verlangt bei der Realisierung vom Schüler kognitive, affektive und instrumentelle Fähigkeiten. Durch das schrittweise Erlernen eines breiten Spektrums von unterschiedlichsten Schreibtechniken und Reaktionsweisen auf einen Text wird seine Schreibkompetenz insgesamt deutlich erweitert. Durch die Verknüpfung von Rezeption und Produktion können die Schüler die Funktion und Leistung der Sprache besser verstehen und damit in ihrem Sprachverhalten gefördert werden. Hierzu kann das Sammeln, Ordnen und Ergänzen von Sprachmaterial aus den Texten und die Wiederverwendung in neuen Zusammenhängen wesentliche Beiträge leisten. Zweifelsohne fördert der produktive Textumgang die Rezeptionsfähigkeit der Schüler und schafft somit günstigere Voraussetzungen für einen notwendigen und wünschenswerten Motivationszuwachs für den literarischen Verstehensprozeß und damit letztlich auch bessere Chancen, den intendierten Schreibprozeß mit mehr Freude zu inszenieren und dementsprechend auch effektiver zu gestalten. Erwartet wird vom Einsatz solch produktiver Methoden eine reichhaltigere und stärker subjektorientierte Rezeption der Textvorlagen und damit auch eine erhöhte Textsensibilität. Hinzu kommt, daß die von den Schülern selbst verfaßten Texte immer zur Grundlage weiterer Textarbeit werden und ihnen dadurch der notwendige Spielraum für neue Texterschließungs- und Texteingriffsmaßnahmen immer ermöglicht wird.

## Zum Aufbau der Gesamtsequenz

Aus dem schon erwähnten systematischen Katalog von Formen des produktionsorientierten Umgangs mit literarischen Texten haben wir uns, was die produktiven Veränderungen von Texten anbelangt, auf verschiedenartige literarische Texte konzentriert, die allesamt von den Lehrplänen den Klassenstufen 7 und 8 zugewiesen werden. In den Stunden 14–16 wird das kreative Eingreifen in einen Text am Beispiel der Kurzgeschichte eingeübt. In den ersten beiden Stunden (14. und 15. Stunde) wird die Weiterentwicklung einer vorgegebenen Teilgeschichte und das Zuendeschreiben unter Beibehaltung der wesentlichen Gattungsmerkmale verlangt. Die folgende Stunde (16. Stunde) thematisiert die Veränderung eines Formelementes der Kurzgeschichte, indem wir einen Perspektivenwechsel vornehmen und die Kurzgeschichte von der Er-Erzählform in die Ich-Erzählform transponieren. Die Veränderung der Erzählhaltung stellt sicher einen gravierenden Eingriff in die Gattungsstruktur der Vorlage dar und provoziert auch die Gestaltung eines veränderten Schlusses.

In der folgenden Doppelstunde geht es um die bewußte Veränderung der Struktur eines Textes. Ein erzählender Text soll in einen szenisch-dialogischen Text (Spieltext) umgeformt werden, d. h. eine literarische Gattung soll auf induktivem Wege durch Umformung aus einer anderen Gattung erarbeitet werden. Auf diesem Wege sollen die Schüler die Grundelemente der dramatischen Literatur besser verstehen als durch die sofortige Analyse eines dramatischen Textes.

Die Stunden 19–23 setzen im Grunde das in der Mittelstufe begonnene Ausgestalten von sog. Erzählkernen fort. In den Stunden 19 und 20 werden expositorische Texte zu spannenden und anschaulichen Erzählungen ausgestaltet und dabei schwerpunktmäßig das Erzählen aus unterschiedlichen Perspektiven geübt und vertieft.

Die Stunden 21–23 erfassen als auszugestaltende Vorlage die literarische Gattung der Sage, wobei der in der Erzählvorlage „verdichtete" Sagenstoff erzählerisch erweitert und unter Verwendung entsprechender gestalterischer Mittel zu einer kompletten anschaulichen und spannenden Erzählung umgeformt werden soll. Auf den in diesem Zusammenhang häufig praktizierten Schreibauftrag, zu einem erzählenden Text intentions- und adressatengemäße Berichte zu erstellen, haben wir in diesem Heft verzichtet, verweisen aber auf den Teilband „Informieren“, in dem das Berichten einen breiten Raum einnimmt. Der Materialband stellt für diese Umformung einen brauchbaren Text (Mat. 20) zur Verfügung.

### Sequenzziele

Die Schüler sollen
- über die angestrebten textproduktiven und kreativen Eingriffsmöglichkeiten neue Formen des motivierenden und engagierten Zugangs und Umgangs mit literarischen (und nichtliterarischen) Texten kennenlernen
- durch die engagierte und stärker subjektorientierte aktive Mitgestaltung ihre Rezipienten- und Produzentenrolle bewußter und kritischer wahrnehmen und somit insgesamt mehr Sensibilität für Texte aller Sorten und deren kreative Veränderung entwickeln
- anhand der angebotenen textproduktiven Eingriffs- und Gestaltungsversuche ihre eigenen sprachgestaltenden Fähigkeiten und Kompetenzen entwickeln und ausbauen.

## Kurzgeschichten weiterschreiben und variieren (14.–16. Stunde)

### Didaktische Legitimation

Kurzgeschichten (KG) zählen nach wie vor zu den beliebtesten und am häufigsten eingesetzten Lerninhalten des Deutschunterrichtes der Mittel- und Oberstufe. In den Lesebüchern begegnet den Schülern noch immer eine variantenreiche Vielfalt von Kurzgeschichten, die von sog. Klassikern der Textsorte bis hin zu den modernen Formen reicht. Über das Wesen der KG als literarische Gattung und ihre didaktische Funktion innerhalb des Literaturunterrichtes liegen eine Fülle von Beiträgen vor, die in ihrer Vielfältigkeit im Rahmen dieses Schreibprojektes nicht dargelegt und analysiert werden können. In unserem Falle geht es in erster Linie um die notwendige Verbindung von Textrezeption und -produktion. Entsprechend werden wir in der nachfolgenden Sequenz dem Teilgebiet der Produktion mehr Beachtung schenken als der sicher bedeutungsvollen Phase der Textrezeption, denn das Weiterschreiben, Verändern und Selberschreiben von Kurzgeschichten kann sich zweifelsfrei nur auf der Grundlage des Verstehens solcher Texte entfalten. Bisher vermißt man allerdings in den einschlägigen Textsammlungen und didaktisch-methodischen Handreichungen Aufgaben und Anregungen zum selbständigen Gestalten von Kurzgeschichten. Wenngleich solche Textproduktionen oft nicht exakt planbar und mit großen Schwierigkeiten verbunden sind, besteht gerade auf diesem Gebiet Nachholbedarf, dem gerade die überschaubare Form der Kurzgeschichte doch entgegenkommen sollte. Insbesondere Kurzgeschichten sind durch ihre Aufbaustruktur – etwa aufgrund des offenen Schlusses oder der Reduktion auf das Schema einer Handlung – für den experimentellen Umgang besonders geeignet, in dem sie z. B. durch die rege Vorstellungstätigkeit des Lesers erweitert werden wollen und zum Nachdenken anregen. Stärker als bei lyrischen Texten, die heute meist für produktive Verfahren herangezogen werden, liegt bei den Kurzgeschichten der Schwerpunkt des Interesses auf den Figuren, ihrer Psyche, ihrem Verhalten, ihrer Interaktion. Für die kreativen „Eingreifprozesse" kommen dementsprechend solche Produktionsaufgaben in Frage, die insbesondere das Hineindenken in die Figuren und den Perspektivenwechsel zum Ziele haben (s. Variation der KG „Olaf" von H. Kesten). (Vgl. Kaspar H. Spinner, Produktionsaufgaben zu Kurz- und Kürzestgeschichten, in: Praxis Deutsch, Heft 75, 1986, S. 55)

Die von uns intendierten Textproduktionen ergeben sich zwangsläufig erst aus der Qualität und Dimension des Begreifens und Erfassens des Wesens der literarischen Form der Kurzgeschichte, wobei wir allerdings auch hier noch einmal deutlich machen, daß die Analyse von Gattungsmerkmalen in erster Linie den Zweck verfolgt, das Textverständnis zu erleichtern und zu vertiefen und weniger dazu, die formalen Rahmenbedingungen für das eigene Schreiben zu liefern.

Die Kurzgeschichte ist eine Form der erzählenden Prosa, die sich insbesondere nach dem Zweiten Weltkrieg vollends als epische Kurzform durchgesetzt und etabliert hat. Bei allen Versuchen, das Wesen und „Geheimnis" dieser Textsorte genauer zu bestimmen und sie gegenüber verwandten Prosaformen abzugrenzen, bleibt das Wissen um die Vorläufigkeit und Oberflächlichkeit dieser Bemühungen. Die variantenreiche Spannbreite dieser Gattung verdeutlicht, daß es „die Kurzgeschichte" letztlich nicht gibt, sondern nur eine Vielfalt von Texten dieser Sorte, aus denen sich doch etliche gattungstypische inhaltliche und ästhetische Merkmale isolieren lassen. Eine knappe und recht aussagekräftige Beschreibung und Charakterisierung der Textsorte liefert K. H. Spinner in Praxis Deutsch, Heft Nr. 75, 1986, Seite 17.

Die Kurzgeschichte stellt mit erzählerischer Knappheit ein Stück Wirklichkeit aus dem Leben einer meist alltäglichen Person dar, in dem der gesetzmäßige Ablauf des Lebens durch ein unverhofftes Ereignis gestört wird. Die Person erlebt etwas, was für ihr Leben von entscheidender Bedeutung ist. Dieser Schicksalsbruch stellt den „Helden" in eine Ausnahmesituation, in der er reagieren muß. Die Folgerungen und Folgen seiner Reaktionsweisen werden in der Kurzgeschichte dann nicht mehr dargestellt. So wird in diesen Texten ein Ausschnitt gelebter Wirklichkeit präsentiert, in die sich der Leser hineinversetzen kann und soll. Der unvermittelte Anfang und der offene Schluß belegen dieses Ausschnitthafte und zeigen, da die Spannung und das Problem meist ungelöst bleiben, die Existenzbrüchigkeit unseres modernen Lebens. Es gibt keine allmähliche Entwicklung der Handlung und keine Nebenhandlungen. Die Kurzgeschichte ist auf den Augenblick hin komponiert und zeigt mosaikartig zusammengesetzte „Kurzbilder". Daraus resultiert die Kürze der Darstellung, verbunden mit der verdichteten und symbolhaften Aussagekraft, die über den bloßen Augenblick hinausweist auf die allgemeinen Probleme des menschlichen Lebens. Gerade diese hier nur andeutungsweise skizzierten Strukturmerkmale sprechen für ihre literaturdidaktische und -pädagogische Eignung. Wegen ihrer Kürze und Überschaubarkeit, ihres Gehaltes, ihrer Hintergründigkeit und verdichteten Gestaltung eines durchaus spannenden und zumeist realitätsnahen Geschehens drängt sie sich als Lerngegenstand des Deutschunterrichtes geradezu auf.

In den modernen Kurzgeschichten begegnet der Jugendliche der Welt, in der er selbst lebt und die ihn prägt. Er lernt die Probleme und Konfliktpotentiale des modernen Lebens kennen und erfährt in einer charakteristischen literarischen Form unserer schnellebigen Zeit, daß es für viele Schwierigkeiten im Alltag keine vorwegbestimmten Lösungen gibt. Somit wird der jugendliche Leser in der Regel selbst zur Stellungnahme herausgefordert. Durch die Offenheit und Eindringlichkeit der dargestellten Ereignisse werden die Schüler zum Nachdenken und selbständigen kritischen Auseinandersetzen mit dem Text und seiner Intention geführt.

Was die Sprache anbelangt, so bieten Kurzgeschichten sprachliche Zugriffe, dichterische Gestaltungen von wirklichkeitsnahen Situationen, an denen die Schüler exemplarisch die Leistung der Sprache erkennen und begreifen und dieses Wissen bei ihren eigenen Schreibversuchen anwenden können. Mit der damit häufig verbundenen Einsicht in die Symbolhaftigkeit der Sprache erwirbt sich der Schüler ein wesentliches Kriterium zum generellen Verständnis von fiktionaler Literatur. Gerade an Kurzgeschichten können die Schüler in der Mittelstufe in Ansätzen lernen, was es heißt, einen Text zu interpretieren, nämlich einen Vorgang über das vordergründige Geschehen hinaus in seiner allgemeingültigen Bedeutung zu erfassen und zu versuchen, eine Verbindung zwischen Form und Inhalt herzustellen. Aus diesem interpretatorischen Ansatz ergibt sich dann die Analyse der Funktionalität des Textes, verstanden als Beschreibung der Details in ihrer Bedeutung für den Aufbau und tieferen Sinn des Ganzen.

Zur didaktischen Legitimation lassen sich zusammenfassend folgende Argumente anführen:

1. Kurzgeschichten sind kurz und überschaubar und deshalb besonders geeignet, die Schüler zur Texterschließung zu bewegen. Der kritische, dialogische Umgang mit Texten wird gefördert.
2. Kurzgeschichten leben von der Wahrhaftigkeit ihrer Aussagen. Sie zeigen die Welt und die Menschen, wie sie sind und wecken beim Leser Verständnis für die geistigen Kräfte unserer Zeit. Kurzgeschichten können insbesondere zum Medium werden, in dem die Schüler ihre Selbstfindungsproblematik diskutieren und ihre eigenen Identitätsprobleme gespiegelt sehen. (Vgl. Spinner, K. H., Wie Schüler kurze Geschichten verstehen und was daraus zu folgern ist, in: PD, Nr. 75, Januar 1986, S. 11)
3. Kurzgeschichten helfen, eine Leserkompetenz aufzubauen und Sinnfragen zu stellen. Sie bieten dem Leser Erfahrungsräume, angefüllt mit individuellen Erlebnissen.
4. Sie führen den jungen Leser durch ihre sprachliche Ausdruckskraft und Symbolhaftigkeit an die Textgattung heran. Die Schüler lernen, die Gedanken und Emotionen anderer nachzuvollziehen und dazu Stellung zu nehmen, die Leistung der Sprache zu erfassen und sie bei den eigenen Schreibversuchen entsprechend zu berücksichtigen.

## Zum Aufbau der Sequenz

Das selbständige Gestalten von Kurzgeschichten dürfte den Schülern der Klassenstufe 7 und 8 einige Schwierigkeiten bereiten, da insbesondere keine zwingenden Schreibsituationen gegeben sind bzw. in der Regel auch keine realen Schreibanlässe vorliegen. Obwohl bei den von uns intendierten Schreibprozessen die Phantasie und Kreativität der Schüler gefordert werden, wird das Schreiben zunächst in enger Anlehnung an die zuvor in einer eigenständigen Unterrichtssequenz analysierten Kurzgeschichten erfolgen. Erst wenn die Schüler mit ersten konkreten Vorstellungen und Kenntnissen über Inhalt und Form der Textsorte ausgestattet sind, sollen sie auf dem Hintergrund solcher Analyseerfahrungen ihre eigenen

Produktionen bzw. gestalterischen Experimente mit den Textvorlagen entwickeln. In einer ersten Gestaltungsphase geht es um das produktive Weiterschreiben einer vorgegebenen Kurzgeschichte (Mat. 17), deren Ende ausgespart ist. Bei diesem Schreibauftrag sollten schwerpunktmäßig die in dem Text angelegten Charaktere, Handlungslinien und Problemsituationen unter Beibehaltung der strukturellen Merkmale der Gattung weiterentwickelt werden. In einer zweiten Phase steigern wir den Schwierigkeitsgrad und lassen eine vorgegebene Kurzgeschichte aus veränderter Perspektive schreiben, ohne daß dabei die Textsorte selbst verändert wird. (Mat. 18)

Die u. E. schwierigste Form des kreativen Umgangs mit Kurzgeschichten stellen wir aus lernpsychologischen Gesichtspunkten an das Ende der Sequenz. Die Schüler sollen nun zu einem vorgegebenen oder selbst gewählten Rahmenthema unter Beachtung der Merkmale der Kurzgeschichte eigene Texte herstellen, die für einen fiktiven Leser von Interesse sein sollen. Der tiefere Sinn dieser produktiven Arbeitsphase bzw. des experimentellen Umgangs mit Texten und Textstrukturen liegt insbesondere darin, den Schülern einmal die Probleme und Schwierigkeiten der schriftstellerischen Leistung zu zeigen, ihre eigenen kreativ-sprachlichen Kräfte zu fördern und das rezeptive Textverständnis in ein produktives zu übertragen. Der Prozeß des Textverstehens, ganz besonders das Erkennen der Funktionalität einzelner Strukturelemente für die Botschaft des Textes, wird u. E. durch den experimentellen Umgang, das eigene Tun und Handeln eher gefördert als durch standardisierte Verfahren der Analyse und Interpretation. Schließlich kann der Lehrer an den Ergebnissen der Gestaltungsversuche der Schüler besser als durch traditionelle Überprüfungsverfahren erkennen, ob sie nun wesentliche Merkmale der Gattung Kurzgeschichte erfaßt haben und ob dieses erworbene Wissen um das Wesen der Gattung ihre eigenen Schreibversuche auch positiv beeinflußt hat. Durch den Vergleich mit der originalen Textvorlage bzw. mit gelungenen Schülerproduktionen kann den Schülern mit eher mißglückten Versuchen schließlich verdeutlicht werden, daß sie mit ihren Ergebnissen von der idealtypischen Form der Textsorte noch weit entfernt sind und ihre „Entwürfe“ noch überarbeiten und verbessern können. Dieser Vergleich darf aber keineswegs dazu führen, die Schüler zu entmutigen, denn gerade das Abweichen von der idealtypischen Form der Gattung kann selbst eine überzeugende kreative Leistung beinhalten. Hier stimmen wir der Forderung von E. Mittelberg zu, der davor warnt, die zu erstellenden Texte allzusehr unter dem Diktat eines überzogenen Formalismus zu erstellen und sich dabei zu sehr an den Normen der Textsorte zu orientieren. (Vgl. E. Mittelberg, Klassische und moderne Kurzgeschichten, Frankfurt 1988, S. 48)

Da in dieser Sequenz, wie schon erwähnt, in erster Linie sprachproduktive Leistungen gefordert und gefördert werden, halten wir es für wünschenswert, für die Phase der Textrezeption solche Kurzgeschichten auszuwählen, die die Schüler in besonderer Weise ansprechen und an denen die typischen Merkmale der Gattung möglichst eindeutig und einsichtig nachgewiesen werden können. Die besten Voraussetzungen für die produktive Gestaltungsphase wird man u. E. schaffen, wenn man sie mit solchen Kurzgeschichten konfrontiert, in denen aktuelle und die Lebenswelt der Schüler betreffende Situationen und Probleme thematisiert sind, die die Schüler direkt ansprechen und die sie auch etwas angehen. Eine Bevorzugung jugendlicher Hauptfiguren in den auszuwählenden Texten sollte einerseits die Verstehensfähigkeit in der Analysephase erleichtern und zum anderen motivstarke Anknüpfungspunkte für den intendierten eigenen Schreibprozeß liefern. Am Ende dieser separat durchzuführenden Unterrichtseinheit sollten folgende Merkmale der Textsorte herausgearbeitet sein:

**1. Inhaltliche Gattungskonstituenten**

- Begrenzung des Ortes und Raumes auf wenige „Schauplätze"
- Begrenzung der handelnden Personen auf wenige Figuren
- Darstellung und Bewährung des „Helden"/der Hauptfigur in einer existentiell bedeutsamen Entscheidungssituation (u.a. die Bedeutung der inneren Handlung für die Entscheidungsfindung)
- dargestellte Personen sind keine „Helden"
- Alltäglichkeit

**2. Formale / literarische Gattungskonstituenten:**

- meist unvermittelter Einstieg „in medias res"
- keine Vorgeschichte
- die Zuspitzung der Handlung auf den Höhepunkt, der zumeist auch der Wendepunkt ist
- Darstellung nur <u>einer</u> Handlung (einsträngig), keine Nebenhandlungen
- der zumeist offene Schluß, der den Leser zum Nach- und Weiterdenken auffordert, ihm das Problem / den Konflikt zur eigenen Bearbeitung überantwortet
- Ursachen und Folgen werden nicht dargestellt, „Ausschnitthaftigkeit"
- bestimmte Elemente der Erzähltechnik im Vordergrund (z.B. Funktion und Technik der Rückblende f. d. Handlung; Funktion und Formen der Erzählperspektiven)
- direkte, meist schnörkellose Alltagssprache
- Andeutungen, Auslassungen, „Understatement" als Stilmittel

Die von uns für den kreativen Umgang ausgewählten Kurzgeschichten (Mat. 17 und 18) sind von ihrem Schwierigkeitsgrad her für eine effektive Analysephase ebenso geeignet wie für den „Eingreif- und Umänderungsprozeß". Beide Texte bieten – dem Wesen moderner Kurzgeschichten entsprechend – allgemeine Schicksale und Probleme von Menschen im Alltag, ein Stück gelebte Realität, das den Leser unmittelbar tangiert und beeindruckt, wenn er sich in die Intentionalität der Texte vertieft. Die Schüler lernen auf diese Weise, problematische Situationen zu analysieren, andere Menschen in ihren Einstellungen, Empfindungen und Verhaltensweisen zu beobachten und zu beurteilen und somit ihr eigenes Verhalten in vergleichbaren Situationen zu überdenken.

**ANALYSEPHASE**

Die Schüler sollen
- Beispiele moderner Kurzgeschichten sinnhaft lesen, ihren Inhalt verstehen und ihre Intentionen erschließen lernen
- prüfen, welche ihnen aus der Unterstufe bekannten Erzählelemente die Kurzgeschichten enthalten
- die ausgewählten Texte in ihrer Absicht, Wirkung und Gestaltung (Form und Sprache) interpretieren können
- den engen Zusammenhang zwischen den strukturellen Merkmalen der Gattung und den dargestellten Inhalten verstehen
- beim Nachdenken über die Intentionen der Kurzgeschichte Bezüge zur eigenen Erfahrungswelt herstellen
- die dargestellten Themen und Problemfelder nach ihrer exemplarischen Bedeutung für die gegenwärtige und zukünftige Existenzbewältigung beurteilen können.

**PRODUKTION**

Die Schüler sollen
- durch das Lesen und Verstehen von modernen Kurzgeschichten Anhaltspunkte für das eigene Schreiben solcher Texte erwerben
- bei der Produktion solcher Texte Kreativität entwickeln und die gattungstypischen Gestaltungselemente (Aufbau, Perspektive, Sprache usw.) sinnvoll und wirksam einsetzen
- durch die gewonnenen Erfahrungen aus den eigenen Schreibversuchen die Absicht und Wirkung erzählender Texte insgesamt besser verstehen lernen
- durch die eigenen Gestaltungsversuche ihre Schreibfreude wecken und langfristig Gefallen an ästhetischer Literatur finden
- gerade durch den eigenen Schreibprozeß lernen, das eigene Wirklichkeitsverständnis kritisch zu hinterfragen.

## 14./15. Stunde: Den Anfang einer Kurzgeschichte weiterentwickeln und zu Ende schreiben (Mat. 17)

### Vorbemerkungen

Ausgangspunkt für die erste produktive Schreibaufgabe ist die Kurzgeschichte „Mit einem schwaren Wagen“ von Heinz Piontek. An dieser Kurzgeschichte wollen wir in erster Linie die Weiterentwicklung der im Text angelegten Handlungslinie und Problemsituation erproben. Thema der bereits 1955 veröffentlichten Kurzgeschichte ist das Problem der Trunkenheit am Steuer und Fahrerflucht, ein heute immer noch ebenso aktuelles Problem wie zur Zeit der Entstehung des Textes. Wir sind der Meinung, daß bereits Schüler der

7. und 8. Klassen sowohl für die rationale als auch emotionale Aufarbeitung dieses Stoffes zu gewinnen sind, zumal viele von ihnen entweder aus eigenem Erleben oder aus den täglichen Zeitungsmeldungen von einer Fahrerflucht und deren Folgen zu berichten wissen.

An dieser Kurzgeschichte können modellhaft und exemplarisch wesentliche konstitutive Gattungsmerkmale aufgezeigt werden.

1. Dargestellt wird die Wandlung der Hauptfigur Taubner im schicksalhaften Ausschnitt weniger Stunden seines alltäglichen Lebens. Ein Mann wird schuldig und will seine Schuld in einer Mischung von Selbsttäuschung, Selbstsicherheit und Trunkenheit nicht wahrhaben. Die gesamte Handlung nach dem schicksalhaften Ereignis des Unfalles gleich zu Anfang der KG wird getragen von der Überzeugung der Hauptfigur Taubner, daß doch nichts passiert sein könnte. Er redet sich ein, welch guter Fahrer er doch sei. Doch nach und nach bröckelt seine anfänglich überzeugend demonstrierte Selbstsicherheit ab. Er flüchtet sich in immer neue Scheinbestätigungen seiner Unfehlbarkeit, indem er seinen wenigen Gesprächspartnern, denen er auf dem Fluchtweg begegnet, von seiner Anständigkeit und Tüchtigkeit überzeugen will. Schließlich entfernt er zu Hause die Spuren seiner Tat, den Weg zu einem Geständnis findet er wohl nicht, was aus dem Schlußsatz der KG zu entnehmen ist.
2. Das Spannungsmoment der KG, die sich dem Leser mitteilt, wird in erster Linie durch die Fragen bestimmt: Wird die Hauptfigur Taubner aus dem Netz von Verstrickungen, Trunkenheit, unterdrückten Schuldgefühlen und lauten Selbstbeschwichtigungen einen Ausweg finden? Wird die KG darauf am Ende überhaupt eine Antwort geben? (Offener Schluß!)

Der gesamte Vorgang der allmählichen Wandlung der Hauptfigur und der zermürbende Vorgang der eigenen Verhaltensanalyse, der schließlich zum Eingeständnis der Schuld führt, wird in der KG in erster Linie durch den inneren Monolog der Hauptfigur dargestellt, sowie durch den Dialog mit den Tischnachbarn in der Gastwirtschaft und der Beschreibung seines psychischen Zustandes.

Der Gesamtaufbau des Texts sowie die o.a. formalen Elemente und ihre Funktion im Textganzen sollten den Schülern keine besonderen Schwierigkeiten bereiten. Voraussetzung für das kreative Weiterschreiben der Vorgabe ist, daß wir den Schülern die KG vorlegen, deren Handlungsverlauf wir aber an einer bestimmten Stelle abbrechen und deren Ende wir somit aussparen. Die vorliegende KG ließe sich sicher an mehreren Stellen unterbrechen, die wir hier nicht vorstellen und diskutieren wollen. Wichtiges Kriterium für den Prozeß der Weiterführung der Vorgabe ist, daß der Anfang der KG hinsichtlich des Themas, der Figuren und der Handlungslinie bereits deutliche Aussagen macht, die den Schülern für das Weiterentwickeln die entsprechenden inhaltlichen und formalen Rahmenbedingungen liefert, an die sie sich dann auch gebunden fühlen sollten. Die Vorgaben des Anfangs sollten schon so beschaffen sein, daß sie von den Schülern konsequent für das Weiterschreiben verwendet werden. Aus diesem Grund haben wir uns dafür entschieden, die KG an der Stelle „. . . den Mann, den sie verdient." abzubrechen und die Schüler aufzufordern, ab dieser Stelle weiterzuschreiben.

## Lernziele

Die Schüler sollen
- die inhaltlichen und formalen Konstituenten der vorgegebenen „Teilgeschichte" erfassen und analysieren
- Hypothesen zum Fortgang der KG bilden
- die gewonnenen Analyseergebnisse als Richtschnur für die Fortführung der Handlung nutzen
- bei der Weiterentwicklung der KG die ihnen bekannten Gattungskriterien berücksichtigen
- ihre weiterentwickelte KG mit dem Original vergleichen.

## Unterrichtsverlauf

*Phase 1:*
*Antizipation: „Mit einem schwarzen Wagen"*

Die Unterrichtsstunde eröffnen wir mit der Darbietung des Titels der Kurzgeschichte „Mit einem schwarzen Wagen" und fordern die Schüler auf, ihre Vorstellungen und Vermutungen zu dem möglichen Inhalt und Thema des Textes zu artikulieren. Diese gedankliche Vorwegnahme des literarischen Inhaltes dient in erster Linie dazu, die mögliche Kluft zwischen der Autorinformation und -intention und der Vorstellungskraft und Erwartungshaltung des Lesers zu verringern. In dieser Phase wollen wir mit Hilfe dieses methodischen Instrumentariums die Schüler näher an den Text heranführen, sie für die Thematik des Textes interessieren und somit ihre Bereitschaft zur kognitiven und emotionalen Auseinandersetzung mit der Problematik der KG erhöhen. In dieser Eingangsphase sollte eine frühzeitige Kanalisierung und Eingrenzung der spontanen Schülervorschläge in Richtung auf die Textthematik noch nicht vorgenommen werden. Die von den Schülern ungeordnet vorgestellten Inhalte und möglichen Handlungslinien sollten allerdings stichwortartig an der Nebentafel festgehalten werden.

*Phase 2:*
*Begegnung mit dem „Teiltext" – Abrißstelle: „. . . Jede Frau bekommt den Mann, den sie verdient."*

In dieser Phase findet die Begegnung mit dem „Teiltext" statt. Der Lehrer liest die KG bis zu der „Abrißstelle" vor und schafft somit die erste Möglichkeit, die Gedanken und Vorstellungen der Schüler aus der Antizipationsphase mit der „Originalliteratur" zu vergleichen. Weiterhin werden die Schüler aufgefordert, auf der Basis der Kenntnis des Handlungsverlaufes und der beginnenden Charakterisierung der Hauptfigur Taubner (seine Sicherheit, daß nichts passiert sein kann, bröckelt nach und nach ab, die Selbstzweifel nehmen ihn immer mehr in Besitz), sich Gedanken über den möglichen Fortgang der Handlung zu machen. In dieser zweiten Antizipationsphase auf textueller Grundlage tragen nun die Schüler ihre Vermutungen über den weiteren Handlungsgang und den denkbaren Schluß der KG vor. Der sich aus dieser methodischen Variante ableitbare Schreibauftrag (Die KG weiterentwickeln und zu Ende schreiben) wird von den Schülern ohne größere Legitimationsprobleme angenommen werden.

*Phase 3:*
*Analyse des vorgegebenen „Teiltextes"*

In dieser Phase beginnen wir mit der Analyse des Teiltextes, wobei wir uns auf die Elemente konzentrieren, die die Schüler für die Weiterführung der Handlung und

das Zuendeschreiben unbedingt benötigen. Zunächst geht es um die Klärung rein inhaltlicher Aspekte, wobei der Anfang der KG den Schülern doch einiges Kopfzerbrechen bereiten dürfte. Bis zu der besagten Abbruchstelle bleibt der Leser über den wahren Ablauf der Ereignisse auf der nächtlichen und regennassen Straße weitgehend im unklaren. Er weiß nicht, ob Taubner die plötzlich im Scheinwerferlicht auftauchende Frau nun überfahren, angefahren oder überhaupt nicht verletzt hat. Die Hauptfigur ist sich zunächst völlig sicher, daß nichts passiert ist und daß eigentlich bei seinen Fahrkünsten auch nichts passiert sein kann. Worauf sich diese Sicherheit gründet, erfahren die Schüler, wenn sie nun als weiteres Element die Hauptfigur „Taubner" und dessen Entwicklung, insbesondere seine „innere Verfassung", näher untersuchen sollen. In einer Stillarbeitsphase sollen sie die entsprechenden Informationen, die uns der Autor über Taubner zukommen läßt, markieren und notieren. Darüber hinaus sollen sie durch entsprechende Textstellenbelege seine Rechtfertigungen und seine sich allmählich verstärkenden Selbstzweifel aufzeigen. Hierzu muß ihnen verdeutlicht werden, daß sich diese in erster Linie im „inneren Monolog" aufspüren lassen.
In einem weiteren Schwerpunkt der Reflexionsphase sollen die Schüler die auffälligen Strukturmerkmale der KG erkennen und benennen. Je nach Lernstand und Vorwissen (Hat die Klasse in einer eigenständigen Formsequenz diese Merkmale der Gattung bereits erarbeitet?) werden die Schüler für das „Aufspüren" und „Entdecken" solcher Formelemente mehr oder weniger Zeit in Anspruch nehmen müssen. (u. a. unvermittelter Anfang / direkter Einstieg in das Geschehen; alltägliche Situation; Geschichte eines „Durchschnittsmenschen"; Betroffensein durch die spannende Darstellung der inneren Konfliktsituation der Hauptfigur; „offenes" Ende; einfache, lebendige Sprache)

*Phase 4:*
*Produktives Weiterschreiben der Kurzgeschichte*

Diese Phase ist der eigentlichen Textproduktion der Schüler gewidmet. Zunächst müssen aber noch die inhaltlichen und formalen Rahmenbedingungen festgelegt werden, die das Weiterschreiben der KG doch weitgehend bestimmen sollten, ohne daß dabei aber die gedankliche Kreativität der Schüler allzu stark eingeengt werden sollte. Zum einen sollen sie erfahren, daß die Handlung ohne inhaltliche Brüche weitergeführt werden muß, zum anderen wird im Mittelpunkt des weiteren Geschehens die Hauptfigur Taubner und seine Entwicklung stehen. (Kann er seine anfangs gezeigte Sicherheit wiedergewinnen? Wird er an seinen Selbstzweifeln scheitern? Wie wird er mit seinen zunehmenden Schuldgefühlen fertig? Stellt er sich freiwillig?)
Als Schwerpunkt des kreativen Weiterschreibens sollte sich die Darstellung und Verwendung des „inneren Monologes" als erzähltechnisches Merkmal der Anteilnahme des Lesers an der Bewältigung des inneren Konfliktes der Hauptfigur herauskristallisieren. Voraussetzung hierzu ist, daß die Schüler mit dieser Variante der Erzählform bereits einigermaßen vertraut sind und sie auch im eigenen Text zum Einsatz bringen können.
Ein weiterer Schwerpunkt wird die Darstellung des Schlusses sein, denn dieser sollte „offen" und kurz sein und dem Leser keine fertige Lösung des Konfliktes anbieten. Bei zügigem Verlauf der Analysephase sollte der Prozeß des produktiven Weiterschreibens mit der Gestaltung eines „offenen" Schlusses noch in der Doppelstunde begonnen werden können.

Reicht die Zeit für die Textherstellung nicht mehr, so ist die Fertigstellung in die Hausaufgabe zu verlagern.

*Phase 5:*
*Begegnung mit dem „Original" und Vergleich mit den eigenen Entwürfen*

Diese Phase wird man wahrscheinlich in die Folgestunde übernehmen müssen. Die Schüler werden den vollständigen Text kennenlernen (der weitere Verlauf der KG ist im Anschluß an Phase 6 abgedruckt) und mit großem Interesse diesen mit ihren eigenen Entwürfen vergleichen. Dabei ist der Lehrer in besonderem Maße gefordert, darauf zu achten, daß dieser Vergleich möglichst wertungs- und vorurteilsfrei durchzuführen ist. Selbstverständlich sollten die Schüler die in ihren eigenen Textproduktionen dargestellten alternativen Handlungsweisen der Hauptperson mit der im „Original" dargestellten in Beziehung setzen und über die Unterschiede diskutieren. Besondere Beachtung sollte in dieser Phase die kritisch-konstruktive Untersuchung der „Schlußdarstellung" in den Schülerproduktionen verdienen. Hier werden die Schülerarbeiten daran gemessen werden müssen, inwieweit sie die Forderung nach Einhaltung eines „offenen" Endes erfüllt bzw. mißachtet haben.

*Phase 6:*
*Die juristische und moralische Seite der „Fahrerflucht"*

Gerade die zuvor erwähnte Untersuchung des Schlusses der Originalgeschichte und die sicher auftretenden Divergenzen zu den Schülerversionen leiten über zu der abschließend zu diskutierenden Frage nach der moralischen und juristischen Seite der Fahrerflucht. Da das Ende der KG „offen" bleiben soll, erfährt der Leser auch nichts mehr über die Folgen des Handelns. In einem abschließenden Unterrichtsgespräch sollten diese in der Textthematik verborgenen allgemeinen Problemfragen ebenfalls erörtert werden.

Fortsetzung der im Schülerarbeitsheft abgedruckten Kurzgeschichte
**„Mit einem schwarzen Wagen" von Heinz Piontek**
(...)
Taubner öffnete die Tür eines Lokals, das sich in einer verschwiegenen Seitenstraße befand. Er hatte es noch nie betreten, er war kein Freund bürgerlicher Kneipen. Jetzt aber schien es ihm gut genug für einen Besuch. Der runde Raum war mannshoch getäfelt, nur wenige Gäste saßen an den mit Glasscheiben belegten Tischen. Ein Kellner half Taubner unlustig aus dem Mantel.
Der neue Gast ließ sich auf einem Platz nieder, von dem aus er das Lokal überblicken konnte. Dann bestellte er einen Cognac und gleich danach einen zweiten. Sein bleiches Gesicht belebte sich rasch, das Flattern der Lider ließ nach, über die Augen zog sich eine Haut aus hartem, kaltem Glanz. Taubner trank weiter und starrte auf den Eingang. Er dachte: Soll doch kommen, wer mag! Ich brauche niemanden zu fürchten. Und dann dachte er: Es konnte nichts schiefgehen, ich reagierte absolut richtig. Und wie schnell ich reagierte! Ist eine Freude, sich daran zu erinnern.
Mit einem Schlage suchte ihn ein Gefühl tiefer beklemmender Einsamkeit heim. Er war allein auf der Welt. Allein mit einem Entsetzen, das ihm kalten Schweiß aus den Poren trieb. Hatten ihn die Lebenden verraten? Sollten die Toten seine Genossen werden? Sollte er unter der Erde nach ihnen suchen? Schwankend fuhr er auf. Der Fenstertisch war besetzt; er steuerte auf ihn zu, rückte sich einen Stuhl zurecht, ohne um Erlaubnis zu bitten. Der Mann, dem er nun gegenüber saß, musterte ihn feindselig, das Mädchen neugierig, später belustigt.

„Entschuldigen Sie", sagte Taubner, und man hörte, daß ihm das Sprechen schwer fiel, „ich weiß, ich störe Sie, aber es gibt Momente im Leben ... Taubner", sagte er, „ein anständiger Name, immer schon hochanständig gewesen."
Er erhielt keine Antwort. Der Kellner brachte das Glas hinter ihm her und zog die rechte Braue mißbilligend in die Höhe.
„Sie halten mich für betrunken, und wahrscheinlich bin ich's auch", fuhr Taubner fort, „doch wenn ich hinterm Steuer sitze, verstehen Sie, dann reagiere ich richtig und – wie der Blitz. Tatsache. Ich könnte Ihnen einen Fall erzählen, der sich wie ein Unfall anhören würde, wenn ich nicht wie der Blitz ... verstehen Sie? Ich säße jetzt nicht hier."
„Das alles mag interessant sein", sagte Taubners Tischnachbar ärgerlich, „aber nicht für uns!"
„Meine Frau weiß, daß ich ein sicherer Fahrer bin. Andere wissen es auch, nur die Polizei weiß es nicht."
„Die Polizei?" wiederholte das Mädchen mit einem halben Lächeln.
„Ja, die Polizei", fing Taubner von neuem an, „alles weiß sie, und was sie nicht weiß, bekommt sie heraus. Bloß von meinem sicheren Fahren hat sie keine Ahnung."
„Vermutlich wird sie es noch erfahren", sagte das Mädchen und lachte laut.
Damit endete ihr Gespräch. Taubner horchte angstvoll auf die Stimmen, die in seinem Kopf durcheinander redeten. Er hörte beschwichtigende Argumente und unwiderlegliche Anklagen, es zischelte, dröhnte und hämmerte, dann wurde es jählings still. Das Rumoren war so monoton geworden, daß es seine Aufmerksamkeit nicht mehr reizte.
Wie lange währte das lärmende Schweigen? Plötzlich pendelte sein Körper gegen eine Holzfläche. Ein Hindernis – es nahm seine erschlafften Sinne in Anspruch. Er spähte und tastete. Die Wohnungstür, natürlich die Wohnungstür. Immer gab es zuletzt noch eine Tür, die man öffnen mußte. Umständlich schloß er sie auf, fand den Lichtschalter nicht und stand eine Weile unschlüssig in der Diele. Im Wohnzimmer sprach jemand leise und abgerissen; es klang wie ein Schluchzen. Sie weint, dachte er und fühlte Glück und Verdruß in sich aufsteigen; gut ist es, aber es regt mich auf! Dann räusperte er sich und faßte nach der Klinke.
Zwei uniformierte Männer und ein Zivilist im schwarzen Lodenmantel standen neben den Sesseln und blickten ihm kühl und wachsam entgegen. Taubner hielt an. Er zog seinen Hut wie ein Bittsteller.
„Hubert."
„Ja, ich war es", sagte er. Und da war das Zimmer weiß, und es roch nach Benzin und Kalk, der rechte Kotflügel war verbeult, Blut, winzige Perlen auf dem zerschrammten Lack. Er polierte sie mit dem Taschentuch fort ...
Die drei Männer näherten sich ihm, und zwei begannen gleichzeitig auf ihn einzureden.
„Was in aller Welt soll man nur tun", sagte Taubner. Niemand verstand ihn.
Der Zivilist sagte: „Machen Sie es uns bitte nicht schwer, Herr Taubner."

(aus: Heinz Piontek, Feuer im Wind, © 1985 by Franz Schneekluth Verlag, München)

## 16. Stunde: Eine vorgegebene Kurzgeschichte umschreiben, indem wir die Perspektive des Erzählens verändern (Mat. 18)

### Vorbemerkungen

In der 16. Stunde setzen wir den kreativen „Eingreifprozeß“ fort und lassen die Kurzgeschichte (KG) „Olaf“ von H. Kesten umschreiben. Dabei wollen wir die Veränderung des Textes in Grenzen halten und beschränken uns auf das Element der Erzählperspektive. Selbstverständlich stellt auch diese Veränderung der Erzählform der KG einen starken Eingriff in den vorgegebenen Text dar. Wenn man zudem akzeptiert, daß ein wesentliches ästhetisches Merkmal der KG die oft zu beobachtende Kongruenz von Inhalt und Form ist, dann ist es sicher nicht unproblematisch, Schüler zu solchen Eingriffen in bewußt gebildete Texte und beabsichtigte Textstrukturen aufzufordern. Dennoch sind wir der Meinung, daß solche Veränderungen und Eingriffe gerechtfertigt werden können, wenn man den für Texte konstitutiven Aufforderungscharakter zum Tun, zum Weiterführen von Gedanken, zum Umdenken übernommener Denk- und Handlungsmuster, zum spielerischen Ausprobieren neuer Denk- und Handlungsmuster gegenüber der Ästhetik abgeschlossener Vorlagen in den Vordergrund der Arbeit mit Literatur stellt. (Vgl. H. Fuchs, E. Mittelberg, Klassische und moderne Kurzgeschichten, Lehrerheft, Frankfurt 1988, S. 50)

Für diese Variante des kreativen Umschreibens eignet sich der Text von H. Kesten gerade deswegen, weil die Perspektive ein besonders auffälliges Darstellungsmittel in dieser KG ist. Von Beginn an wird das gesamte Geschehen überwiegend aus der Perspektive eines auktorialen Erzählers wiedergegeben. Diese Sichtweise bestimmt nahezu die gesamte KG und steuert auch weitgehend die Rezeption. Die Darbietung der Geschichte Olafs durch einen Erzähler, der sich weitgehend vom Geschehensablauf distanziert und sich mehr analysierend, erklärend, reflektierend und kommentierend in die Handlung einmischt, hält auch den Leser weitgehend auf Distanz und erschwert ihm die unmittelbare Anteilnahme an den Bewußtseinsinhalten, Empfindungen, Ängsten, Wünschen, Enttäuschungen und Hoffnungen der Hauptfigur. Der Leser fühlt sich weitgehend als angesprochener Adressat und nicht als unmittelbarer Zeuge der inneren Bewußtseinsströme des Helden. Der distanzierte Er-Erzähler überblickt den gesamten Handlungsablauf, schaut gleichsam von außen in die Handlung hinein und gibt die Gedanken und Gefühle der handelnden Personen selbst wieder. Solche Passagen auktorialen Erzählens wechseln mit Phasen der neutralen Erzählhaltung (Außensicht), wobei der Erzähler weitgehend im Hintergrund bleibt und die an anderen Stellen vorgenommenen Einmischungen und Wertungen vermeidet, sowie kurzen Passagen des personalen Erzählens mit der Form der „erlebten Rede“. Hier schlüpft der Erzähler für einen kurzen Moment in die Person des Olaf, um aus der Innensicht dem Leser einen Einblick in die Gedanken und Gefühlswelt der Hauptfigur zu vermitteln. Auch hierzu verwendet der Autor die Rede in der „dritten“ Person. An mehreren Stellen montiert Kesten „Zitate“ von Olaf und dem Vater in die erlebte Rede, an einer Stelle taucht sogar innerhalb dieser Zitattechnik dreimal das „Ich“ der Hauptfigur auf. Obwohl in dieser Phase eindeutig die Innensicht dominiert und das Geschehen und die innere Befindlichkeit im direkten Bewußtsein der Hauptfigur reflektiert wird, bleibt der Erzähler noch immer im Hintergrund erkennbar.

Um nun den Leser / Hörer stärker als es in dieser Erzählperspektive zum Ausdruck kommen kann, emotional an dem Schicksal der Hauptfigur teilnehmen zu lassen, sollen die Schüler die Kurzgeschichte so wiedergeben, als ob Olaf selbst als unmittelbar Beteiligter / Betroffener erzählt. Die Erzählperspektive wird von der Er-Form in die Ich-Form transponiert, wobei dieses neue „Erzähler-Ich" voll auf den subjektiven Gesichtskreis und Blickwinkel der Hauptfigur beschränkt ist. Hier setzt nun der inhaltliche Umgestaltungsprozeß ein. Die im Text weitgehend aus der überlegenen Sicht des allwissenden Erzählers oft nur spärlich angedeuteten Gefühle und Gedanken Olafs, die zudem noch häufig kommentiert werden, sollten nun losgelöst von dem strikten Dirigismus des Er-Erzählers völlig neu entfaltet, konkretisiert und vertieft werden.

Dem Leser soll durch den Wechsel der Erzählperspektive die subjektive Betroffenheit der Hauptfigur nahegebracht werden. Durch die Wiedergabe des Geschehens aus der Sicht des Olaf können sich die Schüler besser mit der Figur und ihrem Schicksal identifizieren und größere emotionale Betroffenheit zeigen. Durch die erzähltechnische Umschreibung sollte den Schülern die Möglichkeit eröffnet werden, in die Darstellung der existentiellen Situation der literarischen Figur des Olaf auch eigene Wünsche, Ängste, Erfahrungen, Hoffnungen und Enttäuschungen zu projezieren. Dies wird am ehesten gelingen, wenn die Schüler versuchen sollten, die Gedanken und Gefühle Olafs in der Form des inneren Monologes darzustellen.

Befremden könnte in diesem Zusammenhang besonders die im Text angebotene Konfliktmöglichkeit durch Selbstmord, mit der man doch Schüler dieser Altersstufe besser nicht konfrontieren sollte. Hierzu stellen wir fest, daß wir objektive Fakten (jährlich ca. 13000 Selbstmorde in der Bundesrepublik Deutschland, davon ein erschreckend hoher Prozentsatz Jugendlicher) nicht tabuisieren, sondern bewußt machen sollten. Wir versprechen uns durch die Analyse und Umschreibung dieser KG gerade den „gefährdeten" Jugendlichen Hilfestellung bei der schwierigen Phase der Identitätsfindung zu geben. Selbstverständlich muß auch diskutiert werden, ob der Selbstmord ein geeignetes Mittel der Konfliktlösung gerade im Leben eines jungen Menschen darstellt. Was die Geschichte für Schüler so faszinierend macht, ist ihre Ehrlichkeit, Offenheit und Direktheit. Der Selbstmord Olafs ist der „tragische Höhepunkt" der KG, es gibt keinen Aufschrei und kein Wehklagen, keinen Ausbruch der Gefühle, kein echtes Ausklingen der Geschichte. Die Lösung des Konfliktes durch den Selbstmord Olafs wird in größter Nüchternheit dargestellt, dem Leser allein bleibt die Beklemmung und das Nachdenken über das „Unfaßbare" und über den Sinn dieser Lösung. Für den Tod Olafs werden weder billige Erklärungen noch voreilige Schuldzuweisungen abgegeben. Wir denken, daß in der kreativen Umgestaltungsphase die Schüler auch alternative Lösungsmodelle anbieten werden, die die formale Anforderungen der Gattung nicht gerade sprengen werden, zumal die Vorlage ohnehin ein für die Kurzgeschichte relativ geschlossenes Ende aufweist.

## Lernziele

Die Schüler sollen

- Handlungsablauf, Beziehungsgefüge der Haupthandlungsträger (Verhältnis Olaf-Vater; Rolle der Mutter) und die Problematik der Konfliktlösungsmög-

lichkeit (Selbstmord Olafs) der KG erfassen und diskutieren
- die unterschiedlichen Erzählhaltungen des Textes (auktorialer Erzähler, der zwischen Außensicht und Innensicht wechselt) bestimmen und am Text belegen können
- die gesamte Handlung aus der Sicht Olafs erzählen und dabei versuchen, die Gedanken und Gefühle der Hauptperson in der Form des inneren Monologes darzustellen
- überlegen, was sich bei einem Wechsel der Erzählperspektive von der Er- in die Ich-Form ändert und welche Wirkung mit dieser Änderung beim Leser erreicht wird.

## Unterrichtsverlauf

*Phase 1:*
*Textpräsentation und inhaltliche Analyse: Problematik der Identitätsfindung der Hauptfigur Olaf*

Die unerhörte und für die Schüler sicher überraschende Lösung des Konfliktes durch den Selbstmord Olafs kommt sicher am besten zum Tragen, wenn der Lehrer die KG selbst vorliest. Dann sollten spontane Schülerbeiträge gesammelt werden, die sich nach unseren Erfahrungen in erster Linie auf den Selbstmord Olafs und die Frage nach der Schuld beziehen. Die Thematik des Textes sollte dann durch zielgerichtete Fragen (u.a. „Wie kommt Olaf überhaupt dazu, Selbstmord zu begehen?") sofort problematisiert und diskutiert werden. Auf eine detaillierte texterschließende analytische Verfahrensweise muß in dieser Eingangsphase verzichtet werden, zumal wir in der Analysephase nur die Voraussetzungen schaffen, die zur Variation der Erzählperspektive notwendigerweise benötigt werden.

*Phase 2:*
*Untersuchung und Analyse der Erzählperspektive*

Der Phase der themenkonzentrierten und kontrollierten Textaneignung folgt in dieser Phase, die ebenfalls stark analytisch-reflektierenden Charakter hat, die Untersuchung und Analyse der Erzählperspektive. Das Erreichen dieses Teillernzieles ist in erster Linie davon abhängig, inwieweit die Schüler in der Unterstufe bereits mit den Grundfunktionen von auktorialer Erzählsicht und Ich-Erzählperspektive vertraut gemacht wurden. Kann der Lehrer auf diese Lernvoraussetzungen zurückgreifen, so kann er anhand des Arbeitsauftrages: „Bestimmt die Erzählperspektive der KG", die Schüler durch eigenständige Analyse zu der Erkenntnis führen, daß die gesamte Handlung überwiegend aus der Sicht eines allwissenden Erzählers dargestellt ist. Kann der Lehrer auf dieses Vorwissen der Schüler nicht zurückgreifen, so sollte er in einer kurzen Lehrerdarbietung den Begriff erklären. Nach der entsprechenden Erläuterung dürften die Schüler auch keine Schwierigkeiten haben, die entsprechenden Textstellen zu finden, die die auktoriale Erzählhaltung am augenfälligsten dokumentieren. Weitaus größere Schwierigkeiten wird es den Schülern vermutlich bereiten, die in der KG von H. Kesten vorzufindenden Mischungen und Brechungen zwischen allwissendem und personalem Erzählen zu erkennen. Ohne den Begriff des personalen Erzählens einzuführen, sollen die Schüler mit Hilfe eines Impulses („An einigen Stellen in der KG tritt der Erzähler deutlich zurück und schlüpft in die Person des Olaf hinein und erzählt so, als ob Olaf selbst seine Gefühle und Gedanken dem Leser mitteilen würde") zu der Erkenntnis geführt werden, daß sich an einigen Stellen in der KG die Erzählperspektive des Autors sich der

Person des Olaf annähert und daß diese sog. „Innensicht" dem Leser nun weitaus größeren Einblick in die Gefühls- und Gedankenwelt der Hauptfigur gestattet. Für diese Wahl der überwiegend subjektiven Erlebnisperspektive des Olaf sollten die Schüler die entsprechenden Textbelege nennen. Am Ende der Phase sollte in einem Unterrichtsgespräch auch die Bedeutung und Wirkung des auktorialen Erzählens thematisiert werden. Die Schüler sollten erklären können, daß die Darstellung der existentiellen Probleme der Hauptfigur Olafs aus überwiegend auktorieller Sicht für den Leser an Intensität und direkter Betroffenheit einbüßt. Gebraucht der Autor aber stärker die erzählerischen Möglichkeiten der „Innensicht", dann wirkt die Erzählung direkter und unmittelbarer auf den Leser, er kann sich stärker mit dem Schicksal der Hauptperson identifizieren und emotionalen Anteil nehmen.

*Phase 3:*
*Veränderung der Erzählperspektive: Das gesamte Geschehen aus der Sicht des Olaf (Ich-Form) wiedergeben*

In dieser Phase geht es nun um die Darstellung des Geschehens aus der Perspektive des Olaf. In einem ersten Unterrichtsgespräch sollte die Motivationsbasis für die kreative Umänderung der Erzählperspektive geschaffen werden. Wenn wir den Leser stärker und unmittelbarer am Schicksal der Hauptfigur teilnehmen lassen wollen, dann ist es notwendig, die Ereignisse aus der Sicht des in der Erzählung Betroffenen Olaf darstellen zu lassen. Neben einer ausführlichen Besprechung der Ziele, die wir mit dem Umschreiben der KG erreichen wollen, ist es notwendig, auch ausführlich zu erläutern, was sich durch den Perspektivenwechsel verändert. Die Darstellung aus der Sicht Olafs wird ganz anders ausfallen, weil nun Olaf als der Selbstbetroffene seine eigenen Gedanken, Gefühle, Stimmungen und Motive „ungefiltert" darstellen kann.
Damit sich der Leser durch den Wechsel der Erzählperspektive nicht mehr als Adressat, sondern eher als Zeuge eines inneren Monologes der Hauptfigur fühlt, sollten den Schülern auch einige inhaltliche Anregungen vermittelt werden, damit sie die Schreibaufgabe im Sinne der Aufgabenstellung besser bewältigen können. So könnte nun in der perspektivischen Gestaltung des Olaf das Verhältnis zur Mutter stärker thematisiert werden, der Leser könnte erfahren, auf welche Weise sich der Haß gegen den Vater entwickelte und an Intensität ständig zunahm. (z. B. „Ich muß noch immer an jenen Tag denken, an dem ich zum ersten Mal erfuhr, daß mein Vater meine Mutter betrügt", usw.)
Gegenstand der nun eher monologischen Struktur der KG könnte auch die stärkere Thematisierung des Selbstmordes sein. Jetzt könnte der Leser direkt „aus dem Munde" des Betroffenen erfahren, wann der Gedanke an Selbstmord zum ersten mal aufkam und wie sich dieser manifestierte oder ob eine andere Lösung der Probleme durch Olaf je in Erwägung gezogen wurde. Der Leser könnte jetzt die genaueren Gründe erfahren, warum der junge Olaf nicht energisch genug versuchte, gegen das Schicksal des „übermächtigen" Vaters anzurennen, anstatt sich ihm zu unterwerfen.

*Phase 4:*
*Durchführung der Schreibaufgabe*

In dieser Phase erfolgt die Durchführung der Schreibaufgabe in Stillarbeit. Es kann sicher nicht mehr erwartet werden, daß innerhalb der 45 Minuten die „neue KG" fertiggestellt werden kann. Wenigstens sollte am Ende der Stunde der Anfang eines ersten Entwurfes noch vorgestellt werden, um einige Kriterien und Verbesserungsvorschläge für die Hausaufgabe zu gewinnen, in der der Text schließlich komplett erstellt werden sollte. (z. B.: Ist die Ich-Form konsequent eingehalten worden? Wurde der innere Monolog verwendet? usw.)

## Erzählende Texte in szenisch-dialogische Texte umformen (17./18. Stunde)

### Didaktische Legitimation

Daß im Deutschunterricht der 80iger Jahre darstellende Spiele bzw. Spieltexte nicht nur in Verbindung zur dramatischen Literatur und im Bereich des mündlichen Erzählens, sondern auch vermehrt in der Aufsatzerziehung Verwendung finden, zeigt ein kurzer Blick in die neuesten Lese- und Sprachbücher. Nahezu alle neueren Lehrwerke bieten eine Fülle von Textmaterial, das sich für den produktiven Umgang mit szenisch-dialogischen Texten eignet. Einige Bücher bieten sogar einen kontinuierlich aufbauenden spiel- oder theaterpädagogischen Lehrgang für die gesamte Sekundarstufe I, wobei die entsprechenden Kompetenzen der Schüler sukzessive aufgebaut und sie von der Kenntnis einfachster Elemente des Dramatischen bis zum Verständnis komplexer und differenzierter Erscheinungsformen geführt werden.

Es ist sicher verständlich, wenn wir im Rahmen dieses Schreibprojektes einen solchen curricularen Lehrgang nicht systematisch aufbauen können, sondern uns auf die Aspekte beschränken müssen, die in erster Linie die produktiven Möglichkeiten der Schüler betreffen. Diese produktive Umgestaltungsarbeit wird die Schüler mit dem notwendigen Begriffsrepertoire und den grundlegenden Bauelementen von „Spieltexten“ vertraut machen, die sowohl für das Verstehen und Herstellen sowie für die notwendige Realisierung szenisch-dialogischer Texte von Bedeutung sind.

### Aufbau der Sequenz

Die genaue Analyse der historisch geprägten dramatischen Formen der Literatur zeigt trotz der unendlichen Vielfalt ein Gemeinsames auf: Mit der Verwendung der spezifischen Form dramaturgischer Notation appelliert der Dramatiker gezielt über das „Medium“ Schauspieler auf das Gegenüber: die Öffentlichkeit. Die sinnlich-reale Einbeziehung des Rezipienten ist hier wie bei keiner anderen Textform gegeben. Von Anfang an ist demnach die Theatralisierung, d. h. das Inszenesetzen auf der Bühne beabsichtigt. In diesen komplexen Zusammenhang sollen die Schüler im Rahmen dieser Kurzsequenz eingeführt und einen ersten propädeutischen Einblick erhalten. Hierzu ist das Erkennenlernen von dramatischen Grundstrukturen und Aufbauprinzipien erste Voraussetzung.

In der ersten Doppelstunde sollen die Schüler in exemplarischer Form mit einem Grundkatalog dramatischer Begriffe und einem „Muster“ dramaturgischer Schreibweise bekannt gemacht werden. Statt der Möglichkeit, vom fertigen dramatischen Text durch Analyse und Spiel zum Erkennen der entsprechenden Strukturen und Gesetzmäßigkeiten zu gelangen, werden wir epische Texte in dramatische erst umformen lassen. Hierzu bieten wir als „Einstiegstext“ eine sog. Spielvorlage von Ursula Wölfel „Vor Zeugen“ an (Mat. 19), die in einen szenisch-dialogischen Text umgearbeitet werden soll. Dieser Einblick in die Herstellung eines dramatischen Textes vermag u. E. eben eher ein tieferes Verständnis für die Strukturen des Dramatischen zu wecken als die Analyse eines „fertigen" Modelltextes. Damit möchten wir aber keinesfalls die rein rezeptive Begegnung mit solchen fertigen Texten generell ablehnen. Natürlich sind wir uns darüber im klaren, daß gerade im Rahmen dieser produktiven Umformungsmethode, die sehr zeitintensiv ist, eine umfassende Erarbeitung und Bereitstellung dramaturgischer Grundbegriffe und dramaturgischer Notation innerhalb dieser Doppelstunde nicht zu leisten ist. Deshalb wäre es wünschenswert, daß dieser Kurzsequenz am besten eine Unterrichtsreihe vorgeschaltet werden sollte, in der die elementarsten dramatisch-theatralischen Begriffe (z. B. Gestik, Mimik, Pantomime, Requisiten, Kostüme, Bühne, Szene usw.) bereits erarbeitet werden sollten, auf die dann in der Phase der Textproduktion zurückgegriffen werden könnte. Aus den o. a. Gründen werden wir in der Doppelstunde auch über die szenisch-dialogische Gestaltung der 1. Szene kaum hinauskommen. In der Folgestunde (3. Stunde – ohne Stundenblatt) sollte dann die Umwandlung der gesamten Textvorlage von U. Wölfel in einen szenisch-dialogischen Text in analoger Weise fortgesetzt werden. Im weiteren Verlauf der Sequenz sollten die produktiven Aktivitäten in ihrem Schwierigkeitsgrad gesteigert werden, in dem sich die Schüler in der Anwendungs- und Übungsphase an epischen Texten versuchen sollen, die die Dialoge nicht mehr selbst vorgeben. (Mat. 21 und 22) Hier sind die Schüler dann gefordert, die Dialogstrukturen für die zu erstellenden szenisch-dialogischen Texte erst selbst zu erarbeiten.

## Sequenzziele

---

**Vorausgesetzte Ziele**

Die Schüler sollen

- die mimisch-gestische Ausdrucksform als Möglichkeit zur Mitteilung erfahren (z. B. Tätigkeiten pantomimisch vorführen) und die diesbezüglichen Termini wie *Gestik, Mimik* und *Pantomime* kennenlernen
- anhand vorgegebener und ins Spiel umzusetzender Situationen mit Handlungsverlauf die Begriffe *Personen, Ort, Zeit, Requisiten* und *Kostüme* als szenisch-dramaturgische Charakteristika erfassen
- anhand vorgegebener Situationen die einfachsten Strukturmerkmale eines Gespräches (Partnerbezug; Rede – Gegenrede; Frage – Antwort) erkennen und zu entsprechenden Text- oder Bildvorgaben einfache und passende Dialoge entwickeln.

---

**Angestrebtes Ziel**

- in Kenntnis der o. a. dramaturgischen Grundbegriffe erzählende Texte mit unterschiedlichen Vorgaben in szenisch-dialogische Texte so umformen können, daß diese auch als realistische Spielvorlage benutzt werden können.

---

## 17./18. Stunde: Einen erzählenden Text in einen szenisch-dialogischen Text umformen (Mat. 19)

### Vorbemerkungen

In dieser Doppelstunde sollen die Schüler einen erzählenden Text in einen szenisch-dialogischen umgestalten. Wir haben dazu den Text „Vor Zeugen“ von U. Wölfel gewählt, weil er zur Erleichterung der gestellten Aufgabe bereits eine entsprechende Dialogstruktur enthält, ohne sie allerdings in dramaturgischer Notation sichtbar werden zu lassen. Ursula Wölfel „erzählt“ eine reine Spielgeschichte. Diese ist zweifelsfrei in erster Linie zum Spielen gedacht und deshalb auch entsprechend strukturiert. Kernaufgabe dieser Stunde ist demzufolge die noch zu leistende szenisch-dialogische Umsetzung. Diese erzählte Spielgeschichte erfüllt alle erdenklichen Kriterien, die es den Schülern dieser Altersstufe ermöglichen sollten, aus der einfachen und überschaubaren epischen Vorlage ein kleines „Theaterstück“ selbst zu schreiben und schließlich auch zu spielen. Die Erzählung legt bereits eine klare und überschaubare Handlung fest, die nur an einem Schauplatz spielt und sich innerhalb einer überschaubaren Zeit (wenige Stunden) ereignet. Auch die aus der Handlung abzuleitenden Szenenanforderungen sind für die Schüler dieser Altersstufe ohne weiteres zu überschauen, so daß die szenische Gliederung des Erzähltextes keine Probleme bereiten dürfte. Das Erreichen der intendierten Ziele innerhalb der vorgesehenen 90 Minuten wird in entscheidendem Maße davon abhängen, welches Vorwissen die Schüler aus der Unterstufe mitbringen (z. B. Erstellen von Dialogen im Zusammenhang mit dem ‚Erzählen nach Bildvorlagen‘) und ob sie solche Umsetzungen und Transkriptionen von einer Textsorte in eine andere schon einmal geleistet haben.
Gehen dieser Doppelstunde die bereits erwähnten vorbereitenden Übungen voraus (z. B. Erarbeitung dramatisch-theatralischer Grundbegriffe, der Dialogisierung, der dramaturgischen Notation usw.) dann wird es zeitlich durchaus zu realisieren sein, die vorgesehene Schreibaufgabe (Erarbeitung der 1. Szene als kompletten Spieltext) noch in die Doppelstunde zu verlegen und erste Schülerentwürfe zu besprechen. Sollten die genannten sachstrukturellen Lernvoraussetzungen nicht in dem wünschenswerten Maße vorliegen, dann müßte die schriftliche Ausgestaltung der 1. Szene in die Hausarbeit verlegt und in der Folgestunde besprochen werden.

### Lernziele

Die Schüler sollen
- den Inhalt des epischen Textes wiedergeben können
- den Text auf seine für die Umsetzung ins Spiel brauchbaren Ansätze und Angaben (Personen, Ort, Zeit, Auf- und Abgänge, dialogische Struktur) untersuchen
- aus dem „mehrszenischen“ Handlungsaufbau die entsprechende szenische Gliederung (Szenenplan) erstellen und begründen können
- die erste Szene beschreiben und diesen Textabschnitt genauestens auf seine szenischen Angaben und Möglichkeiten hin untersuchen und dabei insbesondere die Dialogstruktur entwickeln
- am Beispiel der 1. Szene den zu erarbeitenden Spieltext in dramaturgische Notation (Klammersetzung, Doppelpunkt, Bezeichnung der Auf- und Ab-

gänge, Regie- und Bühnenanweisungen usw.) umsetzen lernen,

für die Folgestunden:

- die erste Szene anhand der erstellten Textvorlage spielen
- in analoger Form die weiteren Szenen ausgestalten und spielen
- nach der Rollenverteilung und Besprechung der Requisitenfrage das ganze Stück im Schulsaal spielen.

## Unterrichtsverlauf

*Phase 1:*
*Einführung in das Arbeitsvorhaben: „Theater spielen“*

In dieser Phase sollen die Schüler für das unterrichtliche Vorhaben „Wir wollen Theater spielen“ motiviert werden. Der Lehrer macht sie dabei mit der benötigten spielbaren Handlung vertraut, die er selbst für die Schüler ausgesucht hat. Erst wenn die Schüler genügend Erfahrung im Umformen solcher Texte gesammelt haben, sollten sie dann in weiteren Sequenzen selbst die geeigneten Stoffe aussuchen. Der epische Text „Vor Zeugen“ von U. Wölfel dient als Grundlage zur Umformung in einen Spieltext, so daß auf der Bühne handelnde bzw. „spielende“ Personen den Inhalt der epischen Textvorlage vor den Zuschauern erstehen lassen können. Zunächst lesen die Schüler den Text still durch und werden anschließend zu spontanen Äußerungen aufgefordert. Einer nachfolgenden Sicherung des Inhaltes folgen erste Vorschläge zur Umgestaltung der epischen Textvorlage in einen szenisch-dialogischen Text. Die Schüler werden in dieser Anfangsphase erkennen, daß wir den vorliegenden Text so umformen müssen, daß er später jedem Spieler oder Rollenträger entsprechende Hinweise und Hilfen gibt und als Vorlage für das geplante Theaterspiel dienen kann. Die Schüler sollten hierbei die dringende Notwendigkeit erkennen, den Erzähltext durch Umformen für das Spiel einzurichten.
Demzufolge sollen sie in dieser Phase zunächst völlig frei und ungeordnet ihre Veränderungs- und Umformungsvorschläge vortragen. Die Qualität und Quantität der Schülerbeiträge, die man einmal an der Nebentafel stichwortartig auflisten sollte, bieten dem Lehrer bereits in dieser Phase bedeutsame Informationen über bereits vorhandenes Wissen der Schüler zur Thematik, was sich auf den weiteren Unterrichtsverlauf entsprechend auswirken wird. Einige Schüler werden in dieser Phase schon sehr konkrete Vorschläge für die „szenische Bearbeitung“ der epischen Textvorlage machen. Eine Systematisierung ist zu diesem Zeitpunkt noch nicht vorgesehen.

*Phase 2:*
*Untersuchung des Textes auf seine szenisch-dialogischen Aussagen (Zahl der Personen, Ort der Handlung, Zeit der Handlung, Handlungsstruktur, Dialogisierung)*

In dieser Phase soll nun das Augenmerk und die Konzentration der Schüler auf die in der epischen Textvorlage enthaltenen szenisch-dialogischen Ansatzpunkte gelenkt werden. Schwerpunkt dieser Phase ist die Untersuchung des Textes auf seine szenischen „Angaben“. Den Schülern wird noch einmal der bisherige Analyseprozeß verdeutlicht. „Bis jetzt haben wir geklärt, was wir spielen wollen. Nun müssen wir überlegen, welche Angaben und

Hinweise im Text für unser Spiel von Bedeutung sind und die wir bei unserer ‚szenischen Umarbeitung' entsprechend beachten müssen." Die Schüler werden dazu aufgefordert, genau zu überlegen, was sie bereits vor dem eigentlichen Umschreiben des Textes in einen Spieltext festlegen müssen. In dem nachfolgenden Unterrichtsgespräch werden die Schüler herausfinden, daß die „szenische Bearbeitung" unseres Textes die Beantwortung folgender Fragen voraussetzt:

1. Was geschieht in der Textvorlage? – Handlung
2. Wo spielt das Geschehen? – Ort
3. Wann spielt die Handlung, wie lange dauert sie? – Zeit
4. Wer spielt in der Erzählung? – Personen/Figuren

Als Ergebnis dieser Überlegungen wird die Zahl der mitwirkenden Personen, der Schauplatz der Handlung (nur einen Spielort) und die Handlungszeit festgelegt.

*Phase 3:*
*Erstellen der szenischen Gliederung – der Szenenplan*

In dieser wichtigen Phase sollen die Schüler den Handlungsverlauf der epischen Textvorlage in einen Szenenplan umsetzen, d.h. sie sollen herausfinden, wieviel Szenen in dem vorliegenden Erzähltext eigentlich „drinstecken". In einer Stillarbeitsphase wird die gesamte szenische Einteilung geklärt und im anschließenden Unterrichtsgespräch intensiv besprochen. Als Anhaltspunkte für die Szeneneinteilung sollte der Lehrer den Schülern einige Hilfen anbieten: (z.B.: Die Fragen nach dem Ort der Handlung, der Zeit der Handlung, dem Abtreten und Neuhinzukommen von Personen können euch helfen, den Anfang und das Ende einer Szene genau zu bestimmen.) Das klärende Unterrichtsgespräch muß dem Schüler deutlich machen, daß bei der Einteilung unseres Textes in spielbare Szenen durchaus verschiedene Abschnittsetzungen möglich sind, d.h. daß die Zahl der Szenen sich nicht mathematisch genau festlegen läßt. Nach der Festlegung der 4–5 Erzählabschnitte, die wir in unserem Spieltext zu einer jeweils neuen Szene gestalten werden, werden diese an der Tafel notiert (Szenenplan) und mit ihren charakteristischen inhaltlichen Elementen kurz beschrieben. Die Schüler werden ohne Schwierigkeiten diese inhaltlichen Elemente, d.h. alles, was in einer Szene passiert, als Handlung der Szene bezeichnen. Der in dieser Phase komplett erstellte Szenenplan (Handlungsplan) ist das Grundgerüst für den zu erstellenden Spieltext und verschafft den Schülern den notwendigen Überblick über die beabsichtigte Umsetzung der Vorlage ins reale Spiel.

*Phase 4:*
*Exemplarische Weiterarbeit an der 1. Szene*

In dieser Phase soll nun in gemeinsamer Arbeit die erste Szene unseres Stückes schriftlich ausgearbeitet und schließlich am Ende auch schon einmal gespielt werden. Der Schwerpunkt liegt in dieser Phase eindeutig auf der Umformung des Textes, der zunächst noch einmal auf seine möglichen szenischen Angaben hin untersucht werden sollte, im Sinne der Bearbeitung auf Spielbarkeit. Auszugehen ist in dieser Phase noch einmal vom epischen Teil der 1. Szene. Die Schüler sollen diesen Teil des Textes flüchtig überlesen und die Stellen herausfinden, an denen die handelnden Personen bereits „versteckt“ agieren, d.h. an denen die Figuren direkt oder indirekt reden. Den Schülern muß in dieser Phase verdeutlicht werden, daß es in einem Spieltext in erster Linie darauf ankommt, daß die Spieler wissen, was sie sagen müssen und wann sie jeweils mit ihrem Sprechtext an der Reihe sind. Die Problematik der Dialogisierung wird den Schülern sicher die meisten Schwierigkeiten bereiten. Obwohl in der epischen Textvorlage einige Sätze in „versteckter“ direkter Rede auftauchen, die die Schüler direkt verwenden können, müssen sie die Dialoge zu den Szenen schon selbst gestalten und notieren.

Die Schüler erhalten dementsprechend in einer Stillarbeitsphase die Aufgabe, die Dialogstruktur für die erste Szene festzulegen. Hierzu könnte der Lehrer an der Tafel die Abfolge der Sprecherrollen festlegen (z.B. Verkäufer – Käufer – Passant usw.) und entsprechend der Vorschläge der Autorin die Schüler den Anfang des Spieles entsprechend dialogisch ausgestalten. (Was könnte der Verkäufer zu Beginn des Stückes sagen / rufen? Was könnte der Käufer sagen? Der Passant? usw.) Zuvor sollten die Schüler den epischen Text noch einmal durchforsten, welche Inhalte für die Dialoge die Autorin uns bereits als Hilfe vorgegeben hat.

Nach der Festlegung und inhaltlichen Ausgestaltung der ersten Sprecherrollen bzw. der gesamten ersten Szene erfolgt am Ende dieser Phase die nähere Festlegung der Handlungsweisen der Personen, ihre Gestik, Mimik und Sprechweisen. Unter der Anleitung des Lehrers lernen die Schüler, wie die dramaturgische Notation (Klammersetzung, Doppelpunkte, usw.) dieser Szene entsteht. Die Schüler haben schon einmal ausgearbeitete Spieltexte in den Händen gehabt und werden ohne weiteres erkennen, daß zu einem Spieltext mehr gehört, als sich die Spieler jeweils in den einzelnen Szenen zu sagen haben. Hierbei kommt es wiederum in entscheidendem Maße auf das Vorwissen und den Lernstand der Schüler an. Kennen sie bereits aus eigenen Lese- oder Spielerfahrungen die Notationsweise von szenisch-dialogischen Texten, dann werden sie kaum Schwierigkeiten haben, die fehlenden Sprechanweisungen jeweils in Klammern an die richtigen Stellen zu setzen und hinter jeden Namen zu schreiben, was die Figur an Kostümen und Requisiten benötigt. Für diese Anweisungen stellen wir im Materialteil eine Auswahl „Blicke“ zur Verfügung (Mat. 20). Die Schüler werden erkennen, daß sich in einem Spiel die Personen insbesondere auch durch den Einsatz von Gestik, Mimik und Sprache mitteilen. Nach der Festlegung der Sprecherrollen gilt es nun noch die notwendigen Sprechanweisungen zu ergänzen. (In die Klammern wird das geschrieben, in welcher Art und Weise sich die Figuren äußern). Ganz zum Schluß werden noch die notwendigen Bühnenanweisungen für die erste Szene und die erforderlichen Requisiten benannt.

## Hausaufgabe

Nachdem die 1. Szene unseres Stückes in gemeinsamer Arbeit schriftlich fixiert wurde, sollen die Schüler nun in häuslicher Arbeit versuchen, den 2. Spielabschnitt in analoger Form schriftlich zu erarbeiten. Hierzu bedarf es der selbständigen Umsetzung des entsprechenden „epischen Textabschnittes“ in einen Spieltext. Vorbereiten sollte der Lehrer diese eigenständige Erarbeitung dadurch, daß er die Schüler noch einmal an die unterrichtliche Vorgehensweise (in kleinen Schritten) erinnert und ihnen entsprechende Arbeitshilfen anbietet:

1. Den zu bearbeitenden „epischen Textabschnitt" genau lesen und inhaltlich verstehen.
2. Den Textabschnitt auf seine szenisch-dialogischen Angaben und Möglichkeiten hin untersuchen. (Personen, Handlungsablauf, Ort, Zeit, Dialoge, Spielanweisungen, usw.)
3. Szenenplan erstellen
4. Rollen festlegen und Dialoge schreiben
5. Dramaturgische Notation vornehmen (Spiel- und Bühnenanweisungen einbauen)

In der Folgestunde sollten zunächst einmal im Unterrichtsgespräch die verschiedenen Umformungen vorgestellt, besprochen und notfalls überarbeitet werden. Den Lohn der Arbeit soll schließlich die Spielphase erbringen. Nach der gemeinsamen Beurteilung der spielerischen Darstellung der 2. Szene, sollten andere Möglichkeiten ausprobiert werden, so daß der Spieltext an bestimmten Stellen noch einmal verändert werden muß, bis er seine endgültige Gestalt annimmt.
In dieser Art und Weise sollten dann die fehlenden Spielabschnitte dramatisiert werden, so daß schließlich das gesamte Stück zur Aufführung im Klassenzimmer gelangen sollte. Zuvor sollte der Lehrer seine Schüler (das hängt allerdings von der zur Verfügung stehenden Zeit ab) noch mit den an der Herstellung und Aufführung eines „Theaterstückes" beteiligten Personengruppe (Schauspieler, Regisseur, Souffleur, Kostüm- und Bühnenbildner, usw.) vertraut machen, ihre Funktionen beim Theater erläutern und eventuell Schüler, die nicht zum Schauspielerensemble" gehören, für diese Aufgaben einsetzen.

## Expositorische Texte in erzählende Texte umwandeln (19./20. Stunde)

### 19./20. Stunde: Expositorische Texte (Zeitungsberichte) zu Erzählungen ausgestalten und dabei unterschiedliche Perspektiven berücksichtigen (Mat. 23) (ohne Stundenblatt)

#### Vorbemerkungen

Mit dieser Doppelstunde im Rahmen der Unterrichtssequenz „Texte umerzählen, verändern, variieren ..." setzen wir den produktiven Herstellungsprozeß fort, indem wir expositorische Texte (Zeitungsberichte) in Erzählungen umschreiben lassen und damit die Textsorte selbst verändern. Verändert werden sollen im Rahmen dieses Umschreibens auch die Erzählperspektiven solcher Texte. Auch hierbei sollen im Wechselbezug zu analytischen Verfahren Produktionsmöglichkeiten entwickelt werden, die den Schülern einen breiten Spielraum zur kreativen Textumschreibung lassen und zugleich ihr Verständnis für unterschiedliche Textsorten und deren Strukturen und Intentionen fördern.
Zunächst soll am Beispiel eines fingierten Zeitungsberichtes („Kurioses Ende eines Banküberfalles" – Mat. 23) die Umschreibung bzw. Ausgestaltung eines expositorischen Textes in eine Erzählung mit unterschiedlicher Perspektivität exemplarisch aufgezeigt werden. (s. Stundenblatt) Darüber hinaus stellen wir im Materialheft

eine Reihe weiterer authentischer Zeitungsberichte zur Verfügung, an denen die Techniken des Umschreibens intensiv geübt und verfeinert werden können.

## Lernziele

Die Schüler sollen
- den vorgelegten Zeitungsbericht in einzelne Erzählschritte gliedern
- nach der Festlegung auf eine der möglichen Erzählperspektiven einen kompletten Erzählplan (Ort, Zeit, Personen, Handlung) erstellen und diesen als Grundlage für die Umformung des Berichtes in eine Erzählung benutzen
- bei der Umschreibung auch wahlweise andere Erzählperspektiven berücksichtigen.

## Unterrichtsverlauf

*Phase 1:*
*Entwicklung der Gestaltungsmöglichkeiten / Festlegung der Erzählschritte*

Zu Beginn der Doppelstunde werden die Schüler mit dem Text „Kurioses Ende eines Banküberfalles" (Mat. 23) konfrontiert und aufgefordert, sich zu dem dargestellten Sachverhalt zu äußern, was sie sicherlich auch unaufgefordert tun werden. Diesen Spontanreaktionen folgt die genauere Untersuchung des einfach strukturierten Textes, wobei die Analyse der Inhaltsstruktur weitgehend mit Hilfe der W-Fragen (Wer? Was? Wann? Wo? Wie? und mit Einschränkung: Warum?) bestritten werden sollte.
Die Schüler werden den Text ohne Schwierigkeiten allein aufgrund seiner optischen Präsentation (Aufmachung) als Zeitungsbericht oder Zeitungsnachricht identifizieren, der in knapper und sachlicher Form über die wichtigsten Fakten (beteiligte Personen, Handlungsabfolge) des Ereignisses unkommentiert informiert: Eine 25jährige Hausfrau wird beim Versuch, eine Bank zu überfallen, durch eine zufällig vorbeikommende Polizeistreife festgenommen.
Dieser rasch zu vollziehenden Analyse der Vorlage folgt die Zielbeschreibung, die man mit den Schülern im Gespräch entwickeln sollte. Die Schüler selbst sollten erkennen und kurz begründen, warum sich der Zeitungstext besonders dafür eignet, daraus eine spannende Erzählung zu gestalten. Überlegt werden sollte bereits in dieser Planungsphase, wie die zu schreibende Erzählung angepackt werden soll, d. h. der Schüler soll bereits jetzt mögliche Erzählperspektiven aufzählen können. (allwissender Erzähler, die Täterin, die Kassiererin, ein Polizeibeamter)
Bevor diese Möglichkeiten einer Entwicklung und Darstellung des Geschehens aus den unterschiedlichen Perspektiven mit ihren spezifischen Erzählschwerpunkten genauer erörtert werden, sollten die Schüler in einer Stillarbeitsphase aus der Textvorlage zunächst die inhaltliche Abfolge der Erzählschritte ableiten, die die Basis für den danach zu erstellenden Bauplan (Erzählplan) der herzustellenden Erzählung darstellt. Die in dieser Phase gewonnenen Ergebnisse sollten dann in den vorbereiteten „Erzählplan" übertragen werden. Zu jedem Erzählschritt sollten dann in gemeinsamer Arbeit entsprechende Angaben zum Ort, der Zeit, den Personen und der Handlung gesammelt, bewertet und schließlich auch eingetragen werden. Eine für alle Schüler verbindliche Ausgangsposition für das Erzählen ist dabei allerdings nicht anzustreben.
In diesem Zusammenhang sollte der Lehrer noch einmal an die in der Unterstufe gewonnenen Einsichten und Erkenntnisse über die Struktur von erzählenden Texten

erinnern: z. B. Darstellung der Ausgangssituation, Aufbau der Spannung in einzelne Erzählschritte bis zum Höhepunkt, innere Handlung in Form der inneren Rede (Gedanken, Gefühle, Stimmungen usw.), Ausklang. (Vgl. P. Kohrs, Stundenblätter Aufsatz – Erzählen, 5. und 6. Schulj.)

*Phase 2:*
*Ausgestaltung der Erzählung unter Berücksichtigung einer vereinbarten Erzählperspektive (Perspektive der Kassiererin)*

Im Mittelpunkt der zweiten Phase steht die Erarbeitung der möglichen Erzählperspektiven („Es kommt auf den Blickwinkel an“) und der sich daraus jeweils ergebenden erzählerischen Schwerpunkte:

**a. Darstellung aus der Sicht der Täterin:**

- ausgehend von dem genannten Motiv (hohe Schulden) der Tat: Anstoß durch die Fernsehsendung, Vorbereitung der Tat
- große Nervosität vor der Ausführung, (wird alles gut gehen?)
- „kaltblütige“ Durchführung der Tat, Plan scheint voll aufzugehen
- riesige Verblüffung, als die Polizisten wie „aus heiterem Himmel“ auf der Bildfläche erscheinen
- Ernüchterung und das Ende aller Träume vom großen Geld und neuer Zukunft
- Enttäuschung und Ratlosigkeit

**b. Darstellung aus der Sicht der Kassiererin:**

- Überraschungseffekt, sie ist völlig unvorbereitet
- Angst, Todesangst
- Unschlüssigkeit: Was soll sie tun? Alarmknopf drücken oder das Geld einpacken?
- Verwunderung beim plötzlichen Eintreffen der Polizei
- Erleichterung nach der Festnahme der Räuberin
- Erschöpfung und Staunen über „Kommissar Zufall“

**c. Darstellung aus der Sicht eines Polizeibeamten:**

- totale Überraschung: Völlig unbeabsichtigte Begegnung mit dem Bankräuber
- Gefahr: bewaffneter Bankräuber, blitzschnelles Handeln wird verlangt
- große Verwunderung: sofortige Aufgabe des Bankräubers

Nun sollten die Schüler in der noch verbleibenden Zeit das Geschehen aus der Sicht einer der Hauptbeteiligten gestalten und dabei in der Ich-Form schreiben. Wir haben uns hierbei, ohne nähere Begründungen abzugeben, zunächst einmal auf die Perspektive der Kassiererin festgelegt. Sollte innerhalb dieser Doppelstunde die Zeit für die Ausgestaltung dieser Erzählsicht nicht mehr reichen, dann muß der Textherstellungsprozeß in die Hausaufgabe verlegt werden. Aufgabe der nachfolgenden Stunde (ohne Stundenblatt) ist schließlich die Besprechung und Verbesserung der Schülerentwürfe im Hinblick auf die o. a. Kriterien. Am Ende dieser Besprechungs- und Überarbeitungsphase könnte der Lehrer als Beispiel den von uns verfaßten Text vorlesen und an ihm noch einmal modellhaft wesentliche Kriterien des strukturierten Erzählens verdeutlichen.

In einer weiteren Unterrichtsstunde oder in häuslicher Arbeit sollten die Schüler auch die restlichen Erzählperspektiven (allwissender Erzähler, Täterin, Polizeibeamter) ausgestalten, wobei vor dieser Aufgabenstellung noch einmal in einer Wiederholungsphase auf die Formen und

**Die Kassiererin erzählt:**
Der 29. September sollte einer der aufregendsten Tage in meinem Leben werden. Ich versah wie immer meinen Dienst an der Kasse der Filiale der Raiffeisenbank in Wiesenthal und freute mich an jenem hektischen und anstrengenden Vormittag schon ganz besonders auf meine Frühstückspause, die um 10.00 Uhr begann. Dazu begab ich mich wie gewohnt schon etwa 10 Minuten früher in unsere Cafeteria, um den Kaffeeautomaten einzuschalten.
Als ich gegen 9.55 Uhr in die Schalterhalle zurückkehrte, sah ich durch die Sicherheitsglasscheibe, daß nur noch wenige Kunden in der Halle waren. Ich wollte gerade noch meinen Schreibtisch aufräumen, als eine dunkelhaarige Frau vom Giroschalter quer durch die ganze Halle mit schnellen und kurzen Schritten auf meinen Schalter zukam. Sie legte mir nach einem flüchtigen „Guten Tag" mit leicht zitternden Händen einen Überweisungsauftrag vor, den ich wie immer genau überprüfte, ob er auch vollständig und richtig ausgefüllt war. Dabei entdeckte ich, daß auf dem Überweisungsträger die Anschrift der Frau unvollständig eingetragen war. Ich bat sie deshalb, ihre Adresse noch einzutragen. Die Frau, die dabei zum erstenmal ihren Kopf hob und von auffallend blasser Gesichtsfarbe war, suchte mit zitternden und fast blutleeren Händen nach ihrer Handtasche. Ich vermutete, sie wollte aus ihrer Handtasche einen Kugelschreiber holen. Ich sagte noch zu ihr: „Sie können ruhig unsere Kugelschreiber benutzen. Sie haben immer frische Minen." Die letzten Worte blieben mir fast im Halse stecken, denn als ich meinen Kopf hob, blickte ich in den Lauf einer Pistole, die durch den schmalen Spalt zwischen dem Sicherheitsglas direkt auf mein Gesicht gerichtet war. Ich merkte noch, wie mir plötzlich ganz schwindlig wurde. Die Beine wurden plötzlich ganz schwer, ich konnte mich gerade noch auf meinem Bürostuhl auffangen. Meine Hände waren kalt und schweißnaß, mein Herz schlug rasend. Die Drohung der Frau konnte ich nur noch im Unterbewußtsein wahrnehmen: „Dies ist ein Überfall! Packen Sie alles Geld in die Tüte, aber schnell! Machen Sie ja keine Mätzchen!"
Nach der ersten Sekunde des lähmenden Schreckens, spürte ich, wie ich allmählich wieder klare Gedanken fassen konnte. „Was sollte ich denn tun? Hatte ich überhaupt eine Chance, mich der Aufforderung zu widersetzen? Vom Alarmknopf unter meinem Schreibtisch war ich immerhin nur zwei bis drei Schritte entfernt. Hatten aber nicht schon viele Bankräuber plötzlich die Nerven verloren und geschossen?" Ich dachte an meine Familie, an die Zukunft. Nein, ich wollte kein unnötiges Risiko eingehen. Ich drehte mich ganz langsam um, packte die Plastiktüte und schritt mit noch immer bleischweren Beinen die wenigen Meter zur Kasse. Ganz schemenhaft, wie im Nebel, sehe ich noch unseren Filialleiter, der mit dem Kopf zu nicken schien, als wolle er sagen, daß ich keine andere Wahl habe. Mit wenigen Handgriffen packte ich die 25 bis 30 Bündel verschiedener Banknoten in die Tasche und reichte sie der Räuberin durch den Spalt. Diese hatte inzwischen ihre Pistole auf zwei am Boden liegenden Kunden in der Halle gerichtet. Mit einem ruckartigen Griff riß mir die Frau die Tasche regelrecht aus der Hand und rannte zur Drehtür.
Ich war gerade dabei, den Alarmknopf unter meinem Tisch zu drücken, als mein Kreislauf nun vollends zu versagen schien. Gerade als die Frau die Tür erreichte, betraten zwei uniformierte Polizeibeamte die Bank. Bevor ich mir überhaupt erklären konnte, wer denn schon vor mir die Streife alarmiert hatte, sah ich noch, wie die Frau ihre Pistole in hohem Bogen wegwarf, den Plastikbeutel mit der Beute wie gelähmt zu Boden sinken ließ und beide Hände erhob. Durch die Scheiben hörte ich nur noch das Klicken der Handschellen, dann wurde mir schwarz vor den Augen.
Als ich am Nachmittag wieder bei Kräften war und zur Protokollierung meiner Aussagen ins Polizeirevier bestellt wurde und erst jetzt von dem Zufall hörte, der zur Festnahme der Bankräuberin führte, konnte ich die ganze Geschichte erst gar nicht glauben. Erst der Bericht in der Zeitung am nächsten Morgen konnte meine Zweifel am „Kommissar Zufall" dann doch beseitigen.

**Einen Zeitungstext zu einer Erzählung ausgestalten**

Vorübung: Nach Festlegung der Erzählperspektive wird ein Erzählplan (Handlungsskizze) erstellt.

DER ERZÄHLPLAN

| Erzähl-schritt | Ort | Zeit | Personen | Handlung (Inhalt) |
|---|---|---|---|---|
| I | Wohnung der Familie D. in Wiesenthal besonders Küche und Wohnzimmer | – Woche zwischen dem 23.09. und 29.09.<br>– Freitag, 23.09. 20.15 Uhr | Familie D. (Mann, Frau, 2 Kinder) Frau D. und ihr arbeitsloser Ehemann | Familie D. sieht fern (Aktenzeichen XY – ungelöst) und unterhält sich dabei über ihre Schulden. Streit des Ehepaares um das immer weniger werdende Geld. Frau D. sagt, daß sich alles ändern müsse. |
| II | Straße vor der Filiale der Raiffeisenbank in Wiesenthal | Donnerstag, 29.09. ca. 9.55 Uhr | Frau D. und einige Passanten, Leute beim Einkaufen | Frau D. zögert mit dem Eintritt in die Bank, betritt sie dann doch. |
| III | Filiale der Bank in Wiesenthal | Donnerstag, 29.09. ca. 10.00 Uhr | Frau D., eine Kassiererin, der Filialleiter, einige Kunden | Frau D. füllt einen Überweisungsschein aus und geht damit langsam zur Kasse. |
| IV | Kassenschalter der Bank | Donnerstag, 29.09. ca. 10.02 Uhr | Frau D., die übrigen Kunden, besonders die Kassiererin | Mit vorgehaltener Waffe fordert Frau D. von der Kassiererin die Herausgabe des gesamten Geldes. |
| V | Schalterhalle der Bank | ca. 10.05 Uhr | Frau D., die anderen Anwesenden, zwei eintretende Polizeibeamte | Frau D. ergibt sich aufgrund eines Mißverständnisses widerstandslos den überraschten Beamten. |
| | Auf der Straße vor der Bank | ca. 10.15 Uhr | Frau D., die beiden Polizisten | Frau D. wird zum Polizeiwagen gebracht und zur Wache gefahren. |

Funktionen der unterschiedlichen Erzählperspektiven eingegangen werden sollte. (Vgl. Kohrs, Stundenblätter Aufsatz, Erzählen, 5. und 6. Schuljahr, Aus verschiedenen Perspektiven erzählen, S. 54f.)

## Eine Sage in eine spannende und anschauliche Erzählung umgestalten (21.–23. Stunde)

### Vorbemerkungen

Mit dieser Sequenz setzen wir die im Band „Stundenblätter Aufsatz – Erzählen" für das 5. und 6. Schuljahr konzipierte Unterrichtseinheit „Erzählen" fort, indem wir am Beispiel der ausgewählten Sage „Die Weiber von Weinsberg" (Mat. 24) noch einmal alle relevanten Aspekte des gegliederten, spannenden, anschaulichen und lebendigen Erzählens aufgreifen, weiterentwickeln und vertiefen. Hierbei soll das in der Unterstufe erarbeitete und erworbene Wissen um die Thematik reaktiviert, Kenntnisse und Fertigkeiten sollen wiederholt und vertieft, bereits vorhandene Fähigkeiten des strukturierten Erzählens weiterentwickelt und damit die erzählerische Kompetenz der Schüler insgesamt weiter ausgebaut werden. Die Aufgabe innerhalb dieser dreistündigen Unterrichtssequenz besteht darin, die auf ein reines Erzählgerüst reduzierte Sage „Die Weiber von Weinsberg", die eher einem zusammenfassenden und informierenden Bericht bzw. Nachrichtentext ähnelt, zu einer spannenden und anschaulichen Erzählung auszugestalten. Der hierzu vorgegebene „Sagenkern" liefert den Schülern bereits das Grundgerüst der Handlung der zu entwickelnden und auszugestaltenden Erzählung, so daß die Schüler bei der gestellten Schreibaufgabe doch wesentlich entlastet werden. Wir alle wissen nur zu genau, wie schwer sie sich insbesondere bei der unangeleiteten und selbständigen Erfindung eigener Erzählideen tun. Dennoch stellt die geforderte Schreibaufgabe genügend Anforderungen an die Phantasie und das erzählerische Können der Schüler. Das vorgegebene erzählerische „Rohmaterial" in Form des „Sagenkernes" muß immerhin zu einer unterhaltsamen, packenden und spannenden Erzählung umgearbeitet, ausgebaut und ausgestaltet werden. Der vorgegebene Erzählkern ist nach ganz anderen Aufbau- und Versprachlichungsprinzipien aufgebaut, als dies Erzählungen normalerweise sind.

So wird bei der durchzuführenden Transformation des Texttypes „informierender Bericht über ein sagenhaftes Ereignis" in eine spannende und anschauliche Erzählung unter Beibehaltung der Grundstruktur des Inhaltes, die Phantasie der Schüler angeregt, d.h. es wird ihr ein Ansatzpunkt vorgegeben, von dem aus sie sich relativ frei entfalten kann.

Voraussichtlich werden die Schüler den vorgegebenen Erzählkern, der sicherlich keine hohen Anforderungen verlangt, nicht sofort oder überhaupt nicht als Sage identifizieren, was für den intendierten Schreibprozeß auch keine Rolle spielen sollte. Zu lernen ist in dieser Sequenz in erster Linie etwas über das Erzählen bzw. das spannende und anschauliche Ausgestalten eines vorgegebenen Erzählkernes und weniger, mit welchen Erzählabsichten und mit welcher Erzählhaltung Sagen geschrieben sind und welchen gattungstypologischen Gesetzmäßigkeiten sie „gehorchen" müssen. Schwerpunkt dieser Sequenz ist die Erarbeitung und Anwendung von strukturellen und sprachlichen Mitteln des Spannenden und Anschaulichen am Beispiel einer erzählerisch verknappten Sage. Deshalb kann im Rahmen dieser Sequenz auch auf die vorausgehende oder begleitende Behandlung der Sage als Gattung völlig verzichtet werden. In einer ausgedehnteren und eigenständigen Einheit könnte man allerdings ähnliche „Sagenkerne“ vorgeben und die auszuarbeitenden Texte dann stärker unter Beachtung gattungstheoretischer Aspekte (Erzählabsichten der Sage, dargestellte Helden und ihre besondere spezifische Typologie, Schicksal des Sagenhelden, Erzählweise der Sage, usw.) entstehen lassen.

W. Menzel hat einige Kriterien bzw. Gesichtspunkte eines leserbezogenen Schreibens zusammengestellt, die teilweise in der nachfolgenden Sequenz bei der Ausgestaltung des „Sagenkernes“ von uns berücksichtigt wurden:

> *„Spannung:*
> a) Ankündigen, vorausdeuten durch allgemeine Hinweise;
> b) Verzögern, dehnen durch Einschübe, genaue Beschreibungen und rhetorische Fragen;
> c) Lösung der Spannung erst am Schluß durch zunehmendes Konkretisieren.
>
> *Anschaulichkeit:*
> d) Sinnliche Beteiligung des Lesers durch genaue Hinweise auf Sichtbares, Hörbares, Fühlbares;
> e) Dramatisierung durch wörtliche Reden und Gedankenreden;
> f) Ausgestaltung durch ausführliche Schilderungen.
>
> In höheren Klassen auch
> *Beteiligung:*
> g) durch Bewertung des Schreibers;
> h) durch Zwischenbemerkungen, Kommentare, vielleicht auch Ausrufe;
> i) durch Fragen und Anreden an den Leser.“
>
> (W. Menzel, Kalendergeschichten, in Praxis Deutsch, Nr. 75, 13. Jahrg., Januar 1986, S. 52)

### Sequenzziele

Die Schüler sollen den vorliegenden „Erzähl- oder Sagenkern“ zu einer spannenden und anschaulichen Erzählung umarbeiten können,
- indem sie den Stoff der Vorlage erzählerisch neu ordnen und erweitern
- entsprechende Mittel zum spannenden und anschaulichen Gestalten erkennen und in ihrer eigenen Ausgestaltung text- und leserbezogen berücksichtigen.

## 21./22. Stunde: Den Stoff der Vorlage „Die Weiber von Weinsberg“ erzählerisch neu ordnen und erweitern (Mat. 24)

### Vorbemerkungen

In dieser Einführungsstunde werden wir die Schüler mit der Problematik der „Ausgestaltung“ des vorgegebenen Erzählkernes zu einer spannenden und anschaulichen Erzählung konfrontieren. Wir gehen davon aus, daß die Schüler aus bereits durchgeführten Unterrichtseinheiten zur Thematik (u. a. Erlebtes und Erfundenes strukturiert erzählen, Höhepunkte ausgestalten, Innere Handlung darstellen, Perspektivität berücksichtigen, Erzählen nach Bildern) je nach Wissens- und Lernstand durchaus schon detaillierte Vorschläge zur Um- und Ausgestaltung des vorliegenden Textes machen werden. Schwerpunkt der Doppelstunde wird schließlich die Neuanordnung bzw. Erweiterung der stofflichen Vorlage sein, so daß sich am Ende der Stunde der gegliederte Aufbau einer erzählerisch erweiterten Stoffvorlage abzeichnet, (Aufbau und Gestaltung eines Erzählplanes) die in der folgenden Stunde unter Verwendung der entsprechenden Mittel des spannenden und anschaulichen

Erzählens zu einer eigenständigen Erzählung ausgebaut und aufgeschrieben werden soll.

## Lernziele

Die Schüler sollen
- Möglichkeiten des Ausgestaltens des vorgegebenen Erzählkernes nennen
- unter Berücksichtigung der Kenntnis des Aufbaus von Erzählungen den vorliegenden Stoff neu ordnen und entsprechende Erzählschritte entwickeln
- eventuell notwendige Erweiterungen und Ergänzungen vorschlagen, damit die herzustellende Erzählung den Erwartungen der Leser nach Spannung und Unterhaltung gerecht wird.

## Unterrichtsverlauf

*Phase 1:*
*Analyse des vorgegebenen „Erzählkernes“*

Dem Lesen des Textes und der Entgegennahme erster Spontanäußerungen folgt in dieser Phase die Analyse des vorgegebenen „Erzähl- oder Sagenkernes“. Diese ist hierbei keinesfalls unter dem Aspekt der Textgattung Sage zu vollziehen, zumal gerade der vorliegende Text die typischen Gesetzmäßigkeiten der Gattung weitgehend vermissen läßt. Weder definitorische noch strukturelle Gegebenheiten noch Fragen nach ihrer Funktion und Wirkungsgeschichte interessieren, sondern einzig und allein die Problematik der Ausgestaltung dieser Vorlage zu einer spannenden und anschaulichen Erzählung. Es wird in der Regel auch so sein, daß die Schüler den Text kaum als Sage identifizieren werden, zumal sie durch die in den Lesebüchern abgedruckten Sagen ein „anderes Bild“ von der Gattung vermittelt bekamen. Mit Hilfe der W-Fragen werden sie sehr rasch den im Gegensatz zum Märchen konkretisierenden Inhalt und Sprachstil des Textes (Personen, Orte, Umwelt, Verhalten, Handlung) erfassen. Auch die Einsträngigkeit und Beschränkung auf eine Episode werden sie problemlos erkennen. Aus diesen strukturellen Gegebenheiten werden sie den Text in der Tat eher als kurzen und sachlich informierenden Bericht einordnen, was das Arbeitsvorhaben allerdings in keiner Weise negativ tangiert. Nicht beantworten kann der Text auch die beiden W-Fragen „Wie“ und „Warum“. Der Leser erfährt nicht, warum König Konrad die Feste Weinsberg belagerte und wie er schließlich die Burg eingenommen hat.

*Phase 2:*
*Ausgestalten des vorgegebenen Erzählgerüstes (Was heißt eigentlich „ausgestalten“?)*

In dieser Phase wird den Schülern die eigentliche Schreibaufgabe vorgestellt: Der vorliegende „Erzähl- oder Sagenkern“ soll so umgeschrieben werden, daß daraus eine lebendige und packende Erzählung wird, mit der wir unsere Leser/Hörer förmlich zum interessierten Zuhören bewegen. Bereits jetzt sollten die Schüler ihre Umänderungs- und Ausgestaltungsvorschläge frei und ungeordnet vortragen, die der Lehrer am besten an der Nebentafel stichwortartig auflisten sollte. Die Qualität der Schülervorschläge wird in erster Linie davon abhängen, inwieweit bestimmte Erkenntnisse und Einsichten über das strukturierte und lebendige Erzählen noch präsent sind, bzw. wie rasch solche wieder aufgefrischt werden können. Erwartet werden kann, daß die Schüler im wesentlichen drei „Generalvorschläge“ zur Ausgestaltung der Vorlage unterbreiten werden:
1. Es muß auf jeden Fall spannender als

in der Vorlage erzählt oder dargestellt werden.
2. Der sachlich nüchterne Berichtsstil muß einer lebendigen und anschaulichen „Erzählsprache“ weichen, die den Leser intensiver und mit mehr Anteilnahme am Geschehen beteiligt.
3. Die Anordnung des Stoffes (Handlung und Handlungsverlauf) muß geändert werden, eventuell muß Neues hinzuerfunden werden.

Der Lehrer sollte bereits am Ende dieser Phase den Schülern verdeutlichen, daß die Ausgestaltung dieses „Sagenkernes“ allerdings nicht die Veränderung der Inhaltsstruktur bedeutet. Die Handlung muß in ihren Grundzügen und im „Ergebnis“ erhalten bleiben, eine reine Phantasiegeschichte mit völlig anderem Ausgang und Handlungsführung ist mit dieser Schreibaufgabe nicht zu verbinden.

*Phase 3:*
*Den vorgegebenen Stoff erzählerisch ausgestalten*

Im Zentrum der unterrichtlichen Arbeit steht in dieser Phase die eigentliche erzählerische Ausgestaltung des vorgegebenen Stoffes. In einem ersten Bearbeitungsschwerpunkt gehen wir von bereits gewonnenen Erkenntnissen aus, die wir noch einmal auffrischen sollten: Wie baut man eine spannende Erzählung auf? Im Unterrichtsgespräch werden zunächst noch einmal die verschiedenen Stationen des planvollen und gegliederten Erzählens vergegenwärtigt (Einleitung / Darstellung der Ausgangslage; Handlungsentwicklung mit entsprechenden Steigerungsstufen; Verzögerungen; Höhepunkt der Handlung; Schluß/Lösung) und ihre jeweiligen Funktionen innerhalb des gesamten Erzählplanes erläutert. Anschließend werden die Schüler aufgefordert, den vorliegenden Stoff („Rohmaterial“) gemäß den soeben erarbeiteten Baugesetzen der Erzählung neu zu ordnen und erzählerisch anzureichern. Diese Überlegungen und gestalterischen Ideen der Umänderung bzw. Anreicherung der Vorlage sollen die Schüler in ein vorstrukturiertes Arbeitsblatt eintragen, das ihnen der Lehrer aushändigen sollte (s. Stundenblatt / Tafelanschrieb).
Dieses Arbeitsblatt gibt die Aufbaustruktur der zu erstellenden Erzählung mit den entsprechenden Inhalts- bzw. Handlungskomponenten vor, die von den Schülern in der Stillarbeitsphase erst eingetragen werden sollen. Den Schwerpunkt bei der Erstellung dieses kompletten Erzählplanes sollten die Schüler dabei auf die Ausgestaltung der einzelnen Erzählschritte legen, die schrittweise steigernd zum Höhepunkt der Erzählung führen, der sicher darin zu sehen ist, wie die Weiber von Weinsberg ihre Ehemänner auf dem Rükken an dem verdutzten König vorbei aus der Stadt tragen.
Als Gestaltungshilfe bieten wir den Schülern die gleichnamige Ballade von G. A. Bürger an (Mat. 25), die sie vor oder während der Stillarbeitsphase selbst still durchlesen sollten. Dabei werden die Schüler schon nach kurzer Zeit feststellen, welche der zu Beginn der Stunde von den Schülern selbst entdeckten Möglichkeiten des Ausgestaltens auch der Autor Bürger in seiner Ballade benutzt hat. Zudem wird die Konzentration auf die epischen und dramatischen Elemente der Ballade ihnen noch neue Möglichkeiten aufzeigen, mit denen Bürger die Vorlage verändert, episch erweitert und dramatisiert hat.
Er verändert und erweitert die Handlungsstruktur und erfindet neue Handlungsteile hinzu: Die Stadt wird vom feindlichen Heer des Königs umlagert, kann aber des tapferen Widerstandes der Bürger wegen nicht eingenommen werden. Neu einge-

führt wird das junge Weib Lobesan, das stellvertretend für die Frauen beim König um Gnade und Verschonung bettelt und diesen schließlich dazu bewegen kann, dem Vorschlag des freien Abzugs der Frauen unter Mitnahme der Kinder und des „Kostbarsten" zu akzeptieren. Bürger geht es bei seinen Veränderungen in erster Linie um die Ausgestaltung der Situation in der umlagerten und leidgeprüften Festung, der Neueinführung von Figuren und deren Handlungsmotiven und schließlich um die Dramatisierung der Handlung. Diese Ergebnisse sollten am besten im Unterrichtsgespräch gewonnen und festgehalten werden, so daß sie jeder Schüler für die inhaltliche Ausgestaltung seines Erzählplanes verwenden kann. Schließlich sollte der Lehrer am Ende dieser Phase noch auf weitere mögliche Erweiterungen des Stoffes zu sprechen kommen. Hierbei könnte man an folgende Möglichkeiten denken:

1. Ausgestaltung der Ausgangssituation, bzw. der „Vorgeschichte": Warum belagert der König Konrad III. die Feste Weinsberg? Haben die Bürger der Stadt eventuell ihre Steuern und Abgaben nicht zeitig entrichtet oder verweigern sie aus anderen Motiven dem König den Gehorsam und die Gefolgschaft?
2. Ausgestalten könnte man die Situation der bedrängten und schwer leidenden Bürger in der Stadt (Hungersnot, Wasserknappheit, Tote können nicht mehr beerdigt werden, weil der Friedhof außerhalb der schützenden Mauern liegt, usw.) und den Abzug der Weiber aus der Stadt. (Öffnen des großen Stadttores, Verblüffung des Königs, Widerstand seiner Berater und Gefolgsleute usw.)
3. Auch der Handlungsverlauf könnte mit Verzögerungen versehen werden. Der König könnte z. B. zwei oder drei Ultimaten stellen, die von den Bürgern nicht befolgt werden, weil ... Neu einführen könnte man in diesem Erzählabschnitt z. B. einen Herold des Königs, der die Botschaften bzw. Ultimaten des Königs in die Festung bringt und dort auf dem Marktplatz verkündigt.

## 23. Stunde: Das neu entstandene und erweiterte Erzählgerüst unter Anwendung entsprechender Mittel zu einer spannenden und anschaulichen Erzählung ausgestalten

### Vorbemerkungen

In dieser Stunde soll der in der letzten Doppelstunde angefangene und in der Hausaufgabe vervollständigte Erzähl- oder Handlungsplan, der die inhaltliche Struktur und Abfolge der Erzählschritte aufweist, unter Hinzuziehung und Verwendung textadäquater sprachlicher Mittel zu einer spannenden und anschaulichen Erzählung ausgebaut werden. Damit keine Mißverständnisse entstehen: Es kann nicht die Aufgabe sein, in dieser Stunde den Schülern eine Palette von ausgefeilten stilistischen Mitteln anzubieten und deren Einsatz bei der eigenen Textproduktion zwingend vorzuschreiben, wie dies die traditionelle Didaktik tat. (das „treffende Wort" usw.) Die Schüler sollen bei der eigenen Textproduktion zwei gestalterische Erzählmittel einsetzen, die sie zuvor bereits in den Analysephasen als wirkungsvolle Strukturelemente von Erzählungen erkannt haben: Spannungsaufbau und Anschaulichkeit. Die hierzu erforderlichen Sprachmittel werden mit ihnen erarbeitet bzw. ihnen angeboten, mit deren Hilfe sie dann lernen, leserorientiert zu schreiben.

## Lernziele

Die Schüler sollen
- ihre Vorstellungen zu dem Begriff „Spannung“ artikulieren
- Elemente des spannenden Erzählens aufzählen und diese bei der Ausgestaltung des Handlungsplanes sinnvoll einbauen
- Elemente des „anschaulichen“ und „lebendigen“ Erzählens erfassen und diese ebenfalls beim eigenen Schreibprozeß berücksichtigen
- die Vorlage zu einem kompletten Erzähltext ausgestalten und dabei insbesondere auf leserbezogenes Schreiben achten.

## Unterrichtsverlauf

*Phase 1:*
*Vorstellung und Diskussion des erweiterten Erzählgerüstes*

Zu Beginn der Stunde stellen die Schüler die Ergebnisse der Hausarbeit (s. Arbeitsblatt) vor. Diese werden sicher im Detail stark voneinander abweichen, was der Lehrer aber in jedem Fall tolerieren sollte. Es ist in dieser Phase auch keineswegs beabsichtigt, ein für alle Schüler verbindliches Erzähl- oder Handlungskonzept zu erarbeiten. Im Unterrichtsgespräch sollten allerdings bestimmte inhaltliche und formale Grundanforderungen (z. B. Läßt die Anordnung und Abfolge der Erzählschritte auch die notwendige Spannung aufkommen? Wie könnte man den Handlungsplan verändern, um die Erzählung noch spannender zu gestalten? usw.) angesprochen und festgelegt werden, so daß jeder Schüler gezwungen ist, an seinem Erzählplan nach Bedarf noch einmmal individuelle Korrekturen vorzunehmen.

*Phase 2:*
*Elemente des „spannenden“ Erzählens erkennen und textadäquat einsetzen*

Nachdem nun der sog. „Erzählrohbau“ erstellt ist, sollen in dieser Phase die Schüler mit Möglichkeiten konfrontiert werden, wie man in einem Erzähltext Spannung erzeugen kann. Zunächst sollten die Schüler einmal erläutern, was sie unter „Spannung“ verstehen und wann sie eine Geschichte oder eine Darstellung überhaupt als „spannend“ empfinden. Sollen sich Schüler spontan wertend zu Texten äußern, nennen sie mit hoher Wahrscheinlichkeit für die „Güte und Qualität“ des Textes den Begriff Spannung an erster Stelle. Fordert man sie dann auf, diesen Spannungsbegriff und ihre Vorstellungen davon einmal zu konkretisieren, zu verbalisieren und am Text durch Beispiele exakt zu belegen, dann verstummen sie zumeist, weil sich bei ihnen mit diesem Begriff nur diffuse und verschwommene Vorstellungen verbinden lassen. Genauere Definitionen bleiben in der Regel aus. Helfen können und sollen in dieser Phase auch ihre medialen Erfahrungen. Insbesondere das Genre des Krimis in allen Varianten verwendet sicher ähnliche und durchaus vergleichbare Mittel, die den Schülern nicht unbekannt sein dürften. (u. a. Was wird dem Zuschauer zunächst verschwiegen? An welchen Stellen wird etwas verschwiegen? Wer weiß im Krimi immer etwas mehr als der Zuschauer? usw.) Die Ergebnisse des Unterrichtsgespräches über die Mittel, mit deren Hilfe in einem Text Spannung erzeugt werden kann, sollten an der Tafel festgehalten werden.

*Phase 3:*
*Elemente des „anschaulichen“ und „lebendigen“ Erzählens erkennen und textadäquat einsetzen*

In analoger Form sollen schließlich in dieser Phase die Mittel des „anschaulichen“ und „lebendigen“ Erzählens erarbeitet und vorgestellt werden. Den Schülern muß dabei in der Hauptsache verdeutlicht werden, daß sich hinter diesen beiden didaktisch ausgereizten und abgegriffenen Adjektiven im Prinzip die Ausrichtung des eigenen Schreibens an den Wünschen und Erwartungen der Leser einer Erzählung verbirgt. Anschaulich und lebendig erzählen heißt in erster Linie, den Leser emotional anzusprechen, ihn in das Geschehen hineinzuversetzen und „hineinzuziehen“, so daß er sich auch ohne weiteres mit den handelnden Figuren und ihren Verhaltensweisen identifizieren kann. Dies erreicht man u. a., indem man in die Erzählhandlung szenische Darstellungen (Dialoge) einbaut, durch genaue Hinweise und detailliertes Schildern von Zuständen und Vorgängen die Sinne des Lesers voll beansprucht, durch die Verwendung von inneren Monologen dem Leser übermittelt, was in den handelnden Figuren vorgeht und den Leser vielleicht sogar selbst anspricht und beteiligt, wie dies J. P. Hebel so vortrefflich in seinen Erzähltexten praktiziert, um ihn auf diese Weise unmittelbar an den Konflikten und Entscheidungsprozessen teilnehmen und „mitzittern“ zu lassen.

Hausaufgabe

Die Schüler verfassen die vollständige Erzählung. Dabei sollte das Geschehen aus der Perspektive eines allwissenden Erzählers dargestellt werden. Voraussetzung ist, daß sie bereits gelernt haben, die Erzählerrolle eines allwissenden Erzählers einzunehmen. (Vgl. Stundenblätter – Aufsatz, Erzählen, 5./6. Schj.) Natürlich läßt sich die so entstehende „Er-Erzählung“ wiederum in unterschiedliche Erzählperspektiven umsetzen. Hierzu könnte man die Ereignisse in Weinsberg z. B. aus der Sicht der „jungen Frau“ oder auch des Königs Konrad darstellen. Dabei wäre zu überlegen, inwieweit sich durch die Veränderung der Perspektive etwa die inhaltliche und formale Struktur der Erzählung verändert.

**Die entstandene Textvorlage in einen szenisch-dialogischen Text umformen**

Ausgangspunkt für die geplante Weiterarbeit, die entstandene epische Textvorlage in einen szenisch-dialogischen Text umformen, könnte dann eine in der Gruppe erstellte Textvorlage sein. Als Anregung für die Umformung stellen wir den folgenden Text zur Verfügung, der in dieser Form wohl kaum von den Schülern erwartet werden kann (s. S. 104f.).

**Die Weiber von Weinsberg**

Weinsberg ist ein malerisches Städtchen, am Neckar gelegen. Vor mehr als 800 Jahren war die Stadt von hohen, dicken Mauern umgeben, in der Mitte trotzte auf einem Hügel hoch über dem Fluß eine mächtige Ritterburg, die dem Herzog Welf von Bayern gehörte. Im Jahre 1140 zog König Konrad mit seinem starken Heer gen Weinsberg, weil er mit der Stadt in Streit geraten war. Die Weinsberger hatten ihm die erhöhten Steuern verweigert. Die Soldaten rückten heran und umlagerten die Stadt mit Roß und Mann und schossen und rannten vergeblich gegen die Mauern und Barrikaden. Die Stadt widerstand dem heftigen Ansturm des feindlichen Heeres, verlor aber viele ihrer tapfer kämpfenden Bürger. Der Kaiser war erbost über den hartnäckigen Widerstand, den ihm die Weinsberger entgegensetzten. Er schickte seinen Herold in die Stadt und ließ ihn verkündigen: „Ich, König Konrad, gewähre den Bürgern von Weinsberg noch 24 Stunden Bedenkzeit. Wenn ihr bis zum Ablauf der Frist, die Stadt nicht freiwillig räumt, werde ich sie mit allen Kräften stürmen. Zur Strafe für die Halsstarrigkeit werde ich alle Männer und Krieger töten."

Als die Weinsberger die unheilvolle Botschaft des Königs vernahmen, gab es ein lautes Wehklagen in der zerschundenen Stadt. Was sollten die Weinsberger tun? Sollten sie der Forderung des Königs jetzt nachgeben, nachdem sie sich schon so lange mit Erfolg verteidigt hatten? Der Wille der Bürger, dem König zu trotzen, war nach wie vor ungebrochen.

Da war guter Rat teuer. Manche Bürger hörte man sagen: „Wir sollten uns ergeben. Das Korn und Brot, und alles, was zum Essen aufgespeichert ist, geht zu Ende. Besser wir ergeben uns, als daß wir alle verhungern." Andere meinten: „Wenn wir uns ergeben, gibt es dann nicht das Strafgericht des Königs und alle Männer müssen sterben? Dann sollten wir lieber alle miteinander verhungern."

So drohte das Ultimatum des Königs langsam abzulaufen, aber die Weinsberger wußten noch immer nicht, was sie tun sollten. In wenigen Stunden würde der Sturmangriff des Königs erfolgen.

Da trat eine jungvermählte Frau vor den Rat der Stadt und machte einen Vorschlag: „Wir Frauen aus Weinsberg bitten den König um Gnade. Wenn er eine Abordnung von uns Frauen empfängt, dann will ich die Sache regeln." Der König erfuhr von der Bitte und ließ noch in der Nacht die Frauen zu sich kommen. Alle Versuche der Frauen, ihn gnädig zu stimmen, scheiterten. Der König war weiter verärgert, blieb hart und ließ sich nicht von den Worten der Frauen beeindrucken. Die wollten sich gerade enttäuscht auf den Rückweg machen, als die junge Frau erneut vor den König trat und meinte: „Königliche Hoheit! Wenn Ihr schon die Stadt in Schutt und Asche legen und obendrein noch die wehrfähigen Männer umbringen wollt, dann laßt doch wenigstens uns Frauen am Leben. Denkt auch an die unschuldigen Kinder! Ich flehe Euch an, laßt wenigstens die Frauen unversehrt aus der Stadt ziehen. Und wenn Ihr uns freies Geleit gewährt, dann laßt uns wenigstens das, was uns am liebsten und kostbarsten ist, für die weite Reise mit auf den beschwerlichen Weg nehmen."

Der König blieb lange Zeit stumm und regungslos in seinem Stuhle sitzen. Auf einmal stand er auf und sprach: „Na gut, das will ich Euch gewähren. In der Frühe soll das große Tor geöffnet werden. Dann könnt ihr mit euren Kindern und dem, was euch am kostbarsten ist, aus der Stadt. Was dann noch in der Stadt ist, wird zerhauen und zerstört."

Als der Morgen anbrach, stand der König mit einigen seiner treuesten Ritter und Gefolgsleute auf dem Hügel vor dem großen Stadttor. Als sein Herold den Befehl in die Stadt trompetete, das Tor zu öffnen, strömte der lange Zug der Weiber aus der Stadt. Aber, gebt acht! Was war denn das? Was konnte man denn da sehen? Der König erstarrte und wurde kreidebleich im Gesicht. Was trugen denn die hinausströmenden Frauen auf ihren Rücken? Das sah ja wirklich zum Totlachen aus! Nur der König lachte

nicht. Die Frauen krümmten sich unter der schweren Last, die sie aus der Stadt hinaustrugen. Nun, jede hatte ihren lieben Ehemann auf den Rücken gepackt. Huckepack trugen die Weiber ihre Männer aus der Stadt. Genau so, wie es der König erlaubt hatte. Die Männer waren doch das Kostbarste, was die Frauen von Weinsberg hatten. Das durften sie ja nach den Worten des Königs mitnehmen.
Doch plötzlich stoppte der merkwürdige Zug. Die Ritter um den König waren böse über die List der Weiber und forderten diesen auf, den faulen Handel nicht zu akzeptieren. Was ging in diesem Augenblick in den tapferen Frauen vor? Waren ihre Anstrengungen denn alle umsonst? Doch da hellte sich die Miene des Königs auf, er begann erst zögernd zu lächeln, um dann lauthals zu lachen. Schließlich meinte er: „So war das sicher nicht gedacht. Aber die Frauen von Weinsberg waren klüger als wir Männer. An meinem Wort darf nicht gedreht und gedeutelt werden. Ich stehe dazu und bleibe dabei."
So konnte sich der Zug der Weiber endlich weiterbewegen. Der König schenkte ihnen die Freiheit. Aber was wurde aus der zurückgelassenen Stadt? Es wird erzählt, daß der König alle Frauen und Männer wieder habe zurückholen lassen und mit allen Bürgern in der Stadt ein riesiges Fest gefeiert habe. Dabei sollen die Frauen mit den Soldaten des Köngis kräftig getanzt haben. Die Burg wurde seit diesem denkwürdigen Tag die „Weibertreue" genannt.

Fachdidaktische Vorbemerkungen

## 1. Bestandsaufnahme

Nach wie vor kann man den neuesten fachdidaktischen Publikationen uneingeschränkt fundierte Ratschläge und Tips zum produktiven Umgang mit Literatur entnehmen. Obgleich schon erste Anzeichen und Rückmeldungen aus den Klassenzimmern darauf hindeuten, daß auch das experimentierende und kreative Umgehen mit Texten bzw. das mehr oder weniger freie Produzieren von Texten mit raschen und deutlichen Motivationsverlusten zu kämpfen hat, ist der gegenwärtige Trend der Schreibdidaktik zum literarischen, ästhetischen, kreativen oder einfach „freiem Schreiben“ nahezu ungebrochen. Das Textumformen, das Meinungsäußern in Form des literarischen Schreibens, das Experimentieren mit Lückentexten, das Ausgestalten von Leerstellen in Texten, das Fingerhut'sche Umerzählen, das Mattenklott'sche Erfahrungsschreiben, das Eggert'sche literarische Rollenspiel, das Müller-Michael'sche Entwerfen von Dialogen, das schon teilweise zitierte Waldmann'sche Repertoire des produktionsorientierten Textumgangs, die Durchführung von Schreibprojekten im Rahmen von Schulprojektwochen, die Einrichtung von VHS-Kursen („Schreiben befreit“) und Workshops Schreiben usw. haben doch in den letzten Jahren dafür gesorgt, daß der durch die gültigen Lehrpläne eng gesteckte Rahmen schulischer Schreibformen durchbrochen und durch freiere Themen und Aufgabenstellungen ergänzt bzw. ersetzt wurde. (Vgl. K. H. Fingerhut, Der subjektive Faktor im neuen Literaturunterricht, in: Diskussion Deutsch, Nr. 16, 1985, S. 350)

Auch in den revidierten Lehrplänen der jüngsten Vergangenheit wurde diesen Tendenzen und Entwicklungen der Fachdidaktik in ersten Ansätzen Rechnung getragen. Neben den schon im traditionellen Aufsatzunterricht bekannten Formen des operativen Umgangs mit Texten (z. B. Weitererzählen einer angefangenen Geschichte, Erfinden eines alternativen Schlusses, usw.) haben eine Reihe bislang nicht bekannter Formen und Verfahren einen inzwischen festen und unumstrittenen Platz in den Lehrplänen gefunden. Während der rheinland-pfälzische Lehrplan für die Klassen 7–9/10 für alle Schularten im Bereich des Erzählens nur an einer Stelle das „freie Erzählen nach bestimmten Themen“ vorsieht, räumt der mit Wirkung vom 1. August 1988 in Kraft getretene neue Lehrplan für die Orientierungsstufe dem „freien Schreiben“ einen deutlich höheren Stellenwert ein.
So werden neben den bereits erwähnten traditionellen Erzählaufträgen insbesondere Aufgabenstellungen zum „freien Erzählen“ vorgestellt:

> „Freies Erzählen:
> - ausgehend von einem Rahmenthema, einem Reizsatz
> - freies Erzählen nach Anregungen eines Bildes oder von Musik, Assoziationen
> - Es können Stoffe aus dem Erlebnisbereich der Schüler genauso wie reine Phantasiegeschichten (Träume, Lügengeschichten, Science-fiction oder utopische Situationen, Märchen oder historische Stoffe) als Ausgangslage dienen.“

Neu aufgenommen in den Lehrplan wurde auch der Arbeitsauftrag „Das Jugendbuch als Schreibanlaß“, zu dem ebenfalls durchaus kreative Erzählaufträge mitgeliefert werden. (Lehrplan Deutsch – Orientierungsstufe – Grünstadt 1988, S. 20)

Auch die neuesten Sprach- und Lesebücher reagierten auf diesen Trend und versahen ihre Lese- und Schreibaufgaben mit entsprechend strukturierten Arbeitsanregungen.
Auch wir wollen uns im Rahmen dieses Aufsatzprojektes mit dem „freien Schreiben“ auseinandersetzen und einige Schreibaktivitäten entwickeln, die bislang noch nicht so häufig Gegenstand von Lehrplanpositionen oder von Klassenarbeitszwängen waren.

## 2. Schreiben im traditionellen Aufsatzunterricht

Der auch in der Gegenwart noch immer zu konstatierende Zustand des Aufsatzunterrichtes ist weitgehend gekennzeichnet durch Unlust, Angst vor der Zensur und der Frage nach dem Sinn der schulisch verordneten Schreibtätigkeit überhaupt. Auch unsere langjährigen Erfahrungen in der Sekundarstufe I bestätigen diesen von sehr vielen Kollegen als frustrierend empfundenen Ist-Zustand der gegenwärtigen Aufsatzpraxis. Auf der Suche nach den Ursachen für dieses allgemeine Unbehagen und Sinndefizit überprüfen gewissenhafte und verantwortungsbewußte Lehrer ihre gestellten Arbeitsaufträge, stellen fest, daß doch ein nahezu echter oder auch fiktiver Schreibanlaß und ein einleuchtender Adressatenbezug gegeben war, daß überprüfbare und themengerechte Lernziele formuliert und anvisiert wurden, daß textsortenspezifische Kriterienkataloge für die Bewertung erstellt bzw. herangezogen wurden, daß selbst in der Vorbereitungsphase auf die Klassenarbeit sprachliche Übungen und entsprechendes Sprachmaterial bereitgestellt wurde usw., die erzielten Ergebnisse aber meistens wieder nicht den Erwartungen entsprachen und in keinem vertretbaren Verhältnis zum betriebenen Aufwand standen. Nach solch frustrierenden Erfahrungen stellen sich viele Kollegen schließlich die Frage: Was habe ich als Lehrer falsch gemacht und was kann ich in Zukunft überhaupt noch tun?
Erst jetzt wird manchem bewußt, daß die gesamte Didaktik des Aufsatzunterrichtes trotz aller Versuche, sich modernen Strömungen anzupassen bzw. Erkenntnisse der Motivationsforschung zu verwerten, uns in der Praxis der Textherstellung kaum einen bedeutsamen Schritt weitergebracht hat. Manche Kritiker haben sicher nicht ganz unrecht, wenn sie behaupten, daß der traditionelle Aufsatzunterricht bestenfalls in der Lage ist, Protokollanten, Formulareausfüller und ideenlose, stammelnde Langeweiler hervorzubringen, deren sprachliche Kompetenz ohnehin immer stärker verkümmere; daß z. B. stupide Bildgeschichten, nach denen Aufsätze geschrieben werden sollen, den letzten Rest eigener Bilder aus den Köpfen der Schüler verjagen, daß jahrelanges eingedrilltes Interpretieren und Analysieren fremder Texte die eigenen schöpferischen Kräfte total verkommen läßt. Wenn nach solchen Methoden und Verfahren bei den Schülern mangelndes Ausdrucksvermögen und fehlende Phantasie festgestellt wird, müssen meist das Fernsehen und die Comics sowie die Überflutung unserer Sinne mit optischen Reizen als Sündenböcke herhalten.

Wohl kaum zu entkräften ist die Kritik, daß das traditionelle Schreiben in schulischen Lernsituationen noch immer die Anpassung an vorgegebene Sprachnormen, an den „richtigen“ Aufbau des Aufsatzes, überhaupt an ein Ideal des richtigen und gelungenen sprachlichen Ausdrucks unter meist vorgegebenem engen thematischen Rahmen darstellt. Gefordert wird im schulischen Schreiben in der Regel noch immer die Anpassung und

Übernahme von außen vorgegebenen bzw. verordneten Texten und Schreibweisen.

### 3. Plädoyer für das „freie Schreiben"

Angesichts dieses Zustandes ist es nur allzu verständlich, wenn in den letzten Jahren die Plädoyers für einen alternativen Schreibunterricht (eben den des freien Textes) an Zahl und Eindringlichkeit in der Argumentation deutlich zunahmen. Unter den zahlreichen Neuerscheinungen möchten wir lediglich auf die Bücher von Gerhard Sennlaub: „Spaß beim Schreiben oder Aufsatzerziehung" (Kohlhammer Taschenbücher, Schulpraxis, Nr. 1103) und Gundel Mattenklott: „Literarische Geselligkeit – Schreiben in der Schule" (Stuttgart 1979) hinweisen, in denen auch wir viele unserer Gedanken und Vorbehalte bestätigt fanden:

1. Ein noch so echter Kommunikationsansatz bringt auch keinen besseren Aufsatz hervor und läßt die Schüler ihre Schulaufsätze, insbesondere die Klassenarbeiten auch nicht mit größerer Begeisterung verfassen.

> „Ob reale oder fiktive Schreibanlässe – wie sinnvoll sie sind, hängt allemal davon ab, ob es gelingt, mehr aus ihnen zu machen als trickreiche Arrangements zwecks reibungsloser Aufnahme des Lernangebots, sie aus dem Artifiziellen der an festgeschriebenen Lernzielen orientierten Unterrichtsveranstaltung zu lösen." (G. Mattenklott, Schreiben in der Schule, S. 38)

Der Aufsatzunterricht ist größtenteils nach wie vor werkorientiert, nicht der inszenierte Prozeß der Textherstellung steht im Mittelpunkt des Interesses, sondern fast ausschließlich das fertige Produkt, das von Lehrern überprüft, bewertet und beurteilt werden muß. Schüler wissen sehr wohl, daß sie in der Schule meist nur schreiben müssen, damit Lehrer sie beurteilen können. Ob diese Tatsache einen motivatorischen Anreiz für den Schreibprozeß bedeutet, ist doch sehr zweifelhaft.

2. Transparente und hinterfragbare Kriterien und lernzielorientierte Aufgabenstellungen erhöhen zwar die Einsicht in die zu erteilende Aufsatznote, aber sprachliche Flexibilität und kreative Prozesse werden dadurch sicher kaum trainiert und gefördert.

3. Werden dann einmal offene Themen, freiere Produktionen mit kreativen Lösungs- und Gestaltungsmöglichkeiten angeboten, dann entzieht sich das breite Spektrum an dargestellten Ideen, Phantasien und Formen wieder weitgehend der einsichtigen und transparenten Bewertung. Dieser „Teufelskreis" ist sicher einer der zentralen Punkte, warum sich sehr viele Lehrer gegenüber den freien Produktionen reserviert und abweisend verhalten.

Diese Kritik sollte aber nicht dazu führen, das Schreiben von Aufsätzen im herkömmlichen Stil weiterzuführen oder gar gänzlich zu unterlassen, sondern die Ausgangsbedingungen und Motivlage für das Schreiben in der Schule müssen grundsätzlich neu gestaltet werden. Schüler greifen in der Regel eben nur zum Füllfederhalter, wenn sie schreiben müssen und nicht oder recht selten, weil sie es wollen, weil es ihnen vielleicht sogar Spaß macht.

> „Erst wenn durch die Schule der Zwang zu einem Schreiben einsetzt, das für die Kinder weder durch ihr eigenes Mitteilungsbedürfnis noch durch die Vorstellung eines bestimmten Adressaten motiviert ist, wird es zur lästigen Aufgabe. In Briefwechseln, Tagebüchern, poetischen Entwürfen und Schreibspielen befriedigen sie außerhalb der Schule ihre Schreibbedürfnisse. Die Kluft zwischen schulischer Zwangsschreiberei und außerschulischer Schreiblust zu überbrücken, der auch in der Schule gerecht zu werden und ihr Wege und Wirkungsbereiche zu eröffnen,

> sollte (eine auch heute aktuelle und kaum befriedigend gelöste) Aufgabe des neuen Aufsatzunterrichts sein. Damit Kinder und Jugendliche gern und spontan schreiben, brauchen sie wie jeder Mensch jemanden, der wirklich wissen will, was sie ihm mitteilen." (G. Mattenklott, Schreiben in der Schule, S. 37)

Zweifelsohne wird insbesondere beim formal- oder zweckbestimmten Schreiben der Anlaß meist von außen gegeben, die schriftlichen Äußerungen sollten sich jedoch immer auf der inneren Motivation der Schüler gründen. Demnach kommt es eben bei Aufsatzthemen, die zentral vom Lehrer gestellt werden und innerhalb einer exakt vorgegebenen Zeit von den Schülern meist allein und isoliert bewältigt werden müssen, zu den bereits erwähnten Mißerfolgserlebnissen und Frustrationen. Dreißigmal das gleiche Thema in mehr oder weniger inhalts- und formähnlichen Strukturen abgefertigt, wen wundert es, daß sich für solche „Massenware" bzw. „Uniformtexte" die Verfasser ebenso wenig interessieren wie ihre Leser. Meist ist der einzige Adressat ohnehin der Lehrer, dem die lästige Pflicht der Korrektur und Benotung bleibt.

### 4. Zielsetzungen des „freien Schreibens"

Winterling versteht das „freie Schreiben" als das Abfassen freier, persönlich verantworteter Texte, seien es nun Versuche literarisch zu schreiben, frei zu assoziieren, individuellen Bedürfnissen Ausdruck zu geben oder auch nur sich spielend-schreibend Freiräume zu verschaffen. (Vgl. Fritz Winterling, Freies Schreiben in der Sek. II, in: Diskussion Deutsch, Nr. 16, 1985, S. 360)
Die bedeutsamste Aufgabe des „freien Schreibens" besteht u. E. in der Wiederentdeckung und Weckung von bislang verschütteten Bedürfnissen, die zum Schreiben Anlaß geben könnten. Schreiben sollte in erster Linie Spaß machen, aus eigenen Antrieben geschehen, Spielfreude und Phantasie freisetzen, Kreativität entfalten und als Stück Selbstverwirklichung empfunden werden. Gerade das „freie Schreiben" kann auch verstanden werden als Medium des Aufbaus einer Ich-Identität. Im Schreiben lernt der Schüler sich selbst, seine Wünsche und Bedürfnisse ernst und wichtig zu nehmen. Er entwickelt durch die kreativen Prozesse Selbstbewußtsein und erkennt, daß er schreibend im Sinne seiner Interessen tätig werden kann bzw. kommunikative Möglichkeiten eigener Kritik gewinnt. Indem sich der Schüler bei der Bewältigung von produktionsorientierten Aufgaben personal einbringen kann, hat er eine Chance in der Aussprache über selbstverfaßte Texte, sich seines eigenen Standpunktes bewußter zu werden oder ihn gegebenenfalls zu korrigieren. Gerade das „freie Schreiben" kann eine Phantasie fördern und freisetzen, die sich mit den vorgefundenen Gegebenheiten nicht abfindet, sondern in der Skizzierung und Darstellung entsprechender Gegenentwürfe Chancen zur Veränderung bzw. Überwindung der Verhältnisse beinhaltet.
Eine wichtige Funktion des „freien Schreibens" besteht eben in der Schärfung der Beobachtung für die Probleme und Nöte des Alltags, im Aufbau einer kritischen Wahrnehmungskompetenz. Der Schreibende muß lernen zu erkennen, was sich seiner Verwirklichung in den Weg stellt, sie hemmt oder sogar verhindert.

> „Schreiben muß kritische Exploration des Alltags sein, und es muß in diesen Alltag zurückwirken, so wie er den Text prägt, der da geschrieben wird ... Der Deutschunterricht, der literarische Produktivität fördert, muß Raum schaffen für die genaue inhaltliche und sachliche Diskussion der Texte und sollte im literarischen Spiel die sprachlichen Möglichkeiten der Schüler entwickeln. Im Wechsel von Gespräch,

> Spiel und Allein-Schreiben lernt der Einzelne sich seiner Identität bewußt zu werden und seiner Rolle in der Gruppe;“ (G. Mattenklott, a.a.O., S. 5)

Mattenklott warnt allerdings zurecht davor, den Schreibunterricht in therapeutische Sitzungen umzufunktionieren. Themen und Aufgabenstellungen, die zu weit in die Intimsphäre der Schüler eindringen (z. B. Tagebuchaufzeichnungen, Liebeslyrik usw.), würden sicher die Kompetenzen des Deutschlehrers sowie die Aufgaben des Deutschunterrichtes insgesamt überschreiten.

Schließlich wird durch das freie Schreiben das Selbstbewußtsein des Schülers gegenüber der Sprache als Regelsystem stärker gefördert als im traditionellen Aufsatzunterricht. Der Schüler erfährt, da er mit Sprache „umgehen“ kann, daß er sie allmählich immer besser „beherrschen“ lernt. Er lernt nach und nach den Ausdruck zu präzisieren und zu variieren, unterschiedliche syntaktische Konstruktionen aktiv zu benutzen, Sätze unterschiedlich zu verknüpfen, mit verschiedenen Formen des Textaufbaus zu experimentieren, andere Textsorten zu gestalten und letztlich auch auf eine angemessene äußere Form zu achten. (Vgl. G. Augst, in: Der Deutschunterricht 6, 1984, S. 115) Diese Erfahrung kann sich dann, wie schon an anderer Stelle erwähnt, positiv auf die Rezeption von Literatur insgesamt auswirken.

## Zum Aufbau der Sequenz

### 1. Vorüberlegungen zur Planung

Mit der folgenden Unterrichtssequenz wollen auch wir Schreibaktivitäten fördern und Impulse zu selbständigem kreativen Schreiben geben, wie sie noch nicht oder nur in Ansätzen in den neueren Lehrplänen verankert sind. Definiert man das sog. „freie Schreiben“ jedoch als mehr oder minder große Unabhängigkeit von den schulischen Schreibanlässen und liegt die Unabhängigkeit vor allem in der freien Entscheidung zum Schreiben, dann sollten wir unsere Sequenz wie alle bisher vorgestellten Schreibproduktionen nicht anmaßend mit dem Prädikat „freies Schreiben“ kennzeichnen. „Freies Schreiben“ ist nach unserer Einschätzung eine rein individuelle Tätigkeit, die ausschließlich aus eigenen Antrieben erfolgt und persönliche Entfaltung ermöglicht, schulisches Schreiben ist und bleibt immer eingebunden in die recht engen organisatorischen Rahmenbedingungen des normalen Unterrichtes, sieht man einmal davon ab, daß in den letzten Jahren im Rahmen von Projektwochen auch sog. Schreibprojekte mit zunehmendem Erfolg angeboten werden.

Da im Rahmen dieser Sequenz das intendierte sog. „freie Schreiben“ vom Lehrer selbst bzw. durch vom Lehrer ausgewählte Texte (Inhalte) angeregt und angeleitet wird, verwenden wir für die Ebene dieses Schreibens besser den Begriff „freieres Schreiben“, der die Erwartungshaltung der Rezipienten deutlich reduziert.

Eine besondere Bedeutung kommt in diesem Zusammenhang dem Engagement und Verhalten des Lehrers als Initiator zu. Er muß zunächst einmal die lernklimatischen Bedingungen und Voraussetzungen schaffen, damit sich auch das sog. „freiere Schreiben“ insbesondere in der Anfangsphase der Sequenz ungestört entfalten kann. Hierzu gehört in erster Linie die Entwicklung und Festigung eines angst- und repressionsfreien Klassenklimas, das den schreibenden Schülern jegliche Angst vor Spott und eventuellem Mißerfolg nehmen sollte. Den Schülern muß bewußt werden, daß sie ohne Zeit- und Notendruck die ihnen gestellten Auf-

gaben angehen können und somit einmal die sonst üblichen Hemmungen und Vorbehalte vor dem Schreiben ablegen können. Hinzu kommen muß, daß der Lehrer den schreibenden Schülern auch die Angst vor der Preisgabe ihrer Gedanken, Gefühle und Meinungen nimmt. Ein weiterer wichtiger Faktor für das Gelingen der Sequenz liegt in der methodischen Strukturierung der Unterrichtseinheit.
Wir sind der Ansicht, daß wir die Schüler der Klassenstufen 7 und 8 am ehesten zum Schreiben bringen, wenn der Lehrer die Unterrichtsplanung (Themenwahl, Textauswahl und Erarbeitung der kreativen Gestaltungsübungen) weitgehend selbst übernimmt. In der Oberstufe kann er dann auf der Basis der gesammelten Schreiberfahrungen seine Rolle als Anreger und Organisator zugunsten des Beraters und Koordinators verändern, nachdem es in den 9. und 10. Klassen sicher sinnvoller und effektiver ist, die Schüler bereits an den Planungsprozessen angemessen zu beteiligen.

## 2. Die Unterrichtssequenz

Um den anfänglich zu erwartenden Einwand „Mir fällt aber nichts ein" zu umgehen, versuchen wir den Zugang zu Formen des „freieren Schreibens" zu finden, indem wir den Schülern in einer ersten Phase zwei Texte (Mat. 26 und Mat. 27) als Anregungspotentiale zur Verfügung stellen. In einer zweiten Phase kann man dann anspruchsvollere Themen und völlig unangeleitete Aufgaben in Angriff nehmen, wenn bereits positive Schreiberfahrungen gemacht wurden.
Logischerweise kann aus einem solchen Vorverständnis vom Schreiben weder eine Fixierung des Schreibprozesses in einem Stundenblatt noch die Verlaufsbeschreibung in einzelnen Phasen erfolgen. Gefordert ist in erster Linie die notwendige Offenheit des Unterrichts sowohl in der Analyse- als auch in der Produktionsphase. Ausgangspunkt für das Schreiben ist die subjektiv bedingte Interpretationsidee jedes einzelnen Schülers, die es in der Produktionsphase weiterzuführen, zu variieren, abzuändern, zu transportieren oder gar umzukehren gilt.

## 24. Stunde: Zu einer Textvorlage alternative Gestaltungsideen entwickeln (Mat. 26) (ohne Stundenblatt)

### Didaktisch-methodische Anregungen

Ohne eine ausführliche Struktur- und Funktionsbeschreibung von Phantasie und Phantastik zu geben, wie dies G. Haas im Basisartikel von Praxis Deutsch, Heft 54, Juli 1982, getan hat, läßt sich der Text von M. L. Kaschnitz (Mat. 26) zweifelsohne aufgrund seines Motives und seiner Handlungsstruktur dem Bereich der phantastischen Literatur zuordnen. Der Text ist sicher so beschaffen, daß er insbesondere durch seinen Inhalt den Rezipienten dazu nötigt, über die normalerweise vorhandenen engen Grenzen des Denkens und der Wahrnehmung hinauszugehen, also das Feld einer rein rational-logisch geordneten Welt zu verlassen und sich auf eine alternative „Anderswelt" einzulassen, in der manche der in der „Normalwelt" gültigen Gesetze außer Kraft geraten und in der andere Gesetze Geltung erlangen. Es bilden sich alternative Formen des Wahrnehmens, Wissens und Verstehens aus, irrationale Kräfte und Mächte der Natur und des Kosmos treten in das menschliche Handlungsfeld ein. Damit verändert sich auch die Stellung des Menschen in seiner Welt, wie überhaupt im Bereich des Phantastischen neue Formen der Macht und Ohnmacht des Menschen in den Blick kommen. (Vgl. Gerhard Haas, Phantasie und Phantastik, in: PD, Heft 54, Juli 1982, S. 18)

Die in dem vorliegenden Text provozierte „Phantasiereise" wird von der Autorin durch das „Wie-wäre-es-wenn-Spiel" inszeniert. Das mythologische Ereignis der Sintflut und des Archebaues wird in die Gegenwart verlagert und mit phantastischen Aussagen und Beschreibungen „garniert". Diese Aussagen werden zunächst bei den Lesern auf Befremden und Überraschung stoßen, weil sie sich eben nicht mit analogen Erfahrungen oder Bewußtseinsinhalten der Leser „erklären lassen". Sie weisen sich aus als etwas Fremdes, dem mit den gewohnten Verstehenszugriffen nicht beizukommen ist. (Vgl. G. Haas, a.a.O., S. 18)

Gerade in dieser strukturellen Eigenart der phantastischen Literatur sehen wir ihre didaktische und pädagogische Chance. Phantastische Literatur ist u. E. in der Lage, durch den Entwurf und die Konzeption einer grundsätzlich nicht real einlösbaren, d. h. surrealen Gegenwirklichkeit gerade eine Erweiterung des Wirklichkeitsverständnisses auch bei Schülern herbeizuführen. Phantastische Texte, wie der von M. L. Kaschnitz, können als Ausdruck instrumental-sozialer Phantasie durchaus konkrete und direkte Anstöße zur Bewußtseins- und Wirklichkeitsveränderung liefern. (Vgl. G. Haas, a.a.O., S. 22)

Gerade aus den genannten Gründen wollen wir den Text von M. L. Kaschnitz als „Anstoßpotential" und „Spielmaterial" für das eigene Schreiben benutzen. Der Text fungiert hierbei primär als „Einladung", sich auf ähnliches Erzählen einzulassen. Dazu haben wir auch entsprechende „Umgestaltungsvorschläge" für das „Wie-wäre-es-wenn-Spiel" gemacht. (s. Materialteil)

Für die produktive Arbeit mit dem Text sollte der Lehrer auf einen detaillierten analytischen Verstehens- und Erschließungsprozeß verzichten. Selbstverständlich steht auch am Beginn dieses Schreibprozesses die Phase der Textbegegnung mit der Vorlage, dabei sollte aber der Aspekt des „Genuß- und Spannungslesens" deutlich akzentuiert bleiben. (Vgl. G. Haas, a.a.O., S. 22) Die Komplexität und Gesamtwirkung des von der Autorin übermittelten „Bildes" der modernen Sintflut sollte unter keinen Umständen durch einen zu ausgeprägten Analyseprozeß zerredet oder gar zerstört werden.

Auf der Basis dieses so organisierten Leseprozesses erhalten die Schüler schließlich ihre „kreative Schreibaufgabe", die in der Entwicklung und Verbalisierung alternativer Ideen zu dem „Wie-wäre-es-wenn-Spiel" besteht. Hierzu ist der Text von M. L. Kaschnitz als ein Muster für die eigene Produktion bestens verwendbar, weil er die idealen Voraussetzungen für die Schaffung und Steuerung des intendierten imaginativen Schreibverfahrens liefert.

Zu der von unserer Seite vorgeschlagenen Idee „Die Durchschnittstemperatur auf der Erde nimmt jedes Jahr um ein Grad zu" könnte man den Schülern in einer dem eigentlichen Schreibprozeß noch vorgelagerten Phase einige reale Fakten vermitteln, damit es ihnen dann um so leichter fällt, diese „Realität" phantastisch „auszugestalten und anzureichern", um auf der Grundlage dieses „Phantasieprozesses" letztlich ihr Verständnis für die aktuelle Problematik des drohenden „Klima-Chaos" zu wecken, zu erweitern und zu vertiefen.

„Klima-Chaos", „Unaufhaltsam in die Klimakatastrophe", „Verheizen wir unseren Planeten?" – sind nur einige Schlagzeilen der letzten Monate, mit denen seriöse Zeitschriften auf die größte uns drohende Umweltkatastrophe aufmerksam machen. In Jahrmillionen hat sich der „Organismus der Erde“ so geformt, bis er genau das richtige Klima für uns Menschen hatte. Schon geringfügige klimatische Verschiebungen haben ungeheure und verheerende Auswirkungen. Einige Grade mehr, dann gäbe es abnorme Überschwemmungen (Pole schmelzen ab), Meere steigen an, Dürrekatastrophen, Mißernten, usw.

(Anm.: Greenpeace hat in seinen Nachrichten Nr. I/1989 dem Thema „Klima-Chaos“ 20 Seiten gewidmet, die zur Information über die reale Problematik bestens geeignet sind)

Auf der Grundlage dieser wenig verheißungsvollen Prognosen ließen sich dann die „kreativen und imaginativen“ Schreibprozesse entfalten, wobei der Ausgangstext von M. L. Kaschnitz immer als Anstoß und Muster dienen sollte.

## 25. Stunde: Eine Textvorlage an unterschiedlichen Stellen unterbrechen und kreativ weiterschreiben (Mat. 27) (ohne Stundenblatt)

### Didaktisch-methodische Anregungen

Den Text von Heinrich Böll haben wir nicht ausgewählt, um dem ständig steigenden Interesse der Schüler und Jugendlichen am „Phantastischen“ Rechnung zu tragen. Die Auswahl erfolgte in erster Linie unter dem Gesichtspunkt, mit diesem Inhalt Schüler anzusprechen und sie zum kreativen Umgang mit dem Text zu motivieren.

Die vorliegende Erzählung ist zweifelsfrei zu den sog. Phantasiegeschichten zu rechnen, unterscheidet sich aber in Inhalt und Form wohltuend von den bei vielen Jugendlichen und auch Erwachsenen so beliebten trivialen „Fantasy-Stories“. Der Versuch, das „Phantasievolle oder gar Phantastische“ dieses Textes exakt zu bestimmen, stößt auf erhebliche Schwierigkeiten.

Ohne Frage überschreitet auch dieser Text mit seiner außergewöhnlichen Handlungsstruktur den Erfahrungsbereich der Leser. Dieser wird mit den von seinem Alltagsleben völlig abweichenden „Erinnerungen eines jungen Königs“ konfrontiert, die er mit herkömmlichen Normen und tradierten Rollenvorstellungen nicht mehr erfassen kann, weil sich gerade die Handlungs- und Verhaltensweisen des jungen Königs so wohltuend von den gängigen Klischeevorstellungen unserer Jugendlicher unterscheiden und sich eben mit „logischem Menschenverstand“ scheinbar nicht erklären lassen. Insbesondere im gewaltfreien Handeln des Königs (er wandelt z. B. ein Todesurteil in 14 Tage Arrest um) sehen wir eine Chance, den jugendlichen Adressaten über das Medium der Phantasieerzählung mit alternativen Handlungs- und Konfliktlösungsmodellen zu konfrontieren, die eben nicht geprägt sind von Aggression, Haß und Gewalt. Der Ich-Erzähler schildert in ironischer Weise seinen „Aufstieg“ zum König, die Formen seiner „Machtausübung“ und schließlich die Stationen seines sog. „Machtverlustes“. Diesen Verlust seines Königtums und die Entbindung von der Verantwortung für seine Untertanen empfindet der junge König als echte Erlösung und genießt in seiner neuen Rolle als Kartenverkäufer an der Zirkuskasse zusammen mit seiner immer mehr „aufgeblühten“ Frau die „neuen Formen von Freiheit und Existenz“.

In dem vorliegenden Text entfernt sich

die Darstellungswelt doch weitgehend von der Realität, so daß die Erzählung verwandtschaftliche Beziehungen zum Märchen (Hans im Glück) aufweist. Gleich zu Beginn wird eine ziemlich unrealistische Ausgangsposition geschaffen: „Als ich 13 Jahre alt war, wurde ich zum König von Capota ausgerufen." Der weitere Verlauf der Handlung, die Darstellungsmittel und die Erzählhaltung verstärken das „Andersartige, Unvertraute, Fremde", mit logischen Begründungszusammenhängen kann man das Handeln und Verhalten des jungen Königs nicht erklären. Heinrich Böll artikuliert in diesem Text eine Vorstellung von „Macht" und „Königtum", die so ganz und gar nicht in das „Raster des engen Denkens" paßt und die imaginativen Fähigkeiten des Lesers beansprucht. Hinter diesem Text steht vielleicht die Suche nach neuen, anderen Zielen und Sinngebungen. Insofern kann man auch diesem Text nicht den Vorwurf machen, er sei unpolitisch und verleite den Leser zur Realitätsflucht. Gerade die originelle und schöpferische Phantasie, wie sie der junge König auf so eindrucksvolle Art und Weise repräsentiert, ist ein der Ratio gleichberechtigtes Erkenntnisprinzip und ebenso Motor und Schubkraft zur Veränderung der Wirklichkeit wie die uns allen ach so nahe stehende Vernunft.

In diesem Zusammenhang möchten wir allerdings davor warnen, den Text dazu zu benutzen, um vordergründige pädagogische Intentionen zu realisieren. (z. B. Aufforderung zum verantwortungsbewußteren Umgang mit der Macht, usw.) In der Analysephase sollte der Lehrer wiederum auf eine detaillierte Untersuchung des Textes in bezug auf Strukturelemente, Mittel der sprachlichen Gestaltung, usw. weitgehend verzichten, sondern nur die Grundintentionen im Auge behalten: den Text als „Katalysator" für das „freiere Schreiben" zu nutzen. Hierzu bieten wir drei verschiedene Schreibaufträge an.

1. Der Lehrer präsentiert den Text bis zur Zeile 202 (Bitte an den König, wieder nach Capota zurückzukehren) und fordert die Schüler auf, einen anderen Schluß zu schreiben. Das Erzählen / Erfinden einer anderen Lösung sollte allerdings in enger Anlehnung an die Erzählhaltung, das Personal und den Stil der Vorlage erfolgen.
2. Die Schüler werden aufgefordert, ab Zeile 59 („weil ich meinen Hauslehrer gegenüber nun andere Methoden anwenden konnte.") eine sog. „freie Erzählung" zu verfassen. Dabei sollten sich die Schüler eigentlich nur an die Ausgangssituation gebunden fühlen: „Als ich 13 Jahre alt war, wurde ich zum König von Capota ausgerufen." Bei diesem weitaus freieren Schreibprozeß muß der Lehrer den Schülern bewußt machen, daß sie sich von dem Vorbild des Ich-Erzählers lösen und völlig neue und alternative Ideen einbringen müssen.
3. Die Schüler erhalten nun einen noch größeren Freiraum beim Schreiben und erhalten den Auftrag, eine völlig textunabhängige Erzählung zu verfassen, die lediglich noch die Grundidee der Vorlage aufnimmt: Ein(e) 13jährige(r), der/die plötzlich die Rolle eines Erwachsenen spielt und Macht ausübt. (Anstoß: Als ich 13 Jahre alt war, wurde ich plötzlich zum Lehrer an die Schule in . . . berufen, zum Minister/Kanzler bestellt, usw.)

## Nach Bildern erzählen

### Fachdidaktische Vorbemerkungen

In den Bänden für das 5. und 6. Schuljahr hat Kohrs eine umfassende Sequenz zum Erzählen nach Bildern bzw. Bildgeschichten vorgestellt. Auch wir wollen in den Bänden für die Mittelstufe das breit gefächerte methodische Repertoire im Umgang mit Bildern um einen weiteren Baustein erweitern, indem wir das Bild in erster Linie als Anlaß zur mündlichen und schriftlichen Textproduktion nutzen. Es kann daher auch nicht Aufgabe dieses Projektes sein, die gesamten didaktischen Verwendungsfunktionen des Bildes darzustellen, bzw. die grundsätzlichen Leistungen von Bild und Text und ihre Beziehungen zueinander zu analysieren. Vielmehr geht es darum, die Jugendlichen durch die Präsentation von visuellen Darstellungen zu spontanen Äußerungen anzuregen. Dieses assoziative Potential, das durch das Betrachten der Bilder freigesetzt wird, sollen die Schüler in Sprache umsetzen, ohne dabei gezwungen zu werden, eine rein beschreibende und interpretierende Textform (= Bildbeschreibung) zu erstellen. Die von uns intendierte Form des produktiven Umgangs mit Bildern hat mit der traditionellen Form der Bildbeschreibung bzw. Bildbetrachtung mit ihrer eher formalisierten Vorgehensweise und starken Schematisierung (Aufgliederung des Bildes nach Vorder-, Mittel- und Hintergrund, rechter und linker Bildhälfte usw.) nur noch sehr wenig zu tun. Wir wollen und werden im Rahmen der Sequenz weder Kategorien der vollständigen Analyse von Bildern vermitteln (was wir lieber dem Kunstunterricht überlassen sollten) noch wollen wir das Bild als bloßes Instrument sehen, das die Schüler zur freien Gestaltung von Eindrüken und Assoziationen animiert und einen unstrukturierten Text „auslöst“. Mit unserem Modell wollen wir analytische Aspekte des Umgangs mit Bildern mit Verfahren und Formen des kreativen bzw. „freieren“ Schreibens sinnvoll verbinden. Unter dem Begriff der „Bildanalyse“ verstehen wir auf keinen Fall ein systematisches Verfahren, das die Komplexität und Bedeutungsvielfalt eines Bildes vollständig zu erfassen versucht.

> „Sowenig ein Bild oder ein Text die Wirklichkeit ganz zu erfassen vermögen, sondern immer nur Ausdrucksformen der Interpretation eines Subjekts von dieser Wirklichkeit sind, so wenig ist es möglich, ein gegebenes Bild in einen Text oder einen gegebenen Text in ein Bild umzuwandeln; sie können einander nie vollständig entsprechen. Sie bleiben ‚Lesarten‘ voneinander, denn auch bei der medialen ‚Umsetzung‘ handelt es sich immer um eine interpretative Beziehung.“ (Heinz Blumensath / Gerhard Voigt, Bilder, in: PD, 15. Jahrgang, Heft 87, Jan. 1988, S. 13)

Folglich kann es nicht Sinn und Ziel des Unterrichts sein, dem jeweiligen Bild völlig gerecht zu werden, sondern Bilder zu verstehen als Auslegungsprozeß und im Rahmen der Sequenz solche Prozesse der Vielfalt des Bildverstehens überhaupt anzuregen. Bei solchen „voranalytischen“ Auslegungsprozeduren stützt sich der Unterricht weitgehend auf die Beobachtungen und eigenen Tätigkeiten, die eine ruhende Betrachtung des Bildes bei den Schülern auslöst und sucht deren zuerst vor allem affektive Erfahrung in Gespräche wie in die Gestaltung von Texten umzusetzen und zu reflektieren. (vgl. Blumensath / Voigt, a.a.O., S. 15) Dieses intendierte Umsetzen von Bildaussagen in Sprache ist gleichbedeutend mit einer Übersetzung der anschaulichen Bildsprache in die Wortsprache. Über eine Anleitung zum genauen Beobachten, zur Differenzierung von Bildzeichen und deren Zuordnung und Beziehung untereinander, sollen die Schüler die kommunikative Funktion von Bildern erfassen und in Sprache umsetzen können.

### Sequenzziele

Die Schüler sollen
- Fähigkeiten zur intensiveren, differenzierteren und bewußteren Wahrnehmung der in Bildern enthaltenen visuellen Tatbestände entwickeln (z. B. Fähigkeit zum Beobachten, Sammeln, Ordnen, Ablesen und Beschreiben optischer Bestände; zum Auffassen und Dekorieren von Bildzeichen und Bildsymbolen;)
- das in den Bildern enthaltene „Mitteilungspotential" erfassen und als sprachlich „übersetzbar" erkennen
- diese Kenntnisse und Erkenntnisse auf dem Gebiet der ästhetischen Sensibilität in Wortsprache umsetzen
- erfahren, daß jedes Bild eine Vielfalt von Deutungsmöglichkeiten zuläßt, die gleichberechtigt nebeneinander bestehen sollten.

## 26./27. Stunde: Erfassen und Verbalisieren des Bildinhaltes und der Bildaussage von P. Breugel „Der Turmbau zu Babel" (Mat. 28a)

### Vorbemerkungen

Wir haben das Bild „Der Turmbau zu Babel" exemplarisch ausgewählt, weil wir der Meinung sind, daß die Schüler dieser Altersstufe fähig sein sollten, den dargestellten bildnerischen Sachverhalt, d. h. entsprechende Form- und Gegenstandsmitteilungen, deren Ordnungsgefüge und schließlich die aus der Zusammenschau aller Fakten ablesbare „Botschaft" oder „Nachricht" des Bildes zu erfassen und in Sprache umzusetzen. Die in dieser Stufe ausgeprägte Beobachtungsgabe und eine zunehmend kritischere Haltung ermöglichen es, daß die Schüler nach den Zusammenhängen und Beziehungen des auf dem Bild Dargestellten fragen und somit zu der wünschenswerten Überschau über das Bildganze gelangen. Das Erfassen von Beziehungen und die Fähigkeit zum Schlußfolgern lassen auch ein vertieftes Erleben der kompositorischen und inhaltlichen Elemente und damit auch eine intensivere Aufnahme der Bildmitteilung zu. Zu dem vorliegenden Bild gibt es eine Reihe unterschiedlicher methodischer Betrachtungsweisen und folglich auch die unterschiedlichsten Analyseergebnisse, die unseren Umgang mit dem Bild allerdings nicht maßgeblich beeinflussen sollten. Um unsere didaktische Absicht zu realisieren, müssen wir bei der dem eigentlichen Schreibprozeß vorausgehenden Bildanalyse oder besser „Untersuchung des Bildes" einen eindeutigen Schwerpunkt setzen. Kern unserer „Bildanalyse" ist die Untersuchung und Erschließung des Bildinhaltes und der Bildaussage und weniger die Untersuchung der gesellschaftlichen Verhältnisse, aus denen heraus das Bild entstanden ist oder die Interpretation des Gesamtwerkes des Künstlers, so interessant die Klärung dieses Sachverhaltes in anderen didaktischen Verwendungszusammenhängen auch sein mag.

**Der Bildinhalt**

In einer weiten, ebenen Landschaft, am Rande einer an einem breiten Fluß gelegenen Stadt, erhebt sich die Baustelle eines riesigen runden Turmes, der sich nach

oben verjüngt und dessen Spitze bis durch die Wolken stößt. In einer Spirale führt ein breiter Transportweg um das Bauwerk herum ein halbes Dutzend Etagen hinauf. Hohe Fassaden sind entlang der Rampe zum Teil fertig ausgeführt, zum Teil noch im Bau. An zwei Stellen tritt zwischen den Fassaden ein mächtiges Felsenriff hervor, das dem alles überragenden Turm wohl als Fundament dient.
Auf dem riesigen Bau verrichten unzählige, winzige Menschen die verschiedensten Arbeiten. Sie bewegen große Steinquader mit Wagen über die Rampe, weiter oben mit Hilfe von Flaschenzügen und diversen Kränen. Andere Arbeiter sind auf Gerüsten mit Maurerarbeiten beschäftigt, tragen den Felsen ab oder bauen hohe Gerüste. Wieder andere führen Tätigkeiten aus, die dem Erhalt und der Wiederherstellung ihrer Arbeitskraft dienen: Sie kochen Essen, ruhen sich aus.
Das Konstruktionsprinzip des Baues ist nicht eindeutig zu erkennen. Die inneren Gewölbe scheinen vorwiegend aus Ziegeln gemauert, Teile der Fassade bestehen aus großen Quadern eines hellen Steines, andere Bauteile scheinen aus dem Felsen herausgehauen zu werden.
Im Hafen, der am rechten Bildrand zu sehen ist, ankern viele Segelschiffe. Frachtkähne und Flöße bringen das Baumaterial heran und werden aus- und umgeladen.
Auf einem Hügel im Vordergrund ist ein Herrscher zu sehen, mit Zepter und Krone, in einem langen, hellen Mantel. Mit seinen zahlreichen Begleitern besichtigt er die Baustelle und besucht dabei eine Gruppe von Steinmetzen. Einige setzen ihre Arbeit fort, ohne auf den „hohen Besuch“ zu achten, andere haben ihre Tätigkeit unterbrochen, ihre Kopfbedekkung abgenommen und knien vor ihm nieder.
Hinter dem Turm erstreckt sich bis zum Hafen hin eine Stadt, die nach hinten durch eine Stadtmauer gegen eine weite, grüne Landschaft mit Feldern, Wiesen und Wäldern abgegrenzt wird. Am Horizont erstreckt sich eine Reihe runder Berggipfel. (Vgl. Hubertus Gaßner/Volker Ritter, Fragen an ein Bild, Berlin 1987, S. 9)

**Bildaussage**

Bruegels Turm wird in der Regel als Sinnbild für menschliche Maßlosigkeit und menschlichen Hochmut u. ä. und die Bestrafung durch Gottes Gericht interpretiert, obwohl es überhaupt keine konkreten Hinweise auf einen eingreifenden und strafenden Gott gibt. Schwierig nachzuvollziehen ist auch die Interpretationshypothese, daß der eigentlich nutzlose Turm Symbol für die Unzulänglichkeit menschlichen Handelns allgemein ist, sieht man einmal davon ab, daß der Aufwand wohl in keinem ökonomisch vertretbaren Verhältnis zum Nutzen steht. So kann der Turm in der Tat allenfalls als Status- und Machtsymbol verstanden werden.
Daß hinter der vorliegenden Zeichnung ein sozialkritisch engagierter Künstler mit konkreten politischen Aussagen steht, wie viele Interpretationen zeigen, ist wiederum nur eine von vielen Vermutungen und verdeutlicht, daß das Bild mehrdeutig gemeint und auch so verstanden werden kann und soll.
Gerade aus diesem Grunde werden wir die Schüler unter keinen Umständen in eine bestimmte Interpretationsrichtung drängen, sondern durch die Beantwortung von einigen Leitfragen die sachlichen Voraussetzungen dafür schaffen, daß sich die Schüler dem Bild und seiner „Botschaft“ selbst annähern können.

## Lernziele

Die Schüler sollen
- die bildnerischen Objekte und Mittel (Gegenstände, Farben, Formen) benennen und beschreiben können
- die Struktur des Bildes erfassen (d. h. die bildnerischen Objekte und Mittel zueinander in Beziehung setzen)
- aus den gewonnenen Untersuchungsergebnissen und Einsichten die denkbaren Intentionen des Malers ableiten und beschreiben (u. a. den Symbolcharakter des Turmes erfassen und beschreiben)
- ihre Beobachtungen und Bewertungen zum Bildinhalt und zur Bildbotschaft sprachlich wiedergeben können.

## Unterrichtsverlauf

*Phase 1:*
*Bildpräsentation – „Eindrücke der Schüler"*

Die Doppelstunde beginnt mit der unvermittelten und daher auch überraschenden Bildpräsentation und der Aufforderung an die Schüler, sich das Bild einmal in aller Ruhe „still" zu betrachten. Dieser erste persönliche Eindruck sollte in jedem Falle der eigentlichen Erarbeitung stets vorangehen und als Anreiz zur detaillierteren „Bildanalyse" genutzt werden. Die nach einer solchen Stillbetrachtung erwarteten spontanen Schülerreaktionen sollte der Lehrer aufgreifen und nutzen, so daß sie für die Schüler einen echten Anreiz zur genaueren Untersuchung des Bildes und dessen „sprachlicher Bewältigung" bieten. Zu erwartende Rückfragen der Schüler an das Bild, Fragen nach bestimmten, nur schwer erkennbaren Gegenständen und Personen, usw. können ebenso durch geschickte Führung des Lehrers zum genaueren Beobachten, Benennen und Beschreiben der bildnerischen Objekte und Mittel motivieren. Diese erste Phase soll also zwei wesentliche Aufgaben erfüllen: sie soll das Interesse der Schüler für die sprachliche Arbeit im Umgang mit dem Bild wecken (der Schüler beschreibt, was er sieht) und die Schüler zum genauen Sehen (Beobachten) anleiten und sie so mit einer Arbeitsweise vertraut machen, die ihnen einen überwiegend rationalen Zugang zu dem Bild erleichtern sollte.

*Phase 2:*
*Erfassen des Bildinhaltes (Thematik)*

Die sog. „Bildanalyse" beginnen wir mit der Erfassung des Bildinhaltes, d. h. dem Erkennen und Beschreiben bedeutungstragender Objekte und Personen, sowie der Gesamtthematik. Dabei legen wir besonderen Wert darauf, daß die Schüler zunächst frei beschreiben sollen, was sie auf dem Bild erkennen können. Keineswegs ist in dieser Phase daran gedacht, das Bildganze systematisch in einzelne Teile zu segmentieren und zielgenau alle Details zu erfassen. Bei dieser ersten „Grobbeschreibung" der dargestellten Objekte und Sachverhalte kristallisieren sich automatisch die Bildgegenstände „Turm, Arbeiter, Hafen, Stadt, Landschaft, Herrscher" heraus, die dann im folgenden Lernschritt als sog. Teilthemen genauer und eingehender analysiert werden sollten. Hierzu kann der Lehrer die Klasse in entsprechende Gruppen einteilen und zwecks detaillierter Beobachtung jede Gruppe mit konkretisierenden „Detailfragen" versorgen. Dieser groben Erfassung der Bildobjekte folgt in einem weiteren Arbeitsschritt das Erkennen der Komposition bzw. der äußeren und inneren Struktur des Bildes. Anhand von konkretisierenden Fragen sollen die Schüler wesentliche Elemente der Bildkomposition, die Beziehung der einzelnen Bild-

teile zueinander erfassen sowie zu einer Unterscheidung von Wichtigem (Vordergründigem) und weniger wichtigen Bildelementen gelangen. (Was nimmt auf dem Bild den größten Raum ein? Warum? Proportionen? usw.)
Die Reihenfolge der zu beschreibenden und zu bewertenden Bildinhalte sollte dabei jeweils von den Beiträgen der Schüler abhängig gemacht werden. Der genaue gedankliche Nachvollzug des Turmbaus und die exakte Analyse der Bau- und Konstruktionsprinzipien sollte man von den Schülern dieser Stufe nur in Ansätzen verlangen, da dies ein kaum zu leistendes genaues Hinsehen auf Details sowie ein hohes Maß an technisch-architektonischem Verständnis voraussetzt. Dennoch sollten gerade technisch versierte Schüler über die erkennbaren und verborgenen Bauprinzipien diskutieren.

*Phase 3:*
*Erfassen der Bildaussage / „Bildidee“*

In dieser Phase sollen die Schüler nun auf der Basis der durch die sog. „Bildanalyse“ gewonnenen Fakten, Einsichten und persönlichen Einstellungen die Bildaussage oder Bildidee erfassen und verbalisieren. Auch hierbei sollte der stärker zielgerichteten und ergebnisorientierten Konkretisierungsphase anhand von Leitfragen zunächst eine kurze Phase der spontanen Schüleräußerungen vorausgehen. Das Bild fordert die Schüler in jedem Fall zum Interpretieren heraus, wobei sie gerade in dieser Phase bewußt von den direkt ablesbaren Gegenstandsmitteilungen abrücken und sich stärker um die Entschlüsselung der in den Bildzeichen versteckten Botschaften und Nachrichten bemühen sollten. Schwerpunkt des Unterrichtsgespräches sollte in jedem Fall die Herausarbeitung und Diskussion des Zeichen- und Symbolcharakters des Turmes sein. Das Ergebnis der Diskussion muß allerdings die Schüler in der Einstellung bestärken, daß sich die Intentionen des Malers nicht mit letzter Sicherheit feststellen lassen, denn niemand kann heute mit Gewißheit sagen, was Bruegel mit seinem Bild nun wirklich gemeint hat. Hier liegt die Chance des Lehrers, den Schülern zu verdeutlichen, daß das Bild auf vielfältige Interpretation angelegt ist und daß alle Deutungen gleichwertig nebeneinander bestehen können.

*Phase 4:*
*Verbalisieren der Ergebnisse der sog. „Bildanalyse“*

In dieser Phase wollen wir die Schüler dazu anhalten, die in den vorausgegangenen Phasen differenziert und bewußt wahrgenommen und entschlüsselten Bildzeichen in Sprache umzusetzen. (Umsetzung der Bildsprache in Wortsprache) Ein Teil dieser Transformation wurde bereits in den Phasen des mündlichen Beschreibens und Darstellens geleistet. Nun sollen die Schüler den dargestellten bildnerischen Sachverhalt sowie die möglichen Intentionen des Malers schriftsprachlich gestalten und dabei auch ihre persönliche Beziehung zu dem Bild einbringen. Auf die Erarbeitung oder Vorgabe eines Rasters, wie es die traditionelle Bildbeschreibung / Bildbetrachtung vorsieht, werden wir auf jeden Fall verzichten. Wir sind der Meinung, daß die Faszination, die von dem Bild bzw. dem gigantischen Prozeß des Baus ausgeht, die geeignete Motivation darstellt, die zur sprachlichen Gestaltung genutzt werden sollte. Dabei dürfte den Schülern das schriftsprachliche Nachvollziehen der Arbeitsvorgänge am Bau die wenigsten Probleme bereiten.

## 28. Stunde: Umsetzung der in der Bildmontage „Babylon heute“ von P. Brauchli vorhandenen Bildzeichen in Sprache (Mat. 28b) (ohne Stundenblatt)

### Vorbemerkungen

Mat. 28b stellt eine der zahlreichen Aktualisierungen von Breugels „Turmbau zu Babel“ dar. Das Bild „Babylon heute“ von Pierre Brauchli ist ein eindrucksvoller Beweis dafür, daß man die Thematik des P. Breugel auf analoge Probleme der Gegenwart übertragen kann. Überall auf der Welt gibt es neue „babylonische Türme“ in Form von Kernkraftwerken, die mit ihren riesigen Kühltürmen aus Beton das Landschaftsbild bestimmen. Auch in diesen Erscheinungen der modernen Industriegesellschaft spiegelt sich die Hybris der Mächtigen aus Wirtschaft und Industrie, die alle nur erdenklichen technischen Möglichkeiten ausnutzen, um das Wirtschaftswachstum zu steigern, auch wenn dies auf Kosten der Lebensqualität und Sicherheit der Bürger geht, wie die letzten veröffentlichten Störfälle in der Bundesrepublik eindrucksvoll beweisen, ganz zu schweigen von der Katastrophe in Tschernobyl. Insofern kann man Brauchlis „Aktualisierung“ verstehen als Sinnbild des menschlichen Größenwahns, der inzwischen nicht mehr davor zurückschreckt, auch die irrsinnigsten und unnötigsten „technischen Wunderwerke“ zu bauen, die später dann als „ewige und strahlende Ruinen“ in der Landschaft stehen. In der Auseinandersetzung mit dieser „Übermalung“ von Brauchli lernt der Schüler auch eine aktuelle Praxis der Bildproduktion kennen. Sie beruht eben darauf, Bilder und ihre Themen als Grundlage für neue Bilder zu nutzen. Diese Praxis ist weitgehend lehrhaft, indem sie auf die Verfügbarkeit der Kunst und Kultur hinweist. Die Schüler werden erkennen, daß die Nutzung der Vorlagen („Fundstücke“) durch Verfremdung oder Uminterpretation eine ebenso reizvolle und vergleichbare Aufgabe ist wie das Verändern, Variieren und Umerzählen von Texten. Auch im Bereich der Bildenden Kunst sollten das Abmalen, Übermalen, das Hineinmalen in Bilder u. ä. als ästhetisch ebenso wertvolle Formen der Rezeption und des produktiven Umgangs mit Kunstwerken empfunden werden wie das Herstellen von Bildern unter dem Primat der Originalität.

### Lernziele

Die Schüler sollen
- das Bild von P. Brauchli als eine Form der Aktualisierung von Breugels Vorlage erkennen und beschreiben
- die mit der Art der Veränderung verbundene Absicht des Malers erkennen und in Sprache umsetzen.

### Unterrichtsverlauf

*Vorphase:*
*Besprechung der Hausaufgabe*

In dieser Stunde sollten zu Beginn noch einmal die wichtigsten Unterrichtsergebnisse der vorausgegangenen Doppelstunde wiederholt und vertieft werden. Anschließend tragen einige Schüler ihre schriftlichen Gestaltungsversuche vor. Dieses Vorlesen und nachfolgende Besprechen sollen dem Lehrer wie den Schülern aufzeigen, inwieweit der bisherige Sachverhalt, der Einsatz bildnerischer Mittel und die möglichen Intentionen des Malers erfaßt und von den Schülern in einen sinnvollen sprachlichen Zusammenhang gebracht werden konnten. Auf eine klare Abfolge der einzelnen Beobachtungen im Sinne einer Gliederung wurde bewußt verzichtet.

*Phase 1:*
*Bildpräsentation – Spontanreaktionen*

In der 1. Phase präsentieren wir das Bild von Brauchli und fordern die Schüler zu spontanen Stellungnahmen auf. Wir gehen davon aus, daß die Schüler sofort den Bezug zur Vorlage erkennen und recht impulsiv auf die Veränderung reagieren werden. Ihr Interesse wird sich sofort auf die Übermalung des Turmes richten, wobei schon in dieser Phase erste Ansätze zur Deutung dieser Veränderung zu erwarten sind.

*Phase 2:*
*Bildanalyse und Intention des Malers*

In dieser Phase erfolgt der Vergleich mit der Vorlage Breugels. Die Schüler werden ohne Anleitung sehr schnell das Gemeinsame und die Unterschiede der beiden Bilder herausstellen und über die mit der Art der Veränderung der Vorlage verbundenen Absichten des Malers diskutieren. Dabei könnten sich folgende Diskussionsthesen herauskristallisieren:

1. Der technische und materielle Aufwand für den Bau eines Kernkraftwerkes (15. Mrd. DM für KKW Kalkar!) steht oft in keinem realistischen Verhältnis zum Nutzen, den der Mensch davon hat.
2. Kernkraftwerke zerstören das Landschaftsbild und stellen trotz anderslautender Beteuerungen noch immer ein Sicherheitsrisiko für die Bevölkerung dar. Werden sie stillgelegt, stehen sie für Jahrzehnte als nutzlose und gefährliche Ruinen in der Landschaft.
3. Der Mensch von heute muß sich weitgehend den Interessen der „Atomindustrie“ unterordnen. (Vgl. mit Breugel: Rolle des Herrschers als Bauherr?) Solche Bauwerke sind ähnliche Prestigeobjekte wie Breugels Turmbau und Ausdruck der menschlichen Vermessenheit und Anmaßung, alles technisch Machbare auch tatsächlich zu realisieren, auch wenn dabei die Grenzen der ethisch-moralischen Verantwortung für Mensch und Umwelt überschritten werden (s. Wackersdorf).
4. Daß hinter der vorliegenden Collage ein sozialkritisch engagierter Künstler steht, bleibt auch einem weniger geschulten Betrachter aufgrund des charakteristischen Bildgegenstandes („Kühlturm eines KKWes“) nicht verschlossen. Noch gewaltiger und bedrohlicher wirkt nun der „verlängerte Turm“. Der Mensch mit seinem die Umwelt bedrohenden Bauwerk wird hier zur Anklage, zur Herausforderung an den Betrachter. Brauchli läßt dabei keine konsumierende Haltung aufkommen, sondern will mit seiner bildnerischen Mitteilung dem Betrachter Mißstände bewußt machen, ihn zum Nachdenken anregen.

*Phase 3:*
*Umsetzung der „Bildbotschaft“ in Sprache*

In dieser Phase sollen die Schüler das Umsetzen der bildnerischen Darstellung in Sprache üben und dabei die zum Ausdruck gebrachte Beziehung von Mensch, Macht, Verantwortung und Umwelt deutlich werden lassen. (Intentionen der Veränderungen an der Vorlage)
Eine persönliche Stellungnahme der Schüler bzw. eine Begründung, weshalb ihnen das Bild gefallen hat oder nicht, sollte die sprachliche Darstellung abrunden und zeigen, inwieweit die Schüler fähig sind, eine persönliche Beziehung zu dem Bild bzw. der „Bildnachricht“ herzustellen.

# Schreiben im Anschluß an Ganzschriften (Kinder- und Jugendbücher)

## Fachdidaktische Vorbemerkungen

Eine weitere Möglichkeit, die gewünschte Verbindung von Lesen und Schreiben herzustellen, stellt das produktionsorientierte Schreiben auf der Grundlage und als Folge literarischer Leseerlebnisse mit Kinder- und Jugendliteratur dar. Diese schon in anderen Zusammenhängen mehrfach erwähnte Kopplung von Textrezeption und Textproduktion wird inzwischen von allen Didaktikern akzeptiert und empfohlen, die praktischen Möglichkeiten des Schreibens eigener Texte im Anschluß an die Lektüre von Kinder- und Jugendbüchern werden aber noch immer nicht richtig erkannt und dementsprechend auch nur unzureichend genutzt. Mit dem Nichtvorhandensein entsprechender erprobter methodischer Modelle allein läßt sich die vielfach noch zu beobachtende Ignoranz und Ablehnung von aktiven und in den Text produktiv eingreifenden Umgangs mit Kinder- und Jugendliteratur nicht erklären. Die Ursachen für das Unbehagen im produktiven Umgang mit Jugendbüchern sind sicher recht vielschichtig.

1. Das Schreiben, das Herstellen von Texten und das Anfertigen von Klassenarbeiten sind sicher nach wie vor wichtiger und unverzichtbarer Bestandteil von Unterrichtsreihen innerhalb der Analyse von sog. Ganzschriften. Alle für die entsprechenden Klassenstufen geforderten Formen der Verschriftlichung werden aber in der Regel nach wie vor an den in den meisten Lehrplänen ausgewiesenen „tradierten Stoffen“ des Literaturkanons geübt. Bei diesen Textherstellungsprozessen beschränken sich die meisten Lehrer auf die traditionellen Formen wie Personenbeschreibung, Charakteristik und Inhaltsangabe.

2. Kinder- und Jugendbücher werden recht häufig in einer sog. „notenfreien Zeit“ behandelt, weil viele Lehrer aus verständlichen Gründen die ohnehin nur schwache Brücke zwischen dem schulischen Leseverhalten und der Privatlektüre der Schüler nicht auch noch durch die Forderung nach schriftlichen Arbeiten bzw. Leistungskontrollen in Form von Klassenarbeiten belasten wollen.

3. Andere wiederum argumentieren zu Recht, daß sich in der Regel keine 3–4 wöchige Unterrichtsreihe zu einem Kinder- und Jugendbuch organisieren läßt, die auf eine abschließende Klassenarbeit (Aufsatz) verzichten kann, weil dann jeder Deutschlehrer automatisch in einen unverantwortlichen Zeitdruck bei der Vorbereitung und Herstellung seiner weiteren schriftlichen Arbeiten geraten würde.

Weil viele Lehrer gerade im Umgang mit Kinder- und Jugendliteratur noch nicht über die erforderliche Flexibilität und Erfahrung in der Erfindung von über den Text hinausweisenden Schreibanlässe und geeignete Themen verfügen, verzichten sie lieber auf die Hereinnahme eines Kinder- und Jugendbuches in den Unterricht und praktizieren das Verfassen schriftlicher Texte lieber an tradierten literarischen Stoffen, deren normative Strukturen ihnen durch langjähriges Üben und stetes Training selbst bestens bekannt sind, so daß sie auch bei der Bewertung von Schülerleistungen weniger Schwierigkeiten befürchten.

Aus den genannten Gründen liegt die wichtigste Aufgabe der nachfolgenden Unterrichtssequenz darin, das Kinder-

und Jugendbuch als Anstoß für ein kreatives, emotionales, kritisches und argumentatives Reagieren zu erfahren. Wichtig ist nun einmal das Vorstellen und Einüben der verschiedensten Reaktionsformen auf den gelesenen Text. Haas stellt u. E. richtigerweise fest, daß Schüler und Lehrer durch die Tradition der verbalen Explikation, des Zerpflückens und Zerredens von Texten bereits so festgelegt sind, daß sie andere Formen des Sich-Verhaltens wie ein neues Alphabet erst lernen müssen.
(G. Haas, Lesen in der Schule. Ein Modell, in: Lesen in der Schule, mit dtv junior und dtv, München 1980, S. 11)
Gerade weil Lehrer in diesem Bereich Nachholbedarf verspüren, möchten wir auf die von Haas an gleicher Stelle aufgelisteten Formen des Antwortens bzw. Reagierens auf Gelesenes hinweisen:

„– In einer Art Gerichtsszene eine Person der Handlung anklagen oder verteidigen
– einen Klappentext entwerfen
– eine Besprechung des Buches schreiben
– im Brief an einen fiktiven Bekannten über die Leseeindrücke berichten
– eine entscheidende Szene des Buches umschreiben, so daß die Handlung zu einem anderen Ende gelangen muß
– einen Brief mit Fragen an den Verfasser schreiben
– mit den Figuren der Handlung eine weitere Geschichte gestalten
– ein Werbeplakat für das Buch entwerfen
– Bilder zu einzelnen Szenen malen
– Bild-Text-Collagen anfertigen
– den Text in ein Hörspiel umschreiben
– Rollenspiele konzipieren
– Berichte und Informationen über Wissenswertes zum Thema des Buches bereitstellen
. . . . .“
(G. Haas, a.a.O., S. 11/12)

Diese aktivierenden Verarbeitungsformen ließen sich sicherlich noch beliebig erweitern. Gedacht ist neben der Medientransformation, der Umformulierung und Weiterentwicklung auch insbesondere an die Aktualisierung und das Aufsuchen thematisch verwandter Erfahrungen.
Diese vielfältigen Formen des Reagierens auf Bücher ermöglichen es den Schülern, sich expressiv und personenbezogen zu identifizieren, aber auch kognitiv Stellung zu beziehen und sich gedanklich mit der jeweiligen Buchproblematik auseinanderzusetzen.
Für die nachfolgende Unterrichtssequenz ist es unabdingbare Voraussetzung, daß sie an eine Buchlektüre anschließt. Die ausnahmslos textorientierten und analytischen Verfahren und Untersuchungen (Erschließen der inhaltlichen Aussage, Handlungsstruktur, Personenkonstellation, Erzählstruktur usw.) müssen der von uns zu inszenierenden produktiven Phase vorausgegangen sein. Wir wollen in der folgenden Sequenz einige Anregungen geben, wie man Schreibprozesse fördern kann, die über den Text selbst hinausführen und die den Schülern größere Auswahlmöglichkeiten bieten und eine freiere Gestaltung ermöglichen, wobei ihre Interessen, Wünsche und Bedürfnisse doch breitere Berücksichtigung finden als beim herkömmlich verordneten Schreiben.

## Schreiben im Anschluß an die Lektüre des Jugendbuches „Die letzten Kinder von Schewenborn“

### Vorbemerkungen

Ein Buch, das sowohl die emotionalen als auch die kognitiven Produktivkräfte der Schüler in den Klassenstufen 7 und 8 wirksam anregen und entfalten kann, ist zweifelsohne die Erzählung „Die letzten Kinder von Schewenborn“ von Gudrun Pausewang aus dem Jahre 1982. (Ravensburger TB 975, 128 Seiten, 5,80 DM), für das sie mit dem „Gustav-Heinemann-Preis für

Kinder- und Jugendbücher 1984" ausgezeichnet wurde.
Die Autorin schrieb dieses Buch aus dem verzeifelten Bemühen heraus, gerade den jungen Menschen die ungeheure Gefahr bewußt zu machen, die der gesamten Menschheit durch die Erfindung und Herstellung der modernen Massenvernichtungswaffen sowie der Absicht, diese auch einzusetzen, droht. Daran kann u. E. auch die Ratifizierung des INF-Vertrages wenig ändern, denn kaum sind die ersten atomaren Mittelstreckenraketen in Europa abgebaut und verschrottet, wird in bestimmten Kreisen schon wieder ernsthaft über die Modernisierung der atomaren Kurzstreckenraketen nachgedacht. Kritiker mögen einwenden, daß gerade die jugendlichen Adressaten mit der Problematik der Erzählung (Friedensfrage, Rüstungspolitik, Einsatz und Wirkung von Nuklearwaffen usw.) überfordert seien. Gerade in diesem sensiblen und lange genug tabuisierten Bereich der Politik bietet Pausewangs Erzählung die einmalige Chance der adressatengemäßen Auseinandersetzung mit lebenswichtigen Fragen und existentiellen Problemstellungen über die Story eines jugendlichen Ich-Erzählers. Mit seiner glaubhaften und realistischen Darstellung des Verlaufs der Ereignisse nach der Explosion der Bombe mögen sich Schüler eher befassen als mit politisch verklärenden und verharmlosenden Texten und Reden zur Problematik. Aber auch zutreffende wissenschaftliche Abhandlungen und sachliche Texte dazu werden von Schülern dieser Altersstufe aus verständlichen Gründen nur ungern herangezogen. Mit den Erlebnissen des etwa gleichaltrigen Ich-Erzählers mögen sich die Schüler schon eher auseinandersetzen; diese Darstellungsform fördert das Interesse an seinen Konflikten und Problemen, die in gewisser Weise auch die des jugendlichen Lesers sind.

Grundsätzlich vermittelt Lesen Erfahrungen. So werden sich die Leser der Erzählung die Erfahrungen Rolands zu eigen machen und damit ihren eigenen Erfahrungshorizont weit überschreiten. Zugleich werden sie durch den bewußt oder unbewußt angestellten Vergleich der ihnen literarisch übermittelten Erfahrung mit ihrer eigenen, diese modifizieren, relativieren, kritisieren oder sogar recht schroff zurückweisen. Die fremde Perspektive wirkt somit durch den Leseprozeß auf die eigene zurück.

> „Im Schreiben, im Vergleichen, im Finden von Lösungen durch eigene Geschichten, im Verteidigen oder Infragestellen vollzieht sich Erkenntnis, und in diesem Prozeß vollzieht sich Lesen als mehrperspektivische, d. h. auf Kognition und Emotion, auf Rezeption und Produktion, auf Einfühlen und Verstehen, auf Denken und Handeln zielende Tätigkeit."
> (G. Haas, Meine Freunde – nur meine Freunde? Lesen, Schreiben, Spielen bei der Lektüre eines Textes zum Problem „Vorurteile", in: Praxis Deutsch, Nr. 93, Jan. 1989, S. 37)

Das in diesem Text enthaltene gedankliche und affektive Potential sowie die Erfahrungen der jugendlichen Leser wollen wir in dieser Sequenz aufgreifen und über eine weiterentwickelte Rezeption schließlich auch zu textproduktiven Verfahren gelangen, die wir allerdings nicht als nette Abschlußverzierung der Unterrichtseinheit verstanden wissen wollen. Bei der Entwicklung der Schreibaktivitäten geht es insgesamt um drei aufeinander aufbauende Verfahren:

1. Bestandteil des Analyseprozesses der Erzählung im Rahmen einer gesondert zu erstellenden Unterrichtsreihe ist die produktive und interpretatorische Auseinandersetzung und Verarbeitung von Problemen, die im Text selbst immanent dargestellt sind.
   (Z. B. Die Erzählsituation, Auswirkun-

gen eines Atomschlages, der Begriff Hoffnung, die politische Verantwortung, Recht und Gesetz, usw.)

2. Im intendierten Schreiben im Anschluß an die Lektüre der Erzählung geht es nun um die Erarbeitung und Herstellung eigenständiger Aussagen und Beurteilungen, die nicht allein auf dem Text der Erzählung basieren. Die emotionale Betroffenheit, die dieser Text auslöst, drängt geradezu nach Auseinandersetzungen in anderen Formen.
   Hier geht es um das Schreiben von Texten als Antwort auf den gelesenen Text. Dabei sollen die Schüler lernen, Sachverhalte, Gefühle und Probleme darzustellen und Möglichkeiten der Reaktion auf einen Text wahrzunehmen, um dadurch eigene Vorstellungen und Standpunkte besser zum Ausdruck zu bringen.
3. Darüber hinaus kann in einem weiteren Schreibprojekt die formale und inhaltliche Ausgestaltung von Teillösungen bzw. Teilproblemstellungen verlangt werden, wobei den Schülern eine kreative Weiterarbeit ermöglicht werden sollte.
   (z. B. Einzelne Handlungsabschnitte der Erzählung in Rollenspiele umschreiben, aus Passagen der Erzählung ein Hörspiel verfassen, ein Drehbuch zu der Erzählung verfassen, usw.)

## 29. Stunde: Auf den besorgten Brief eines Vaters einen Antwortbrief verfassen (Mat. 30) (ohne Stundenblatt)

### Vorbemerkungen

Aus der breiten Palette der entwickelbaren Schreibaktivitäten konnten wir nur eine auswählen, wobei wir den recht strengen und meist einlinigen Weg der üblichen Textinterpretation verlassen. Entgegen der in den fachdidaktischen Vorbemerkungen getroffenen didaktischen und methodischen Überlegungen läßt sich diese Schreibaufgabe auch realisieren, ohne daß die Erzählung alle Stufen und Phasen der üblichen Aneignungs- und Verstehungsprozesse durchlaufen hat. Für die von uns gewählte Form der produktiven Annäherung an den Text, das schreibende Auf-ihn-Zugehen bzw. das Antworten auf Herausforderungen des Textes direkt nach dem Leseprozeß der Schüler, haben wir einen fiktiven Schreibanlaß aufgebaut. Ein besorgter Vater schreibt einen Brief an den Deutschlehrer und fordert diesen auf, auf die Lektüre der Erzählung zu verzichten und droht im Falle des Nichtbefolgens seiner Forderung dem Lehrer Konsequenzen an. (Mat. 30) Dieser Brief ist in seiner Argumentationsstruktur bewußt so einseitig und „klischeehaft“ angelegt, daß er die Schüler nach dem Leseprozeß gerade in der Phase der größten emotionalen Betroffenheit erreicht und sie auf jeden Fall dazu motiviert, eine Antwort auf die Herausforderung dieses Briefes zu verfassen.

### Unterrichtsverlauf

*Phase 1:*
*Spontane Reaktionen der Schüler auf den Leserbrief*

Für die motivationale Schaffung des ersten Schreibanlasses empfehlen wir folgende situative Konstruktion: der Lehrer fordert die Schüler auf, sich durch das unangeleitete häusliche Lesen den Inhalt des Romans anzueignen, bzw. sich selbständig mit einem fiktiven Jugendroman auseinanderzusetzen. Der Lehrereinfluß sollte sich hierbei wirklich nur auf die zeitliche

Festlegung der Lesezeit (1–2 Wochen) erstrecken. Schließlich legt er mit den Schülern den Termin fest, wann er mit dem Prozeß der „Romananalyse" beginnen möchte. In dieser Unterrichtsstunde, in der nun der häuslichen Lektüre die Aufforderung folgt, die ersten Leseeindrücke zu artikulieren und eventuell zu fixieren, werden die Schüler mit dem „Leserbrief des besorgten Vaters" konfrontiert. Bevor die Schüler die Gelegenheit erhalten, ihre Meinungen und Einstellungen zum Roman zu äußern, macht sie der Lehrer mit der „neuen Situation" vertraut und liest ihnen den Leserbrief vor. In dieser Phase der größten emotionalen Betroffenheit wird der Leserbrief die erhoffte Wirkung nicht verfehlen und die Schüler zu spontanen Stellungnahmen herausfordern. An diesen Spontanbewertungen sollten sich möglichst alle Schüler beteiligen. Bei der sich anschließend entwikkelnden Diskussion über die „Leserbriefposition" werden die Schüler „automatisch" ihre Ersteindrücke, die höchstwahrscheinlich affektiver Natur sein werden, wiedergeben. Gerade vor dem Diskussionshintergrund des Leserbriefes und seiner völlig einseitigen Position werden die Schüler bei der Artikulation ihrer Beurteilungen und Bewertungen nicht allzu sehr zurückhaltend agieren. Über den Weg der Provokation sollte es dem Lehrer in jedem Falle gelingen, die Schüler in dieser Phase bereits zu einer ausgiebigen Diskussion des Leserbriefes zu veranlassen und sie am Ende der Stunde dazu aufzufordern, auf den Leserbrief eine persönliche Antwort zu schreiben.

*Phase 2:*
*Verfassen einer Antwort auf den Leserbrief auf der Grundlage der Ergebnisse und Erkenntnisse der Romananalyse*

Eine völlig andere Schreibsituation würde entstehen, wenn wir den zeitlichen Rahmen für die Konfrontation der Schüler mit dem Leserbrief auf einen späteren Zeitpunkt verschieben. Der Lehrer macht die Schüler auf den Sachverhalt aufmerksam, nachdem der Roman anhand traditioneller texterschließender analytischer Methoden und Verfahrensweisen (Analyse der Handlungsstrukturen, Figurenkonstellation, Funktion der Figuren, Erzählsituation, Auswirkungen eines Atomangriffes, Zusammenhang von Fiktion und Realität, Auswertung von Sachtexten zur angesprochenen Thematik, usw.) bereits erschlossen und interpretiert ist. Auf der Grundlage dieses Informations- und Erkenntnisstandes können die Schüler nun in dieser 2. Phase ganz anders an den Leserbrief „herangehen". Anhand von festgelegten Untersuchungsaufträgen (z. B. Arbeitet den Leserbrief genau durch und notiert in Stichworten, zu welchen Teilproblemen der Leserbriefverfasser Behauptungen aufstellt. / Welche nicht überzeugenden Begründungen und Aussagen enthält der Leserbrief? / Wie beurteilt ihr die Gesamttendenz des Leserbriefes?) nähern sie sich dem Leserbrief wie einem argumentativen Text und werden mit Hilfe ihrer argumentativen Kompetenz die völlig einseitige und stark gefühlsbetonte Argumentationsstruktur des Leserbriefes wohl durchschauen. (S. Teilsequenz Argumentieren, Teilband Informieren – Argumentieren, Klettbuch 927325)
Im Unterrichtsgespräch kann der Lehrer nun jede Aussage / Behauptung des Verfassers vor dem Hintergrund der argumentativ ausgebauten „Rezipientenrolle" der Schüler genau überprüfen lassen. Schließlich werden die Schüler aufgefordert, die Aussagen und Begründungen entsprechend zu entkräften bzw. zu widerlegen, dem Verfasser die Mängel und Fehler in seiner Beweisführung aufzuzeigen. Nach der erfolgten Beurteilung und Bewertung des Leserbriefes im mündlichen

Gespräch, sollte der Lehrer den schriftlichen Schreibauftrag konkretisieren: Wir verfassen gemeinsam eine Antwort als Leserbrief auf den Leserbrief des besorgten Vaters.

Dabei sollte der Lehrer auf zwei wichtige Bedingungen hinweisen:

1. Der Antwortbrief muß so abgefaßt werden, daß sich alle Schüler der Klasse mit dem Inhalt „identifizieren“ können. Dies setzt voraus, daß die Möglichkeit der Darstellung verschiedener Standpunkte zu diesem Sachverhalt gewährleistet und kein Schüler gezwungen wird, gegen seine Überzeugung zu schreiben.
2. Obwohl in Leserbriefen die Verfasser immer persönlich Stellung nehmen, sollen sich die Schüler darum bemühen, den Antwortbrief sachlich und argumentativ zu gestalten.
   Dies setzt u. a. voraus, daß die Schüler während und nach der schulischen Textaneignungsphase zu der Thematik des Romans sich auch selbständig Informationen und Fakten beschafft haben, die sie nun intentionsgemäß in den Leserbrief „einarbeiten“ können.

## Fachdidaktische Vorbemerkungen

Als wir uns im Kreise unserer Kollegen nach Erfahrungen mit der Aufsatzart **Schildern** umhörten, ergab das Ergebnis der kleinen informellen Umfrage an mehreren Schulen, daß alle Befragten die Aufsatzform ‚Schilderung' aus ihrem Kanon verbannt hatten, seit dem sie nicht mehr explizit vom Lehrplan gefordert wurde. Das Schildern gilt als antiquiert bis nutzlos und ist bei Deutschlehrern durchgängig verpönt. Fragt man nach den Ursachen, sprudelt es von heiteren Anekdoten und von Gedächtniszitaten sog. „unmöglicher Themen" in Hülle und Fülle. Das Schildern ist „out", weil alle befragten Kollegen damit schlechte Erfahrungen gemacht haben: Die Gruppe der heute 30–40jährigen überwiegend in ihrer gymnasialen Schulzeit in den 60er Jahren, die entsprechend älteren Jahrgänge darüberhinaus zur gleichen Zeit als Referendare und in den ersten Berufsjahren.

Die Aversionen gegen diese literarische Technik und die davon abgeleitete Aufsatzform werden verständlich, wenn man sich die führenden Lehrwerke dieser Zeit ansieht. Hauptverantwortlich ist wohl der Marktführer gymnasialen Sprachunterrichts der 50er und 60er Jahre, der „Rahn-Pfleiderer". So wird z. B. in „Deutsche Spracherziehung 3, Stuttgart (Klett) 12. Aufl., 1965" auf den Seiten 13–17 dargelegt, was Schildern heißt.

> „Schildern heißt ursprünglich soviel wie malen, nämlich ein Erlebnis ausmalen mit bildhafter Anschaulichkeit, so daß der Leser den Inhalt selbst miterlebt. Eine Schilderung soll deshalb ein Bild geben, das zwar nicht mit Farben und Linien, wohl aber mit Worten ein Erlebnis eindrucksvoll darstellt." (Rahn-Pfleiderer, 12. Aufl. 1965, S. 13)

Es ist nicht diese Definition, sondern vielmehr die grauenhafte Textauswahl, die bis heute nachhaltig wirkt:

„Tannennadeln im Feuer"
„Lagerfeuer" (dabei erklingt das Lied „Flamme empor")
„Im Sommer allein auf der Landstraße"
„Wie ich einmal versucht habe zu pflügen"
„Herbsterlebnis".

Diese Texte, ebenso wie andere aus Sprachbüchern dieser Zeit (vgl. z. B.: Spracherziehung, Ausgabe B, Band IV, Frankfurt/Main (Diesterweg) 9. Aufl. 1975, S. 14 ff.), sind Ursache für das Ausklammern einer Mischform, die zwischen Erzählen und Beschreiben angesiedelt ist, subjektive Darstellung fordert und recht frei in der Wahl der sprachlichen Mittel ist. Aber diese grundsätzlich reizvolle Darstellungsform wird durch eine Textauswahl desavouiert, deren schwülstige Sprache heute noch bestenfalls als Realsatire gewertet wird und bei Schülern wie Lehrern Heiterkeitserfolge zeitigt.

Die Mischform Schilderung wird dann auch noch einer unnötig minutiös gestalteten Differenzierung unterzogen, indem streng nach „Erlebnisschilderungen", „Naturschilderungen" und „Schildern in der Erzählung" unterschieden wird (vgl. Rahn-Pfleiderer, Deutsche Spracherziehung, Ausgabe B, Teil IV, 5. Aufl. 1967, S. 20 ff.). Im kontrastiven Demonstrieren des Unterschiedes zwischen sachlicher Beschreibung und gefühlvoller Schilderung werden wiederum unendlich kitschige Paradigmen präsentiert, wobei im Anleitungstext noch vor Übertreibung und Kitsch gewarnt wird.

Die Nachfolgegeneration der Sprachbücher tilgt weitgehend das Herstellen von Schilderungen aus ihrem Repertoire und arbeitet fast nur noch streng germanistisch-analytisch. In „Hirschenauer, Verstehen und Gestalten, Deutsches Sprachbuch für Gymnasien, 3. Band – 7. Klasse/Quarta –, München (Oldenbourg) $^{2}$1970, S. 63 ff.) wird nun exakt zwischen Erlebniserzählung und -schilderung unterschieden, äußere Erlebnisse werden von inneren Vorgängen getrennt, um am Ende zu einer allseits bekannten Definition zu gelangen:

> „Als Erlebnisschilderung bezeichnen wir die packende Darstellung eines Erlebniskerns; äußere Geschehnisse sowie Empfindungen und Gedanken werden unmittelbar veranschaulicht. Als besondere Stilmittel können Ausrufe und nicht vollendete Sätze (Satzbruchstücke = Ellipsen) dienen. Die Erlebnisschilderung kann durchweg im Präsens stehen. Einleitung und Schluß können fehlen.“ (a.o.O., S. 66)

Die Arbeitsaufträge sind weitgehend analytisch, nur beiläufig wird eigenes Schreiben angeregt.

Das „Sprachbuch Wort und Sinn 8, Paderborn (Schöningh) 1979, S. 75 ff.“ meint, nun Fortschritte zu erzielen, wenn es Schildern anhand der erzähltheoretischen Termini „Stimmungsträger“ und „Motiv“ erläutert. Zwar liest sich dies – in für Schüler dieser Altersgruppe unverständlicher Diktion vorgetragen – sehr wissenschaftlich und mündet dann in altbekannten Themenvorschlägen:

Ein trüber Regentag – Nebel – Ein Gewitter zieht auf – Tauwetter – Am Fluß usw. (vgl. a.o.O., S. 77).

Hilfreich ist aber die nun getroffene Feststellung:

> „Schilderungen sind als selbständige, isoliert für sich bestehende Darstellungen relativ selten anzutreffen. In der Regel sind sie eingebunden in Erzählzusammenhänge, in denen sie eine Aufgabe übernehmen: Sie leiten häufige Erzählzusammenhänge ein, bereiten auf einen Höhe- und Wendepunkt einer erzählten Handlung vor, schließen einen Handlungszusammenhang zusammenfassend oder kontrastierend ab.“ (a.o.O., S. 77)

Der erste notwendige Schritt ist damit getan, indem Schildern als literarische Technik im Rahmen des Erzählens erkannt wird. Leider fehlen hierzu noch die praktischen Folgerungen für den Aufsatzunterricht, weil man bei rein analytischer Textarbeit stehenbleibt.

Einen Wandel bringt u. E. „praxis sprache 8 R/Gy, Braunschweig (Westermann) 1980, S. 59 ff.“, indem eine gelungene Synthese von Analyse und einigermaßen schülernahen Schreibaufträgen präsentiert wird. Auf der definitorischen Ebene greift man zurecht Tradiertes auf und gibt verständlich, in Abgrenzung zu Berichten und Erzählen, wieder, was Schildern meint:

> „Wer berichtet, will ein Geschehen vor allem so wiedergeben, wie er es beobachtet hat.
> Wer erzählt, will ein Geschehen so wiedergeben, daß es die Zuhörer interessiert und fesselt.
> Wer schildert, will gleichsam in einem Bild vorstellen. Er gibt seinen Eindruck von einer Situation, einer Landschaft, einem Menschen wieder. Eigene Gedanken und Stimmungen sind dabei wichtig. Schildern heißt deshalb auch: sich selber besser kennenlernen.“ (a.o.O., S. 59)

Pragmatisch und beispielhaft wird die Mustersituation „Vor der ersten Stunde“ dargestellt, die Themenvorschläge berühren alltägliche Situationen, die jeder Schüler erlebt haben könnte:

Vor einem Fußballspiel – Im Wartezimmer beim Arzt – Im überfüllten Bus etc.

Abrundung und Erweiterung erfährt die Sequenz durch ein treffend ausgewähltes Beispiel aus Siegfried Lenz' „Heimatmuseum“, wo Landschaft, Räume und eine markante Person ohne schwülstige Sprachmerkmale dargestellt werden. Ge-

naue Textanalyse ohne philologische Exzesse schafft u. U. Leseanreize.
Das Sprachbuch „Sprachschlüssel A/B 8, Stuttgart (Klett) 1985, S. 40–50" strebt in einer Sequenz „Schildern / Beschreiben" an:

> „Subjektive Sicht und verweilende Betrachtungen als Grundhaltungen des Schildern kennenlernen: die Schilderung von der rein sachbezogenen Beschreibung unterscheiden, dazu die dem Schildern gemäßen sprachlichen Mittel kennen- und anwenden lernen; an Textbeispielen ermitteln, welche Wirkungsabsichten mit Schilderungen verbunden sein können; zu vorgegebenen und selbstgewählten Situationen Schilderungen schreiben; literarische Schilderungen auf der Grundlage des Gelernten lesen und verstehen." (a.a.O., S. 2)

Umgesetzt wird dies an der Thematik „Wasser-Straßen", indem ein Segeltörn einer Schulklasse im Ijsselmeer dargestellt wird. Neben dem Kontrast zum Beschreiben wird dabei dem Kriterium der Subjektivität besondere Aufmerksamkeit geschenkt. Fortgesetzt wird dies am Beispiel „Straße als Lebensraum" und der Thematik „Wasser-Straßen"; hierzu werden literarische Beispiele von Ludwig Fels, Siegfried Lenz und Heinrich Böll präsentiert und sollen als Paradigma für eigene Versuche Anreize bereitstellen.
Fassen wir zusammen:
Die Erlebnisse im Literaturunterricht der 60er Jahre bezüglich des Schilderns und die damit verbundenen Textbeispiele und Aufsatzthemen wirken sich noch heute abschreckend auf Lehrer und deren „opinion leader" (z. B. Fachleiter in der Lehrerausbildung, Referenten in der Lehrerfortbildung, Fachdidaktiker an den Hochschulen, Schulbuchautoren und Verlagsredakteure) aus. Die internalisierten Aversionen werden noch verstärkt, wenn konservative Bildungspolitiker der „Enkel-Generation" das Schildern aus der Adenauer-Ära wieder verbindlich in die Lehrpläne hineinschreiben lassen wollen. Die Beschränkung auf die Textanalyse in den 70er Jahren muß als Fehlentwicklung zurückgenommen werden, nicht weil sie die Schilderung als Aufsatzform ausklammerte, sondern weil sie durch ihre trockene philologische Akribie den Spaß am Lesen nahm und keine aufsatzdidaktischen Konsequenzen entwickelte. Die positiven Ansätze der Sprachbücher der 80er Jahre bleiben – leider! – wegen der beschriebenen Aversionen weitgehend unbeachtet und müssen für die Zukunft ausgebaut und erweitert werden.
Es stellt sich nun die „Gretchenfrage", wie wir es in den „Stundenblättern Aufsatz" mit dem Schildern halten?
Das Schildern ist für uns eine wesentliche literarische Technik – auch wenn dieses Stichwort nicht einmal in Gero von Wilperts „Sachwörterbuch der Literatur" Eingang gefunden hat –, die sich auch in der Aufsatzerziehung niederschlagen sollte. Dabei hat die Technik des Schilderns Vorrang vor der Darstellungsform „Schilderung", die meistens ein künstliches Produkt des Aufsatzunterrichtes ist. Schildern ist deswegen didaktisch legitimiert, da diese Technik in jeglicher erzählender Literatur – natürlich qualitativ und quantitativ verschieden – anzutreffen ist, auch in den Texten, die Jugendliche vor allem rezipieren: Jugendliteratur, vorwiegend auch der mit unterhaltendem Charakter; Gebrauchsliteratur wie Krimis und „love stories"; journalistischen Texten (z. B. Reportagen von Sport- und Musikereignissen in Jugendzeitschriften, Schülerzeitungen etc.); aber auch vermehrt in „alternativen Szene-Texten", vorwiegend der sog. „neuen Innerlichkeit".
Schildern heißt Betonung der Subjektivität, grenzt sich ab von der nackten Sachlichkeit, korrigiert deren Überbetonung, konterkariert und kompensiert reinen Ac-

tionbezug und übertriebene Nüchternheit in der Darstellung, trägt durch die Subjektivität zur Auseinandersetzung mit Anderem, mit Fremdem und damit auch zur Ich-Findung bei. Schildern ermöglicht die relative Freiheit im Umgang mit sprachlichen Mitteln, eröffnet die Auswahl aus einem Repertoire lexikalischer und syntaktischer, ja sogar rhetorischer Mittel zu individuellen Zwecken. Schildern beinhaltet den „Reiz der Mischform", d. h. den Reiz des Ungebundenen, der freien Wahl der Mittel, des „Nicht-eingebundenseins" in eine starre Form der Darstellung. Im Schildern finden Schüler Gelegenheit, sich in der Darstellung von Fiktionalem mit realem Bezug zu üben; es erlaubt, ja fordert das Mit-Teilen von Eindrücken und Stimmungen, setzt Impressionen und impressionistische Wiedergabe nüchterner Sachlichkeit entgegen und erreicht damit oft mehr Eindringlichkeit.

Das Schildern von Räumen und Landschaften fordert heraus zur Begegnung mit der Lebenswelt, der Umwelt – und dies kann heute nicht mehr die Idylle des überkommenen Literaturunterrichtes der Gründerzeit unserer Republik sein. Schildern von Menschen gibt Gelegenheit zum Portrait, zur subjektiven Betrachtung, zur Auseinandersetzung mit der Person des Gegenübers.

Die Umsetzung dieses Plädoyers für ein „neues (?)" Schildern fordert die Frage nach dem „Sitz im Leben" im Unterricht. Es ist dem Schildern nicht damit gedient, daß es als obligatorische Darstellungsform mit Anspruch auf Klassenarbeiten in Lehrplänen zementiert und damit erneut pervertiert wird. Vielmehr ist Schildern eher im sog. „pädagogischen Freiraum" des DU anzusiedeln, analog dem zu gestalten, was in diesem Band unter der Rubrik „freieres Schreiben" erscheint.

Will man Schildern als Bestandteil des Erzählens nicht nur analytisch betrachten, so ist dies konsequent nur im Rahmen „literarischen Projektunterrichtes" möglich, wo auch längere Erzählformen geschrieben werden können. So bleibt wohl im alltäglichen Unterricht oft nur der Rückgriff auf „isoliertes Schildern" übrig, quasi als exemplarische Studie und Versuch. Doch auch hier bietet sich die Möglichkeit zur anknüpfenden Textherstellung im Anschluß an die Analyse (jugendspezifischer) literarischer Texte: das Fortsetzen, das Analogisieren. Wählt man die Thematik schülernah und wirklichkeitsnah (vgl. die Ansätze in den neueren Sprachbüchern), so können z. B. journalistisch-schildernde Texte aus dem eigenen Erlebten entstehen: in bezug auf Wandertage, Klassenfahrten, Exkursionen, Besichtigungen, herausragenden Ereignissen im Schulleben (Sportfest, Spielefest, Fußballturnier, Entlassungsfeier, Faschingsfest, Schultheater etc.). Das Verlesen der Texte mit (unterschiedlicher) subjektiver Färbung kann Freude bereiten und zu Toleranz erziehen.

## Aufbau der Sequenz

Vor dem Hintergrund der in den fachdidaktischen Vorbemerkungen aufgezeigten Möglichkeiten und Perspektiven wirkt die in den Stundenblättern ausgearbeitete Sequenz äußerst bescheiden, da wir uns hier auf das im alltäglichen DU Machbare beschränken müssen und projektorientierte extensive Kurse im Schildern ausklammern, was sich adäquat nur im breiteren Rahmen (z. B. im Themenheft einer Fachzeitschrift) entfalten ließe. Die Reduktion auf das alltäglich Machbare beinhaltet aber immerhin eine Doppelstunde, in der anhand eines einleitenden Ausschnittes aus einem altersgemäßen literarischen Text (Theodor Weißenborn, Die

Welt im Haigerloh = Mat. 31) zuerst einmal die Merkmale schildernder Darstellung erarbeitet werden.
In den zwei Anfangsabschnitten seiner kurzen Erzählung schildert der Autor eindringlich eine Landschaft, einen Lebensraum, das Biotop eines Menschen, dessen Person im nächsten Abschnitt skizziert dargestellt erscheint. Der Text ermöglicht es, wesentliche Merkmale des Schilderns zu erkennen und diese von der nüchternen Beschreibung zu unterscheiden. Der Schüler hat diesen Kontrast selbt zu entwikkeln, um inhaltliche und sprachliche Merkmale der Subjektivität des Dargestellten zu erkennen. Zugleich wird die Basis des Schilderns deutlich: detailgetreue Beobachtung bei gezielter Auswahl des Dargestellten. Die Analyse eröffnet zugleich Schreibanlässe, um analoge (nicht imitierende!) Gestaltung zu ermöglichen: Das Schildern eines Lebensraumes nach Beobachtung im Unterrichtsgang; das Schildern einer Person, die medial beschrieben wurde.
Eine weitere ausgearbeitete Stunde untersucht die Schilderung einer Person im Rahmen einer Erzählung, um sofort in die Fortsetzung derselben mit den Stilmitteln des Originales einzumünden.
Im Anschluß daran sind einige Anregungen für exemplarisches Schildern von Erlebtem aufgelistet und angedeutet. Dieser Teil soll als Ideenlieferant verstanden werden. Die Prämisse, daß den Schülern nur die Schilderung von tatsächlich Erlebtem abverlangt werden soll, verbietet es aber, hierzu exakt eine Stunde auszuarbeiten. Die Basis für die stilistische Gestaltung wurde anhand der Analyse der literarischen Muster gelegt, die Themen für die Schilderungen müssen aber aus dem schulischen Kontext der jeweiligen Lerngruppe erwachsen und können nur skizziert werden.

## 30./31. Stunde: Schildern, eine literarische Technik (Mat. 31)

### Vorbemerkungen

Schildern ist nur in seltenen Fällen isoliert anzutreffen, in der Regel wird es im Rahmen einer Erzählhandlung vom Autor eingesetzt. Dort werden mit dieser Technik häufig Erzählzusammenhänge expositorisch eingeleitet, indem der Leser nicht durch nüchternes Beschreiben, sondern durch subjektive Darstellung atmosphärisch dicht eingestimmt wird. Landschaften / Räume und Personen werden mit dieser Technik impressionistisch, eindringlich, „hautnah“ und nicht emotional distanziert vorgestellt, vor dem Leser erscheint ein inneres Bild, in dem die Handlung angesiedelt ist. Die Sprache ist nicht von Sachlichkeit, sondern von Gefühlsäußerungen getragen, vermittelt meist parteiliche Teilhabe. Der Schilderer orientiert sich nicht an dokumentarischer Genauigkeit, sondern er gibt – gleichsam wie die Kamera und die Begleitmusik in einer Spielfilmsequenz – einen Eindruck wieder. Dazu wählt er bestimmte Ausschnitte, verweilt mitunter im Detail, sogar im scheinbar Nebensächlichen, das er mit eigenen sprachlichen Mitteln darstellt. Das Repertoire der sprachlichen Mittel ist dabei vielfältig und nicht eindeutig festzulegen. Zum Schildern gehören stimmungsgeladene Lexik und eine von den Normen der Sachlichkeit abweichende Syntax, mitunter der Einsatz rhetorischer Figuren. Schildern bedarf des subtilen Einsatzes der Mittel, um für heutiges Verständnis nicht zuviel Pathos zu entfalten, um nicht in Kitsch abzugleiten. Die Lexik des Schilderns spiegelt sich in der Regel in stimmungsvollen Substantiven und vor allem Adjektiven wider, ergänzt werden diese durch adäquate, d. h. Stimmungen treffende Verben. Die Syntax weicht dabei häufig von grammatikalischen Grundregeln ab, enthält Inversionen, Brüche oder gar Ellipsen, ist formal wie inhaltlich nicht sachlich-logisch, sondern zielt auf Wirkung ab, ist gleichsam rhetorisch, sucht mitunter den (stummen) Dialog mit dem Leser. Es ist Aufgabe dieser Doppelstunde, auf analytischem Wege diese Elemente des Schilderns im wesentlichen zu erfassen, sie als eine Technik in der Palette der Möglichkeiten des Erzählens darzustellen.

Dies wird anhand eines Ausschnittes aus einer Erzählung von Theodor Weißenborn („Die Welt im Haigerloh"), der als Mat. 31 im Materialteil abgedruckt ist, vollzogen. Wir haben die Eingangssequenz, die ersten drei Abschnitte, aus dem Text entnommen, die den Leser expositorisch auf die Handlung einstimmt. Zum besseren Verständnis sei an dieser Stelle der Inhalt der Erzählung (vollständig abgedruckt in: Leseheft Theodor Weißenborn, Die Sache mit Dad und andere Erzählungen. Stuttgart [Klett, Nr. 26153] [1]1986. S. 55–61) kurz wiedergegeben:

In einer Industrieregion in Nordrhein-Westfalen lebt der 50jährige Josef Heinen, der beim Kreisbauamt als Bote beschäftigt ist, zusammen mit seiner älteren, ebenfalls unverheirateten Schwester Louise, die z. Zt. der Handlung todkrank im Krankenhaus liegt. Josef Heinen ist leicht geh- und sprachbehindert (genannt „Stottrerjosef") und hält sich oft in der ‚Haigerloh' genannten Gegend auf, wo die Natur unbewohnt geblieben ist, in der Umgebung nicht mehr genutzter Industrieanlagen. Hier hat Heinen einen Lebensraum für Tiere geschaffen, die er vor der Tötung durch Menschen gerettet hat. Im wesentlichen sind es Hunde und Katzen, die er vor dem Ertränken durch ihre Besitzer gerettet hat. Die Ursachen für diese Handlungsweise liegen in der Kindheit des Mannes begründet, dessen gewalttätiger und trunksüchtiger Vater unnachgiebig den Nachwuchs der Haustiere getötet hat. Als ein Streckenläufer der Bahn Josefs Lebenswerk, sein Reservat für geschundene Tiere, zerstört, tötet Heinen diesen Eindringling. Er wird festgenommen, verurteilt und eingewiesen in eine Einrichtung der forensischen Psychiatrie. Dort verliert er die Mitte seines Lebens, den Respekt vor dem Leben der Kreatur, macht also Heilungsfortschritte.

Die ersten drei Abschnitte leiten in die Handlung ein, indem der Raum, das Haigerloh, die Hauptfigur Josef Heinen und der Bezug beider zueinander schildernd dargestellt werden.

Der Text beginnt mit Ortsangaben, nennt Namen von angrenzenden Ortschaften und die Nummer einer Kreisstraße. Doch gleich im Anschluß greift der Erzähler zu bildhaften Darstellungsformen, nennt Schienen, stillgelegte Zechen, Mülldepots und Halden als Charakteristika einer Landschaft, die vom Menschen geprägt ist, die aber zugleich als „Wüstenei" belassen ist, Freiraum für Phantasie („unerforschtes Land für Indianerspiele") bietet, Biotop für Pflanzen und Tiere ist („weht braunes Schottergras", „brütet das Rebhuhn", „ringeln sich Nattern" usw.). Die Betrachtung verweilt im Detail („huschen Salamander durchs Gesträuch und liegen im langen Mittag, sanft die Flanken hebend, still atmend auf den weißen Scherben aus Gestein."), wird ironisch-liebevoll idyllisiert („kreuzen Fuchs und Hase ihre Wege") und erscheint das Haigerloh als Relikt einer vergangenen Zeit. Wie bei einer Bildbetrachtung, die dem subjektiven Blick des Betrachters folgt, wechseln Detail und Überblick, Zentrum und Hintergrund einander ab, gibt der Erzähler das für ihn Wesentliche wieder und läßt beim Leser ein eigenes Bild entstehen. Dazu verwendet er lange Sätze, die aus einer Aufzählung vieler kurzer Hauptsätze entstehen und sich alle auf das Haigerloh beziehen. Dazu kommen reichlich, aber nicht übermäßig, Adjektive und Verben voller Bildhaftigkeit, wobei die Substantive die Elemente des Gemäldes repräsentieren. Mitunter findet sich ein Wortspiel („ringeln sich Nattern") oder eine Metapher („geduckt in Mulden", „blüht kleiner Wohlstand"). Insgesamt könnten alle Impressionen genausogut als Stichwortaufzählung aufgelistet erscheinen und ergäben doch ihre phantasievolle Wirkung.

Der folgende Abschnitt widmet sich der Hauptfigur Josef Heinen, die der Leser, der direkt angesprochen wird, nie gekannt hat. In scheinbar willkürlicher Reihenfolge werden biografische Fakten aufgezählt, syntaktisch der Landschaftsschilderung gleich gestaltet. Heinen ist 50 Jahre alt, hier zur Schule gegangen, arbeitet beim Kreisbauamt als Bote, raucht Stumpen, ist leicht gehbehindert, stottert, lebt als Junggeselle mit seiner älteren Schwester im Elternhaus im Dümpelfelde 9, fährt Mofa und wird als scheu und wortkarg charakterisiert. Nach einem knappen biografischen Rückblick wird die gegenwärtige Situation dargestellt, in der Louise todkrank im Krankenhaus liegt, dort von ihrem Bruder fast täglich besucht wird. Louise sorgt sich um ihren Bruder, der, alleingelassen mit Hund und Katze, äußerlich verwahrlosen könnte („sorgt sich um den Bruder, der aus Dosen ißt"). Die Geschwister verstehen sich wortlos, bedürfen keiner Worte. Weißenborn schafft mit den gleichen stilistischen Mitteln wie im ersten Abschnitt beim Leser ein plastisches Bild von einem einfachen Menschen, einem Sonderling, der von seiner harten Jugend mit dem gewalttätigen Vater geprägt ist.

Der dritte Abschnitt verknüpft unter Beibehaltung der sprachlichen Mittel Landschaft und Person: Diese Wüstenei bedeutet für „Stottrerjosef" Freiheit, ist Lebensraum, der von andern verachtet und gemieden ist, weil er wertlos erscheint, und deshalb ist das Haigerloh für den Einzelgänger der Raum zur Selbstverwirklichung. Und nun setzt die Erzählhandlung ein, greift in die Biografie Heinens zurück und entfaltet spannungsgeladen die eigentliche Geschichte.

An dieser Stelle lassen wir den Textausschnitt enden, um ihn als Material für eine Analyse der schildernden Mittel zu nutzen und ggf. den Schülern die Möglichkeit zur selbständigen Fortsetzung zu geben.

Das didaktische Konzept der Doppelstunde sieht vor, die schildernden Elemente dadurch zu erarbeiten, daß zunächst dem Text die reinen Sachinformationen entnommen werden, diese dann von den Schülern selbst mit den sprachlichen Mitteln der Information (Beschreiben) dargestellt werden, um so die Subjektivität der Auswahl und die Unterschiede zwischen Schildern und Beschreiben in inhaltlicher wie sprachlicher Hinsicht zu erfassen. Indem die Schüler ihre inneren Bilder beschreiben, sie wie für eine Filmsequenz aufbereiten, werden sie sensibel für die sprachlichen Elemente, die anschließend (ohne falsche philologische Akribie) analysiert werden. Die Analyse und das Verstehen der literarischen Technik, aber vor allem auch der Reiz, der vom Text ausgeht, ermöglichen dann einen Schreibanlaß: die Fortsetzung der expositorisch eingeleiteten Geschichte aus eigener Phantasie, ggf. unter Einsatz der in der Exposition verwendeten Mittel.

## Lernziele

Die Schüler sollen
- die Elemente der Landschafts- und der Personenschilderung mit der Sprache der Information wiedergeben
- erkennen, daß der Erzähler subjektive Ausschnitte auswählt
- die wesentlichen sprachlichen Mittel des Schilderns erkennen und beschreiben
- sich der Wirkung des Schilderns bewußt werden, indem die inneren Bilder, die sich beim Lesen entwickeln, ansatzweise für das Medium Film umgesetzt werden: Verbalisieren der inneren Filmbilder
- auf der Basis der Exposition die Erzählhandlung selbständig entfalten.

## Unterrichtsverlauf

*Phase 1:*
*Textpräsentation / spontane Reaktionen*

Da der Text aufgrund seiner syntaktischen Struktur einen geübten Leser voraussetzt und sich über das Lesen die Stimmung auch auf die Zuhörer überträgt, sollte der Lehrer selbst den Text vortragen. Im Anschluß daran sollen die Schüler unangeleitet ihre Einstellungen zum Text vortragen. Bei der Präsentation ist es sinnvoll, sich auf die ersten beiden Abschnitte zu beschränken, die rein schildernd sind und Spannung bzw. Erwartungen für die weitere Handlung aufbauen. Es ist zu erwarten, daß die Schüler sich zur Person des Josef Heinen, zur Landschaft und zum Fortgang der Handlung äußern werden.

*Phase 2:*
*Textinformationen herausfiltern und sachlich formulieren*

Die Verdeutlichung der Technik ‚Schildern' muß in Abgrenzung zum sachlichen Beschreiben erfolgen. Häufig wurde dies mit themengleichen, oftmals sehr konstruierten Kontrasttexten versucht. Wir halten es für sinnvoller, daß die Schüler aus dem schildernden Text zunächst einmal die vorhandenen Informationen entnehmen, diese selbständig in die Sprache des Informierens transponieren und somit auf induktivem Wege zum Kontrast gelangen. Aus unterrichtsökonomischen Erwägungen bietet sich hier ein arbeitsteiliges Vorgehen an:
Gruppe I untersucht in Stillarbeit den 1. Abschnitt (Landschaftsschilderung), Gruppe 2 bearbeitet den 2. Abschnitt (Personenschilderung). Während sich bei der Landschaftsschilderung wohl nur eine Aufzählung mit vielen Details erstellen läßt, kann man die Personenschilderung durchaus in Form eines tabellarischen Lebenslaufes wiedergeben. Im Unterrichtsgespräch zur Auswertung der Stillarbeit ist es unbedingt erforderlich, daß die Fülle der Textinformationen in einer sachlichen Sprache, die sich vom Original abgrenzt, dargestellt wird (z. B. „Familienstand: ledig" statt „Junggeselle"; „landwirtschaftlicher Nebenerwerb" statt „Selbstversorger mit Rind und Schwein, fünf Morgen Ackerland"). Die Ergebnisse sollte man in Tabellen / Stichwortlisten als Tafelanschrieb festhalten, da sie im nächsten Arbeitsgang (= Phase 3) benötigt werden.

*Phase 3:*
*Subjektivität der Darstellung*

Die Subjektivität des Schilderns soll im Kontrast zu den Ergebnissen der Phase 2 erarbeitet werden. Zunächst werden die

Schüler mit der Aufgabe konfrontiert, die Landschaft in Form einer Planskizze darzustellen. Obwohl die in Phase 2 vorgenommene Textanalyse eine Fülle an Informationen bereitgestellt hat, läßt sich keine exakte Skizze erarbeiten.
Zwar hat sich wohl jeder Schüler ein inneres Bild vom Haigerloh gemacht, jedoch erlaubt die Schilderung keine Planskizze, wie es eine exakte Ortsbeschreibung ergeben hätte. Durch diesen Arbeitsauftrag, der sich nicht von den Schülern realisieren läßt, wird deutlich, daß es dem Erzähler/Autor nicht um eine genaue Beschreibung, sondern um eine impressionistische Darstellung geht, die die Phantasie des Lesers einbezieht.
Durch das Numerieren der Fakten zu Josef Heinen in der Reihenfolge des Textes wird sehr augenfällig, daß auch hier ein lückenloser Lebenslauf nicht das Ziel der Darstellung ist. Ebenso enthält der Abschnitt, wenn man einen rein sachlich-objektiven Maßstab anlegt, eine Fülle scheinbar nebensächlicher Details. Dies sollte mit den Schülern, die zur Bewertung der Relevanz einzelner Elemente sicher unterschiedliche Meinungen entwickeln, hinreichend diskutiert werden. Und auch hier sollen die Schüler anschließend ihre subjektive Vorstellung von „Stottrerjosef" artikulieren. Dabei wird sich sicher zeigen, wie sehr die „Bilder" von Vorerfahrungen geprägt sind, wie sich Schüler an Personen aus ihrem Lebenskreis erinnert fühlen usw. Es ist nicht notwendig, diese Phase mit einer Ergebnissicherung in Gestalt eines Merktextes abzuschließen; wichtiger ist vielmehr, daß das Gefühl von Subjektivität, bei den Lesern wie im Text, anhand der Gespräche über Person und Landschaft erfahren wird.

*Phase 4:*
*Funktion der Schilderung*

Indem die Schüler sich nun mit dem 3. Abschnitt beschäftigen, wird die Funktion der beiden vorhergehenden deutlich. Obwohl noch keine eigentliche Handlung einsetzt, erkennen die Schüler sehr leicht, wie Person und Landschaft in Beziehung gesetzt werden und daß jetzt bald „etwas passieren muß". Aus ihrer Erfahrung im Umgang mit Texten können die Schüler ableiten, daß es sich um eine „Einleitung" handelt. Im Unterrichtsgespräch sollte deshalb noch einmal erarbeitet werden, daß es dem Autor vor allem darum geht, den Leser auf die Handlung einzustimmen, seine Phantasie anzukurbeln, um Verständnis für das Handeln der Person zu werben.

*Phase 5:*
*Sprachliche Elemente*

Nachdem bislang das „Was" und „Warum" des Schilderns im Vordergrund stand, wird es jetzt notwendig, das „Wie" genauer zu analysieren, nämlich die möglichen sprachlichen Mittel festzustellen. Dabei ist es notwendig, darauf zu achten, daß die bisher praktizierte Methode, den Text auf die Schüler wirken zu lassen und so die Intention erfahrbar werden zu lassen, jetzt nicht in philologisches Sezieren oder gar in verkappten Grammatikunterricht umschlägt. Um das Pensum überschaubarer zu gestalten, bietet sich eine arbeitsteilige Gruppenarbeit an. Dabei soll Gruppe 1 über das Lesen des Textes herausfinden, wie die Syntax gestaltet ist. Es ist sinnvoller, daß die Schüler anhand der notwendigen Atemtechnik erkennen, wie hier in für sie ungewohnter Weise, vergleichbar einer Aufzählung, die Elemente der Landschafts- und Personenschilderung erscheinen, als hier mit Satzbaubeschreibungstechniken zu arbeiten.

Gruppe 2 dagegen soll im Text markante Adjektive und Partizipien aufspüren, deren lexikalisches Umfeld betrachten, um die Wirkung der lexikalischen Mittel mit eigenen Worten zu beschreiben. Bei der Auswertung im Unterrichtsgespräch sollte(n) die Gruppe(n) einige treffende Beispiele vorstellen und mit der Klasse diskutieren.
Gruppe 3 geht analog vor, indem sie sich den Verben zuwendet und gleichzeitig das Tempus untersucht.
Im Anschluß an die Vorstellung der Gruppenergebnisse werden im Unterrichtsgespräch arbeitsgleich zwei rhetorische Figuren – ohne natürlich diesen Begriff einführen zu müssen – angesprochen. Hierzu bieten sich das leicht verständliche Wortspiel „ringeln sich Nattern“ und die Anspielung „kreuzen Fuchs und Hase ihre Wege“ an. Die beiden Beispiele verdeutlichen anschaulich den spielerisch-amüsanten Umgang des Autors mit der Sprache.

*Phase 6:*
*Zusammenfassung*

Die Fülle des Erarbeiteten macht nun eine zusammenfassende Darstellung durch einen Tafelanschrieb notwendig. Dabei werden jetzt alle Elemente, die in den vorliegenden Phasen besprochen wurden, zusammengestellt:
- das Abgrenzen des Schilderns zum Beschreiben
- seine Funktion im Kontext einer Erzählung
- die subjektive Auswahl der Elemente
- eine Auswahl der sprachlichen Mittel, die die Ergebnisse aus Phase 5 umfaßt.

*Phase 7:*
*Wirkung des Textes*

Nun tritt nach der analytischen Arbeitsweise eine Zäsur ein, indem wieder auf den Anfang der Doppelstunde zurückgegriffen wird, wo die Schüler die Wirkung des Textes auf ihre Phantasie artikulierten. Um zum produktiven Umgang mit dem Textausschnitt überzuleiten, sollen jetzt die inneren Bilder dadurch beschrieben werden, indem sie nach außen gekehrt werden. Die Schüler können nun beschreiben, wie sie diesen Textanfang in optisch wahrnehmbare Bilder (= einen Film) übersetzen, wie sie den Anfang der Geschichte „mit der Kamera erzählen“ würden. Dabei ist es überhaupt nicht notwendig, daß die Schüler mit dem Vokabular der „Filmsprache“ vertraut sind, obwohl dies das Sprechen über die „Filme“ natürlich wesentlich vereinfacht, sondern die allgemeine Erfahrung mit dem Medium Film reicht in der Regel aus, Interessantes entstehen zu lassen. Gleichzeitig werden die Schüler motiviert, über ihre Phantasie, über ihre inneren Bilder zu sprechen, sie anderen mitzuteilen, wodurch subjektiver Umgang mit Literatur transparent wird. So könnte man z. B. recht konkret diskutieren, mit welchem Schauspieler man die Rolle des „Stottrerjosef“ besetzen könnte, ob man eine Rückblende in die Jugend (Vatergestalt) vornimmt usw.

## Schreibanlaß (evtl. Hausaufgabe)

Der Lehrer kann anhand des Unterrichtsverlaufes und der Reaktion der Schüler ermessen, ob die von uns intendierte Schreibmotivation eintritt, die sich aus dem Abbrechen des Textes ergibt, nämlich die Handlung fortzusetzen. Man sollte es aber vermeiden, diese Schreibaufgabe mit allen Mitteln durchzusetzen. Wenn man sie angeht, benötigen die Schüler ausreichend Zeit. Evtl. ließe sich auch im Unterricht eine Art „Schreibwerkstatt“ einrichten, wo vielleicht in Gruppen ein Handlungsplan (Plotliste) entworfen wird, auf dessen Basis eine (längere) Erzählung entsteht. Wahrscheinlich hat auch die Doppelstunde den Wunsch geweckt, sich mit Theodor Weißenborns Text zu beschäftigen, ihn mit den eigenen Texten zu vergleichen u.v.a.m.

## 32. Stunde: Schildern als Schreibanlaß (Mat. 32) Anregungen zum exemplarischen Schreiben (ohne Stundenblatt)

### Vorbemerkungen

Während in der vorhergehenden Doppelstunde die Analyse schildernder Elemente in einem erzählenden Text im Vordergrund stand und der Schreibanlaß sich nicht zwingend ergeben mußte, ist dies nun umgekehrt. Die schildernde Exposition ist von vornherein auf Fortsetzung angelegt, wobei nun auch schildernde Elemente von den Schülern eingesetzt werden sollen.
Für die Durchführung dieses Vorhabens ist Mat. 32a ausgewählt worden. Dies ist der Anfang einer kurzen Kriminalerzählung von Hansjörg Martin: Hoffetod stirbt nicht (vollständig abgedruckt in: Leseheft Ein völlig klarer Fall und neun andere moderne Jugendkrimis. Stuttgart (Klett Nr. 26134) [1]1987. S. 51–65). Hansjörg Martin beschreibt in seinem Krimi, wie sich der Schüler Raabe an dem verhaßten Lehrer Dr. B. rächt, ihn subtil zu Tode bringt. Erzählt wird aus der Sicht des Schülers, der als Ich-Erzähler erscheint.
In den ersten 40 Zeilen schildert der Ich-Erzähler die Persönlichkeit des Lehrers Dr. Karl-Friedrich B. als extrem humorlos, als jemanden, der nicht zum Lachen, bestenfalls zu einem Lächeln fähig ist. Ausführlich widmet sich der Ich-Erzähler Dr. B.'s Gesicht und greift daraus nur ein Charakteristikum, seine Mensurnarbe, heraus. Nach einem Exkurs, in dem der Freund Raabes, Jockel, eingeführt wird, mit dem er diskutiert, ob B. ein Durchschnittstyp ist, wird entfaltet, warum B. ein „Schwein" ist, nicht vom Äußeren her, sondern wegen seines Charakters. Dr. B. ist übermäßig korrekt in allem, pingelig, „reitet auf den Paragraphen herum" und „macht Schüler fertig". Mit folgender Textstelle haben wir den Textausschnitt beendet: „Ich weiß, daß er schon eine ganze Reihe mit seiner Genauigkeit und Korrektheit fertiggemacht hat ... und jetzt bin ich dran."
Aus diesem Abbruch erwächst selbständig der Erzählanlaß, der Reiz zur Fortsetzung der Story. Zudem ist die wichtige Figur Dr. B. dargestellt worden, sie ist äußerlich grob beschrieben, ihr Charakter umrissen, sie ist typisiert worden. Aus der Erzählperspektive hat sich auch Klarheit ergeben: Der Ich-Erzähler schreibt aus der Sicht eines Schülers, was zu subjektiver, ja sogar eindeutig parteilicher Haltung veranlaßt. Auch die Tendenz des Fortgangs ist offensichtlich: Jetzt wird der Ich-Erzähler, dessen Namen bislang nicht genannt wurde, vom Lehrer „fertiggemacht". Und somit ist bestens auch der Rahmen für den Einsatz schildernder Techniken gegeben. Die Fortsetzung muß subjektiv sein, der Schreiber kann als Schüler seine Erfahrungen nutzen, Stimmungen und Gefühle abrufen und einbringen, zudem sind die Stilmittel des Originals noch sehr präsent. Eine u. E. optimale Situation ist gegeben, denn Schildern schafft einen Erzählanlaß, der wiederum zum Schildern animiert.
Der Schwerpunkt dieser Stunde liegt nicht in der Detailanalyse, sondern es gilt lediglich, den Erzählrahmen und die stilistischen Mittel des Originaltextes zu verdeutlichen, damit die Textherstellung der Schüler aus der unmittelbaren Begegnung erfolgt, die Motivation zum Weiterschreiben greift und das mehr oder minder un-

bewußte Analogisieren der sprachlichen Techniken erfolgt.

## Lernziele

Die Schüler sollen
- die Erzählperspektive erkennen
- das Objekt der Schilderung klassifizieren (Lehrer Dr. B. als „miesen Kerl“)
- schildernde Elemente erfassen
- die Erzählung aus der vorgegebenen Perspektive fortsetzen
- dabei auf subjektive Darstellung achten und schildernde Elemente einbringen.

## Unterrichtsverlauf

### *Phase 1: Textpräsentation / Textverständnis*

Da der Text stilistisch recht einfach gestaltet ist, kann er mühelos von Schülern vorgetragen werden. Verständnisfragen dürften sich lediglich zur Mensur von Dr. B. und zur „Sieg-Rune“ ergeben. Es empfiehlt sich schon jetzt, spontane Vermutungen über den weiteren Verlauf der Handlung anstellen zu lassen.

### *Phase 2: Das Objekt des Schilderns / Perspektive*

Der Text vermittelt exemplarische Informationen zur äußeren Erscheinung und zu Charaktermerkmalen des Lehrers Dr. B. Im Rahmen eines Unterrichtsgespräches läßt sich der Informationsgehalt des Textes durch gezielte Fragen recht leicht erschließen: Wie sieht Dr. B. aus? Welchen Charakter hat er?
Diese Informationen müssen aber aus der Erzählperspektive verstanden werden, sie müssen als subjektiv, als parteilich gekennzeichnet werden. Auch dies ist mit einfachen konkreten Fragen schnell erarbeitet.

### *Phase 3: Sprachliche Gestaltung*

Da die Hinführung zum Schreiben in dieser Stunde klaren Vorrang hat, beschränkt sich die Analyse auf zwei wesentliche Merkmale. In den ersten beiden Abschnitten verdeutlicht der Ich-Erzähler, daß Dr. B. völlig humorlos ist und sein Gesicht einen „Schmiß“ aufweist. Die Humorlosigkeit wird ausführlich an bildhaften Vergleichen, besonders durch als Adjektive gebrauchte Partizipien gekennzeichnet: Dr. B. kann nicht schallend lachen, nicht wiehernd lachen. Gleichsam in einem Bild wird die Narbe in der Mimik des Lehrers veranschaulicht: Sie wird zum Zickzack beim Lächeln sieht aus wie die Sieg-Rune.
Recht drastisch wird der Charakter Dr. B.'s auf den Punkt gebracht: Er ist ein „Schwein“. Doch beläßt es der Erzähler nicht bei der zum Schimpfwort komprimierten Haßtirade, er variiert sein Bild, erläutert Assoziationen und liefert lediglich eine bislang unbewiesene Begründung: Dr. B. „macht Schüler fertig“.
Durch ein offenes Unterrichtsgespräch lassen sich diese Techniken nicht einfach beschreiben, akribische Textanalyse aber nähme der Stunde den Schreibanlaß. Klar wird jedoch schon jetzt, daß die Fortsetzung belegen muß, warum B. „ein Schwein“ ist.

### *Phase 4: Rahmen der Fortsetzungshandlung*

Vor dem Einstieg in die Textherstellung soll nun noch einmal explizit der vorgegebene Rahmen für die Fortsetzungshandlung in einem kurzen Unterrichtsgespräch

erarbeitet werden. Dazu gehören die vorgegebene Perspektive (Ich-Erzähler/in ist ein/e Schüler/in), der Ort der Handlung (im weitesten Sinne mit der Schule verbunden, im engeren Sinne eine Unterrichtssituation), die Handlungszeit ist beinahe beliebig und die Figurenkonstellation teilweise vorgegeben, teilweise offen (Gegensatz Schüler-Lehrer; Rahmenfiguren, z. B. Jockel, aus dem Schulmilieu möglich usw.).
Andererseits initiiert die Vorgabe auch die sprachliche Gestaltung, denn auch für die Fortsetzung ist eine „innere Handlung" notwendig, die Eindrücke und Empfindungen des Schülers enthält. Dazu eignet sich die vorhandene Sprache des Schilderns bestens, wobei vor allem die bildhafte Sprache der Vorlage zu Analogiebildungen anleitet.
Ein Festhalten der Ergebnisse im Merksatz oder als Tafelanschrieb erscheint uns hier wenig sinnvoll.

*Phase 5:*
*Textherstellung (ggf. Hausaufgabe)*

Hier bieten sich reichhaltige Variationen an. So kann zunächst die Fortsetzungshandlung skizziert werden (Erzählplan), man kann dies dann in der Gruppe diskutieren. Man könnte Formulierungsbeispiele für bildhafte Vergleiche erstellen und diskutieren, ehe man die Fortsetzung komplett schreibt. Sinnvoll ist es vor allem, in mindestens einer eigenen Stunde die Ergebnisse vorzustellen und offen zu besprechen, evtl. zum Abschluß das Original zu präsentieren.

**Hinweis**

Der Materialteil enthält mit Mat. 32b (Ausschnitt aus Theodor Weißenborn, Der Sprung ins Ungewisse, vollständig abgedruckt in: Leseheft Theodor Weißenborn, Die Sache mit Dad und andere Erzählungen. Stuttgart (Klett Nr. 26153) [1]1986. S. 27–34) einen weiteren Text zur analogen Gestaltung, Vertiefung usw.

## Anregungen zum exemplarischen Schildern

Der Begriff „exemplarisches Schildern" soll den Bereich der Textherstellung erfassen, in dem die Technik des Schilderns nicht in Erzählzusammenhängen eingebettet vermittelt oder geübt wird, sondern Schildern als primäre Darstellungsweise erscheint, womit nicht „isoliertes Schildern" im traditionellen Sinne gemeint ist (z. B. „Herbsterlebnis", „Nebel"). Dabei denken wir vor allem an Mischformen zu informierenden Texten; nicht (allein) sachlich-korrektes Berichten oder Beschreiben ist hier gefragt, denn nun kommt das Subjektive als Ausdruck der engagierten teilnehmenden Beobachtung zum Tragen.
Exemplarisches Schildern erfolgt somit erlebnis- und erfahrungsorientiert, muß an der (konkreten) Erlebniswelt der Schüler festgemacht sein – und somit wird schon deutlich, weshalb sich ausgearbeitete Stundenblätter ausschließen und es „nur" bei Anregungen bleiben muß.
Wir haben die inhaltlichen Anregungen (was nicht mit einer Sammlung von Aufsatzthemen verwechselt werden darf) in drei große Bereiche gegliedert, die sich wieder im Einzelfall überschneiden können und sollen:

**1.** Begegnungen mit Räumen
**2.** Begegnungen mit Personen
**3.** Einfangen von Stimmungen

Es ist dabei wesentlich, daß die Schreibanlässe sich „natürlich" ergeben, d. h. daß die Schüler schreiben, um sich anderen mitzuteilen, und nicht der „vermiesende" Aufsatz zum Ereignis oktroyiert wird

(z. B.: „Wir waren jetzt zwei Wochen im Schullandheim. Schreibt nun dazu eine Schilderung!“). Eine Konsequenz mit entkrampfender Wirkung ist mit Sicherheit der Verzicht auf benotete Lernzielkontrollen (Klassenarbeiten). Noch etwas drastischer formuliert: Schüler dürfen keinesfalls die Schilderung zum Ereignis als Strafarbeit empfinden!

**ad 1.: Begegnungen mit Räumen**

Weniger im DU, aber vor allem in natur- und gesellschaftswissenschaftlichen Fächern, sind sog. „Unterrichtsgänge“ Bestandteil und Ergänzung des regulären Unterrichtes. Besonders in den Fächern Biologie und Geographie sind solche kleinen Exkursionen üblich. Im Rahmen eines fächerübergreifenden Konzeptes lassen sich die damit verbundenen Begegnungen zur schildernden sprachlichen Wiedergabe nutzen:

a) Ortsbegehungen:
- Stadtrundgang (Altstadt, Fußgängerzogen, Sanierungsgebiete, soziale Brennpunkte, Wohnkonzepte)
- Besichtigungen (Schlösser, Burgen, Kirchen, Museen, Sportstätten, Gedenkstätten, Bergwerke, Betriebe, Bibliotheken)

b) Umweltprojekte:
- Fluß-, Bachbegehungen, Seen, Staudämme
- landwirtschaftliche Betriebe
- Wald
- „Industrielandschaft“ (z. B. Infrastruktur, Braunkohletagebau usw.)
- zerstörte Natur
- Müllbeseitigung, Kläranlagen, Recycling

**ad 2.: Begegnungen mit Personen**

In dieser Altersstufe setzen sich Schüler vor allem emotional mit Persönlichkeiten auseinander, Stars und Idole sind gefragt. Die Begegnung mit für sie interessanten Personen kann zur schildernden Darstellung genutzt werden:
- Autoren in Verbindung mit Lesungen (in der Schule)
- Künstler bei Ausstellungsbesuchen
- Begegnungen mit Stars (z. B. Sportler bei Training und Wettkampf, Rock-Stars bei Konzerten oder Autogrammstunden)

**ad 3.: Einfangen von Stimmungen**

Das Einfangen von Atmosphäre und kollektiven wie subjektiven Stimmungen läßt sich sehr gut bei Großveranstaltungen sowie bei herausragenden schulischen Ereignissen realisieren. Aber auch der Alltag kann mitunter reizvolle Thematiken liefern:
- sportliche Großereignisse
  (Sportfeste der Sportverbände, Jugendländerspiele, „Jugend trainiert für Olympia“; in den meisten Fällen stellen hier Schüler die „Zuschauerkulisse“; Bundesligaspiele)
- schulische Sportereignisse
  (Schulsportfest; Spielefest; Turniere, vor allem in der Halle; Wettkämpfe zwischen Schüler/innen und Lehrer/innen)
- schulische Veranstaltungen
  (Abschlußfeier, Musikveranstaltungen, Schultheater, Schulfest, Projekttage und -wochen, Weihnachtsfeier, Klassenparty, Faschingsfeier)
- Schulfahrten
  (Wandertage, Schullandheim, Studienfahrten, Besuch beim Rundfunk / Fernsehen)
  vgl. hierzu auch Mat. 15 „Informieren“ (= Tagebuch zu einer Klassenfahrt)
- Theaterbesuche
  (Schülerveranstaltung, Abendvorstellung, Kinobesuch mit der Klasse)
- Volksfeste, Karnevalsumzüge und -veranstaltungen, Tanzveranstaltungen

– schulischer Alltag
  (Schulbus, Schulweg, Prüfungssituationen, Pausen, Wartezeiten, ein Unterrichtstag, besondere Schulstunden)

Auf einen Sonderfall des Einsatzes schildernder Techniken sei noch verwiesen: In dieser Altersstufe führen vor allem Schülerinnen häufig Tagebuch, wobei ihre Eintragungen vor allem Stimmungen und weniger sachliche Fakten einfangen. Dabei wird natürlich nicht das „Datenschutzproblem" verkannt, aber das Führen eines Tagebuches für schulische Ereignisse (z. B. zur Projektwoche, zur Klassenfahrt) sollte als Schreibanlaß nicht unbeachtet bleiben. Als Anregung kann hier Mat. 15 „Informieren" gute Dienste leisten.

Die Auswahl unserer Anregungen erhebt dabei keinerlei Anspruch auf Vollständigkeit oder gar Verbindlichkeit, soll aber doch Perspektiven eröffnen, damit Schildern in attraktiver Form nicht mehr völlig „out" ist. Mit den Anregungen wird ebenso deutlich, daß sich Schildern auch auf die Klassen 9 ff. fortschreiben läßt.

# Appellieren

Täglich werden wir mit zahllosen sprachlichen Inhalten konfrontiert, von denen viele nicht nur Wissen und Einsichten vermitteln, sondern auch Verhalten steuern, Vorstellungen lenken, Meinungen bilden und Bewußtseinsinhalte bestimmen wollen. Unbestritten zählt die Appellfunktion zur Hauptfunktion von Kommunikation im täglichen Leben. Zum festen Repertoire solcher alltäglicher Interaktionserfahrungen der Schüler gehört die komplexe Vielfalt der appellativen Formen (mündliche, schriftliche und nonverbale).

Terminologisch lassen sich appellative Texte als Typus expositorischer Texte recht eindeutig bestimmen. Eine definitorische Bestimmung stößt auf die besondere Schwierigkeit, sie von den informierenden Texten deutlich abzugrenzen. Es ist sicher für Erwachsene und erst recht für Schüler nicht immer leicht, das Appellieren vom Informieren oder auch vom Erzählen zu unterscheiden, weil sicher in jeder Textsorte ein Mehr oder Weniger an Appellhaftem verborgen ist.

Nennt man solche Texte „appellativ", die darauf ausgerichtet sind, beim Hörer / Leser eine entsprechende Wirkung zu erzielen und ihn zum Denken oder Handeln zu veranlassen, so reicht diese Deutung sicher nicht aus, da auch informierende Texte eine Wirkung auf den Hörer / Leser anstreben und ihn zu einer gewünschten Reaktion bewegen wollen. Auch kann ein Text, der nur Tatsachenaussagen enthält, durch Hinzufügen von außersprachlichen Appellfaktoren Verhaltensänderungen anstreben, die über den bloßen Zuwachs von Sachwissen hinausgehen. Außersprachliche Appellfaktoren können z. B. visueller Art sein, wie das Bild in einer Werbeanzeige mit rein informativer Textbeigabe. Die tägliche Praxis der in unserer „Medienlandschaft" vorgenommenen subjektiven Auswahl und Anordnung von Nachrichten und Sachinformationen läßt sich ebenfalls auf appellative Absichten zurückführen. Es scheint aus den genannten Gründen sinnvoll, die Unterscheidung zwischen appellativen und informativen Texttypen nicht aus den jeweiligen Textstrukturen abzuleiten, sondern eher durch die Bestimmung der jeweiligen Intention des Verfassers. Auch wenn man die Autorintention als grundlegendes Kriterium für die nähere Charakterisierung eines expositorischen Textes (Informieren, Appellieren, Unterhalten) anwendet, bleibt die Grenze zwischen informierenden und appellierenden Texten fließend. Die enge Verwandtschaft beider Texttypen wird sich in der folgenden Unterrichtssequenz sowohl in der analytischen als auch der produktiven Phase immer wieder deutlich zeigen und sollte den Schülern auch dokumentieren, daß eine eindeutige Trennung zwischen informierenden und appellierenden Texten kaum zu vollziehen ist.

Überhaupt wollen wir an dieser Stelle und in diesem Zusammenhang die verschiedensten Ansätze zur Klassifizierung der appellativen Formen weder darstellen noch kommentieren oder gar um einen neuen Versuch erweitern. Unterscheiden kann man in der breit gestreuten Palette appellativer Formen nach dem Grad der unterschiedlichen Intensität der Appellation:

1. Der Autor appelliert in Form kooperativer Kontaktaufnahme, indem er einlädt, auffordert oder sich entschuldigt. Zur

Gruppe dieser „zurückhaltenden“ Appellationsformen gehören u. a. Einladungen, Entschuldigungen, Ermunterungen, Aufforderungen, Bitten, Fragen, Ratschläge usw. Diese Formen werden schwerpunktmäßig in den Klassen 5 und 6 bearbeitet. (s. Lehrpläne)

2. Der Autor appelliert in der Form der Beeinflussung, indem er wirbt, aufruft, befiehlt oder warnt. Zur Gruppe dieser „eindringlicheren“ Appellationsformen zählen die gesamte Bandbreite und vielfältigen Erscheinungsformen von Werbung, sowie Texte mit Regelungscharakter, Aufrufe, Warnungen, usw. Diese Formen sind in weit stärkerem Maße darauf ausgerichtet, daß der Empfänger ein erwünschtes Verhalten zeigt oder ein nicht erwünschtes unterläßt. Bei diesen Formen spielt die persönliche Kontaktaufnahme eine untergeordnete Rolle, oft sind die Schüler ausschließlich Empfänger einer an sie gerichteten Appellationsform (Werbung).

Schwerpunkt der Begegnung mit solchen Appellationsformen sind die Klassenstufen 7 und 8.

3. Der Autor appelliert in kämpferischer Form, indem er kritisiert, polemisiert, agitiert usw. Zu diesen kämpferischen Formen zählen provokative Texte, Flugblätter, Spruchbänder, Leserbriefe, Parolen, usw.

Aufgrund der kommunikativen Rahmenbedingungen und der gesellschaftspolitischen Implikationen solcher Texte sollten solche Appellationsformen der Oberstufe vorbehalten sein.

Auch diese Klassifizierung hat ihre Schwächen, da Zwischenformen, wie sie eben bei nahezu allen Appellationsformen möglich sind, in dieses Raster nicht eindeutig einzuordnen sind. Will man überhaupt die vielfältigen und nuancierten Erscheinungsformen von Appellen nach dem Grad ihrer Intensität in die drei Kategorien einordnen, dann bräuchte man objektivierte und meßbare Kriterien, um den Intensitätsgrad des Appells jeweils genau zu bestimmen. Diese „Einstufungsskala“ zu erstellen, ist ein fast aussichtsloses Unternehmen und auch für die Praxis des Deutschunterrichtes wenig hilfreich.

## Zum Aufbau der Gesamtsequenz

Das Verhalten unserer Jugendlichen wird heute in vielfacher Hinsicht durch Appelle der verschiedensten Art gesteuert, so daß gerade die appellativen Textsorten und die nichtsprachlichen Erscheinungsformen des Appells (Mimik, Gestik, Körperbewegung, Sprechtempo, Lautstärke, Betonung, Bilder, Zeichen, usw.) für unsere Schüler von großer Bedeutung sind. Überhaupt kommt die soziale und manipulative Funktion der Sprache in besonderer Weise bei der Produktion von appellativen Texten zum Tragen. Der Schreiber ist jeweils bemüht, den Adressaten aufzufordern, etwas zu tun oder zu unterlassen. Schwerpunktmäßig soll in dieser Unterrichtseinheit den Schülern dieser Zusammenhang zwischen Appell und Handeln einsichtig gemacht werden. Diese Intentionen wollen wir wiederum durch die enge Verzahnung der Lernbereiche „Verstehen“ und „Herstellen“ von Texten erreichen, wobei gerade innerhalb dieser Lernsequenz auch der Bereich der mündlichen Kommunikation gebührend berücksichtigt werden sollte. Um eine tatsächliche Einheit zu erreichen, müssen sich in allen Lernphasen mündliche und schriftliche Formen ergänzen bzw. aufeinander aufbauen. So wird es innerhalb der Gesamtsequenz reduktiv-analytische Phasen geben (Werbetexte für Bücher analysieren; eine Werbeanzeige für Computer untersuchen), wobei es insbesondere darauf ankommt, zu erkennen, durch welche rhetorischen Mittel die Appellfunktion der Texte erzielt wird. Wenn dann die entsprechenden Textstrukturen und Kommunikationsformen analysiert und verstanden sind, sollen die Schüler in den jeweils folgenden produktiven Phasen selbst erproben, wie man durch Sprache auf den Leser einwirken und ihn u. U. zu einer Verhaltensänderung oder zur Auslösung einer Handlung bewegen kann. Hat der Schüler aus den vorgegebenen Texten wesentliche inhaltliche und formale Charakteristika appellativer Texte erarbeitet und beherrschen gelernt, dann wird er selbst in der Rolle des Autors die entsprechenden kommunikativen und rhetorischen Strukturen und Mittel in seine von ihm geforderte „Schreibstrategie" einplanen und sinnvoll anwenden. Am Ende der Sequenz sollen die Schüler fähig sein, appellative Texte adressatenbezogen und intentionengemäß abzufassen. Aus diesem Grunde wird es ein Hauptanliegen der Unterrichtsreihe sein, den Schülern einen Grundbestand an rhetorischen Mitteln zu vermitteln, ihnen dabei deren Formen und Wirkungen bewußt zu machen und sie solche Mittel bei der eigenen Textproduktion anwenden zu lehren.

Die von uns für die Rezeptionsphasen ausgewählten Texte (Verlagsprospekte von Ueberreuter und Oetinger – Werbeplakat zu dem Buch „Die Wolke" – Werbeanzeige für den Commodore Amiga 500) lassen sich allesamt den sog. „eindringlichen" Appellationsformen zuordnen und stammen im weitesten Sinne aus dem Bereich der Wirtschaftswerbung. Auch die in den Produktionsphasen von den Schülern zu erstellenden Textsorten (Klappentext – Buchempfehlung – Werbetext zu einem abgebildeten Produkt) lassen sich allesamt dieser Kategorie zuordnen. Gemeinsames Merkmal aller Texte innerhalb dieser Sequenz ist das eindeutige Ziel, den Adressaten zum Kauf zu animieren.

Die Vielfalt der Formen appellativer Texte erfordert eine Auswahl, die einerseits das Interesse und die Bedürfnislage der Schüler berücksichtigt und andererseits auch das Vorwissen und Leistungsvermögen der Schüler beachtet. So haben wir in einer ersten Teileinheit, die die Stunden 1–4 umfaßt, als durchgängige Thematik „den Umgang mit dem Buch" gewählt. Neben motivatorischen Gesichtspunkten haben uns in erster Linie auch lesepädagogische und lesedidaktische Überlegungen zu dieser inhaltlichen Entscheidung geführt. Wir sind zu der Überzeugung gelangt, daß es gerade im Zeitalter der Mediatisierung und Reizüberflutung der jugendlichen Lebenswelt (Fernsehen, Video, Computerspiele, usw.) mehr denn je darauf ankommt, diesen sicher bedrückenden und bedrohlichen Entwicklungen nicht gleichgültig gegenüberzustehen und in Larmoyanz und Resignation zu verfallen, sondern für die Kultur unserer Kinder und künftigen Erwachsenen dem Medium Buch wieder zu mehr Akzeptanz zu verhelfen.

Es gibt sicher eine Unzahl von Gründen, die gerade Kindern und Jugendlichen das Bücherlesen heute erschweren oder sogar ganz verhindern, die wir hier nicht alle auflisten und erklären können. Dennoch bleibt es im Rahmen dieser ersten Teilsequenz unser pädagogisches Ziel, Schüler wieder stärker zum Lesen zu motivieren und ihnen den Zugang zum Buch zu erleichtern. Wir sind der festen Überzeugung, daß die Schule neben dem Elternhaus zu der wichtigsten Sozialisationsinstanz gehört, die noch Lesebedürfnisse und Lesefreude wecken kann. Diese Chance wollen wir hier sogar im Rahmen eines Schreibprojektes nutzen:

1. Wir bieten den Schülern im ersten Teil der Unterrichtseinheit (Stunden 1–4) Auszüge aus Büchern und Texte im Umfeld des Mediums Buch an, die ihren In-

teressen und Neigungen nach Lesealter und Lesertypus durchaus entsprechen.
2. Wir wollen die Schüler dieser Stufe mit der Thematik einfach auf interessante und umstrittene Bücher aufmerksam machen und sie dazu befähigen, ihre Buchauswahl und Buchbeschaffungen künftig in mehr Eigenverantwortung zu tätigen. Dazu wollen wir ihnen auch indirekt die noch immer vorhandene Schwellenangst vor Buchhandlungen und Büchereien nehmen und ihnen insbesondere Möglichkeiten für eine gezieltere und überlegtere Buchauswahl anbieten. („Wie informiere ich mich über Bücher?“)
Das allmählich selbständige, verständige und kommunikative Umgehen mit Büchern erhoffen wir auch durch die intendierte Eigenproduktion entsprechender Texte (Klappentext, Buchempfehlung) zu inszenieren und zu forcieren. Diese Form der Lese- und Bucherziehung muß sich zum Ziel setzen, die Freude am Lesen von Büchern zu wecken und das Lesen von Büchern als eine der sinnvollsten und wertvollsten Freizeitbeschäftigungen zu empfinden.
In einem zweiten Teilbereich der Gesamtsequenz werden die Schüler in der analytischen Phase mit einem Werbetext (Bild-Text-Kombination) konfrontiert, der die Jugendlichen selbst als Zielgruppe anvisiert. (Mat. 4) Nach der inhaltlichen, sprachlichen und formalen Analyse dieses Werbetextes sollen die Schüler die erworbenen Kenntnisse und Erkenntnisse beim eigenen Gestaltungsprozeß (einen werbenden Text zu einem abgebildeten Produkt verfassen) anwenden und somit auch auf dem Weg der eigenständigen Produktion von Werbetexten Einsichten in deren manipulative Möglichkeiten gewinnen.

### Sequenzziele

Die Schüler sollen
- die charakteristischen Merkmale von auf Information und appellative Wirkung hin angelegten Texten und Text-Bild-Kombinationen erkennen
- dabei den Unterschied zwischen Information und Appell / Suggestion herausarbeiten
- erkennen, daß man den Adressaten / Kunden informieren und an ihn appellieren muß, wenn man ihn zum Kauf eines bestimmten Produktes gewinnen will
- erkennen, daß je nach Verständigungsabsicht und Zielgruppe unterschiedliche sprachliche und nichtsprachliche Formelemente eingesetzt werden
- die gewonnenen Erkenntnisse und Einsichten bei der Produktion von werbewirksamen und appellativen Texten selbst anwenden und somit unter gezielter Ausnutzung sprachlicher und formaler Möglichkeiten die textsortenspezifischen Konstituenten besser verstehen lernen
- durch Analyse und Produktion von Werbetexten mit überwiegender Appellstruktur Einsichten in die manipulativen Möglichkeiten und Absichten der Werbung gewinnen.

## 1. Stunde: Einen werbenden Text für ein Buch untersuchen (Mat. 1)

### Vorbemerkungen

In dieser Einstiegsstunde in die thematische Sequenz „Umgang mit Büchern“ sollen die Schüler anhand von Verlagsprospekten die sowohl informativen als auch appelativen Elemente dieser Form von

Buchwerbung identifizieren und unterscheiden lernen. Darüber hinaus sollen sie die Funktion des jeweiligen Bausteines im Gesamtgefüge des Werbeprospektes beschreiben können und damit letztlich auch die informativen und manipulativen Elemente der Buchwerbung vor dem Hintergrund der wirtschaftlichen Verlagsinteressen und -absichten erfassen und in Ansätzen kritisch beurteilen.

Die Schüler lernen in dieser Stunde den Verlagsprospekt und die darin enthaltene Buchwerbung als eine wichtige Informationsquelle über neue Bücher kennen, die ihnen bei der Auswahl von Büchern wertvolle Entscheidungshilfen anbieten können. An Beispielen soll den Schülern schwerpunktmäßig aufgezeigt werden, daß der Werbetexter den Kunden oder Adressaten über zwei Kanäle erreichen und ansprechen muß: Zunächst braucht der Kunde entsprechende Informationen über das Produkt und schließlich muß der Verfasser auch an den Interessenten appellieren, will man ihn zum Kauf der angebotenen Ware verlocken. Verlagsprospekte und die darin enthaltenen „Buchwerbeseiten" verfolgen genau wie Klappentexte zweierlei Ziele: Einmal wollen sie über die inhaltlichen Aspekte des Buches und den Autor informieren, zum anderen ist ihnen ein deutlicher appellativer Charakter nicht abzusprechen. Beide Formen der Buchwerbung sind daher eindeutige Werbemittel für das Buch und für Buchhändler und Kunden eine nicht zu unterschätzende Verkaufshilfe. Aus den genannten Gründen rechnen wir auch die beiden vorliegenden Beispiele der Buchwerbung trotz ihres recht hohen Informationsanteiles zu den appellativen Texten, weil die Information zwar einen unverzichtbaren Bestandteil der Textsorte darstellt, die Wirkung und Funktion für den Adressaten sich aber nur im Gesamtzusammenhang der Appellation erschließen läßt. Die „nackte" Bibliographie des Buches kombiniert mit einer in traditioneller Weise abgefaßten Inhaltsangabe zur Handlung würde eben nicht ausreichen, um die potentiellen Kunden in ausreichendem Maße für das Produkt zu interessieren. Daher muß den Schülern bewußt werden, daß die in beiden Beispielen angebotenen Informationen immer mit eindeutigen Werbeabsichten verbunden sind und daß in bestimmten Fällen schon durch den benutzten Text bestimmte Identifikationsangebote und Handlungsklischees recht eindeutig auf das Interesse der jugendlichen Leser zielen.

Entsprechend dieser Intentionen sind auch die beiden für den Analyseprozeß ausgewählten Materialien (Mat. 1a und Mat. 1b) angelegt. Obwohl sie aus verschiedenen Verlagen stammen (Ueberreuter, Ann Turner: Ein Jäger kehrt heim und Oetinger, Patty Dann: Mrs. Flax und Töchter), sind beide Prospektseiten sowohl im äußeren Aufbau als auch in ihrer inneren Struktur nahezu identisch. Beide Text-Bild-Anordnungen, die ein recht ausgewogenes Verhältnis von Illustrationen (Abbildungen von Buchtitelseiten und Autorenphotos) und Textanteilen repräsentieren, ließen sich auch problemlos als Klappentexte identifizieren, sieht man einmal von der unterschiedlichen Anordnung der sechs Teilbausteine ab. Beide Werbeseiten konstituieren sich aus den folgenden sechs Teilsegmenten, die lediglich in ihrer Anordnung leicht variieren:

- fettgedruckter „Aufmacher" (vergleichbar mit der Schlagzeile einer Nachricht
- Autorenphoto mit Kurzbiographie
- Abdruck der Buchtitelseite
- Inhaltsangabe zum Buch
- Kurztext zum Inhalt (einmal in Fettdruck)
- bibliographische Daten zum Buch

Beide Materialien enthalten die auch in anderen Buchwerbemitteln üblichen Informationen über den Titel, den Buchtyp (z. B. Jugendbuch), die Buchgröße, den Autor, die Ausstattung (Seitenzahl, nähere Angaben zu den Illustrationen und der Aufmachung), eine Empfehlung, für welche Lesergruppe das Buch geeignet ist – ob für Jungen oder/und Mädchen und ab welchem Alter –, sowie die Bestellnummer. Die sonst üblichen Zitate aus Buchrezensionen bedeutender Autoritäten und Hinweise auf erhaltene Preise, Auszeichnungen, Bestsellerlisten und Verkaufszahlen sind auf beiden Materialien nicht anzutreffen, da es sich um Neuerscheinungen bzw. Vorankündigungen handelt. Gerade solche Hinweise auf Auszeichnungen und wohlwollende Kritiken signalisieren in der Regel den eindeutig werbenden Charakter des Prospekts. Viele Käufer, in der Regel noch die Eltern, verlassen sich vollends auf solche Auszeichnungen und Prämierungen, da diese für sie gleichbedeutend sind mit einer Qualitätsgarantie für den Buchinhalt.
Zum weiteren informativen Block beider Materialien gehören die Kurzbiographien zu den beiden Autorinnen sowie der Abdruck der Autorenphotos. Insbesondere die Daten der Autorin Petty Dann und das dazugehörige Photo (saloppe Kleidung, Jeansjacke) sollen den Jugendlichen wohl das „Bild" einer jungen, dynamischen Frau vermitteln, die sich mit den Problemen der jungen Adressaten besser identifizieren kann, weil sie einfach altersmäßig „besser zu ihnen paßt". Auch die Bemerkung, daß sie 1986 ihre Arbeit bei einer Fernsehanstalt spontan aufgab, als ihr erstes Buch verlegt wird (und dies ist ausgerechnet das Buch, für das geworben wird!), weckt die Neugierde der jugendlichen Leser nach der Autorin und führt in diesem Falle vielleicht ausschließlich schon über die Autorin zum Buch. Selbst diese beim ersten „Überfliegen" so scheinbar objektiven und sachlichen Lebensdaten über die Verfasserin, gepaart mit entsprechenden unterstützenden Photos, erfüllen innerhalb der Gesamtdarstellung durchaus appellative Funktionen.

**Detailanalyse zu den Materialien**

Mat 1a: Ann Turner: Ein Jäger kehrt heim

Schon die durch Fettdruck hervorgehobene Überschrift verrät die Strategie, mit der die Verfasserin den jugendlichen Leser zum Kauf des Buches gewinnen will: „Ein Leben in rauher Wildnis oder die Bequemlichkeit der Zivilisation – für eine dieser Welten muß sich der Eskimojunge entscheiden". Schon beim Lesen dieses Aufmachers drängt sich dem Leser nahezu zwangsläufig die Frage auf, für welche der beiden Welten sich der Junge denn wohl entscheidet. Die Herausarbeitung der appellativen Struktur dieser „verdeckten Frage" oder in der Aussage „versteckten Frage" dürfte den Schülern wohl kaum größere Schwierigkeiten bereiten.
Gelingt es dem Leser allerdings immer noch nicht, den Aussagesatz der Überschrift als verkappte Frage zu entlarven, dem leistet der Verfasser eine kleine Nachhilfe, damit der Leseanreiz noch ein wenig deutlicher gesteigert wird. Am Ende der „Inhaltsbeschreibung" wird der Leser schließlich mit der Frage: „Für welche der beiden Welten soll sich Jonas entscheiden?" direkt konfrontiert. Die Antwort liefert dem so neugierig gewordenen Leser nur die Lektüre des Buches, denn die o. a. sog. Inhaltsbeschreibung beschränkt sich nur auf die knappe Vorstellung der agierenden Hauptfiguren (Jonas, der Eskimojunge, der Großvater, die Mutter) und die Beschreibung des inneren Konfliktes, in dem sich der 15jährige

befindet. Eine inhaltliche Zusammenfassung der Handlung fehlt ebenso wie Hinweise zur Handlungszeit und zum Handlungsort. Obwohl Jonas im Text überhaupt nicht näher beschrieben oder charakterisiert wird, liefert er dem jugendlichen Leser genügend Identifikationsangebote. Entscheidet er sich für die „Welt des Großvaters“, dann muß er das Leben eines einsamen Jägers in der Wildnis des Eismeeres führen, was sicher dem Wunsch vieler Jugendlicher nach Freiheit und Abenteuer in fremder Umgebung sehr entgegenkommt. Auch hier wird sehr deutlich an die Sehnsüchte und Träume von Jugendlichen appelliert, die in der Figur des Jonas ihre (wenigstens) „fiktive“ Erfüllung finden.

Mat. 1b: Patty Dann: Mrs. Flax und Töchter

Auffallend an der Werbeseite ist ihre geschickte Aufmachung, die im weitesten Sinne mit dem Aufbau eines Nachrichtentextes vergleichbar ist. Eine fettgedruckte „Schlagzeile“ dominiert über einer dreispaltigen Bild-Text-Zuordnung, wobei dem Abdruck des Buchtitels nahezu in der Blattmitte eindeutig die Blickfangfunktion zukommt. Allein die Überschrift weckt in ihrer Aussage die Interessen und die Neugierde Jugendlicher, die allemal mit diesem „schwierigen Schritt ins Erwachsenendasein“ zu kämpfen haben und denen in der Aussage der Überschrift eindeutige Hilfestellung angeboten wird. Eine wichtige Aufgabe der Text-Bild-Verknüpfung besteht darin, daß sich Bild und Text hervorragend unterstützen und sich gegenseitig erläutern. Sie komplettieren sich nach ihrem jeweils spezifischen Leistungsvermögen, ohne daß sie unnötige Redundanzen bieten. So wird dem Leser durch die „Bildseite“ bereits eine gewisse Vorstellung vom äußeren Erscheinungsbild der „Heldin“ vermittelt, die bereits entsprechende Sympathie erwecken kann.

Den größten und zusammenhängendsten Informationsblock stellt die „Wiedergabe“ oder besser die „Andeutung“ der Handlung dar. Die 14jährige Hauptfigur Charlotte wird dabei dem Leser insbesondere durch ihre unkonventionellen Eigenschaften und Neigungen („lügen“ und „lieben“!) „schmackhaft“ gemacht: Sie lügt gern und viel und verliebt sich ständig, obwohl sie heilig werden will, wenn sie erwachsen ist. Innerhalb dieser beiden extremen Pole organisiert sie ihr jugendlich-unbekümmertes Leben und bekommt von ihrer Mutter alle Freiheiten, da diese überwiegend mit ihren Liebhabern beschäftigt ist. Ein Vater wird nicht erwähnt. Gerade diese Gegensätzlichkeit zwischen ihrer Zukunftsplanung („Heilige werden“) und gelebten Realität (zum 92. mal verliebt), läßt im jugendlichen Leser die Frage nach der Auflösung dieses Spannungszustandes entstehen und weckt die Neugier. So fällt insbesondere den anvisierten Adressaten die Identifikation mit der jugendlichen Hauptfigur nicht allzu schwer, weil viele dieser Altersgruppe in der Figur der Charlotte die Verwirklichung eigener Wünsche und Vorstellungen und auch Widersprüche selbst „durchleben“. Die Präsentation der Titelheldin weckt in ihnen den Wunsch, dieses witzige, naive (?) und absolut unberechenbare Mädchen genauer kennenzulernen.

## Lernziele

Die Schüler sollen
- am Beispiel zweier Verlagsprospekte die Buchwerbung als wichtige Informationsquelle über neue Bücher kennenlernen
- den informativen Gehalt von den appel-

lativen Elementen innerhalb der Text-Bild-Zuordnung unterscheiden
- Beziehungen zwischen diesen Elementen ermitteln und deren Aufgabe innerhalb des Gesamtzusammenhangs erkennen
- außersprachliche Gegebenheiten in die Textanalyse einbeziehen (Schrifttyp, Schriftgröße, Hervorhebungen, Plazierungen, Unterstreichungen usw.).

## Unterrichtsverlauf

*Phase 1:*
*Informationsmöglichkeiten über Bücher*

Den Schülern wird zu Beginn der Unterrichtsstunde die Zahl von ca. 8000–10000 Neuerscheinungen in der Bundesrepublik Deutschland genannt, um ihnen eine ungefähre Vorstellung von der jährlichen Titelproduktion bei uns zu geben. Danach werden sie aufgefordert, Möglichkeiten zu nennen, wie man sich am sinnvollsten über dieses unüberschaubar gewordene „Warenangebot" informieren kann. Zudem sollten sie ihre eigenen Auswahlkriterien für Bücher kurz vorstellen. Alternativ zu diesem Einstieg könnten einige Schüler in Kurzform über Bücher, die sie gerade lesen oder erst vor kurzem gelesen haben „referieren". Sie könnten dabei ihren Mitschülern erzählen, was ihnen an den Büchern gefallen bzw. nicht gefallen hat, sollten die Gründe aufzuzeigen versuchen, weshalb sie das Buch weiterempfehlen oder vom Kauf bzw. Lesen abraten würden. Abschließend sollte dann auch über die Art der Beschaffung der Bücher (Kauf, Geschenk, Ausleihe, usw.) informiert werden, wobei man über diesen Weg ebenfalls zur Themenstellung überleiten könnte. (Wer hat, bevor er sich selbst ein Buch kauft, zuvor einmal in einem Verlagsprospekt oder Buchkatalog geblättert? usw.)

*Phase 2:*
*Präsentation und erste unangeleitete Auswertung des Materials: Ann Turner: Ein Jäger kehrt heim*

Nach der Auflistung der verschiedenen Möglichkeiten bei der Buchauswahl, erfolgt nun die Präsentation und die erste noch unangeleitete Auswertung des Materials. Dabei wollen wir uns auf Mat. 1a konzentrieren und an ihm exemplarisch die Struktur und Intention eines Verlagsprospektes erarbeiten. Die gleichzeitige Analyse des Verlagsprospektes von Oetinger (Mat. 1b) wäre sicher im Rahmen einer arbeitsteiligen Gruppenarbeit denkbar, stellt aber u. E. zu hohe Anforderungen an die Unterrichtsorganisation, insbesondere was die Auswertung und Präsentation der intendierten Analyseergebnisse beider Anzeigen beträfe.
Nach dem genauen Lesen / Betrachten der Bild-Text-Kombination können in der Phase der spontanen Reaktionen erste Äußerungen zum Text-Bild-Verhältnis (viel Bild, weniger Text) bzw. den dargestellten Wort-Bild-Beziehungen erwartet werden. Am Ende dieser Phase sollten durchaus bereits gegensätzliche Positionen zur Textsortenbestimmung (Buchwerbetext oder rein informierender Text über das Buch?) zugelassen bzw. aufgebaut werden, die für den notwendigen Motivationsschub für die angeleitete und vorstrukturierte Analyse der Anzeigenseite sorgen sollen.

*Phase 3:*
*Erschließung und Beschreibung des äußeren Aufbaus der Text-Bild-Anordnung (Gesamtschau)*

In dieser zielgerichteten Analysephase sollen die Schüler durch die genaue Beobachtung die sechs Teilelemente der Gesamtseite (das Autorenphoto und die Kurzbiographie zur Autorin fassen wir zu einem Element zusammen) erkennen und in ein vom Lehrer in dieser Phase auszuhändigendes Arbeitsblatt (s. Tafelanschrieb) an den entsprechenden „Leerstellen“ eintragen. Bereits in dieser Phase der Beschreibung des äußeren Aufbaus der Anzeige können die Schüler aus der Funktion von Wort und Bild und aus dem Verhältnis, in dem sie zueinander stehen, erste Einsichten in die appellative Grundstruktur und Intention des Prospektes gewinnen. Sie werden keine Probleme haben, das fast zentral in die Seitenmitte gerückte Buchcover mit seiner Illustration als „Blickfang“ zu definieren, das eindeutig die Funktion übernimmt, die Neugierde und das Interesse des Lesers über das Bildmedium zu wecken. Weitaus weniger interesseweckend ist der Titel selbst. Schwieriger dürfte den Schülern die Feststellung einer Ähnlichkeit im äußeren Aufbau (Anordnung der sechs Teilsegmente auf der Seite) mit einem traditionellen Nachrichtentext fallen. Hier muß der Lehrer entsprechende Hilfsimpulse geben, vorausgesetzt die Klasse ist mit dem Aufbauschema eines Nachrichtentextes bereits vertraut. (z. B. Überschrift in Fett- und Großdruck quer über der dreispaltig angelegten Anzeige übernimmt die Funktion der Schlagzeile, die symmetrische Anordnung der Bilder und Texte wie der dreispaltige Nachrichtentext).

Daß diese formale Ähnlichkeit mit einem Nachrichtentext dem Leser eventuell suggerieren soll, die Anzeige für das Buch enthalte ebenso wie die Nachricht sachliche und objektive Informationen, ist sicher ein manipulatives Element dieses Prospektes. Ohne die gedankliche Hilfe und Unterstützung des Lehrers werden die Schüler diese „Querverbindungen“ alleine nicht herstellen können.

*Phase 4:*
*Analyse der Einzelelemente*

Zu Beginn der Analyse der Einzelelemente der geschickt hergestellten Kombination von Bild- und Sprachelementen, wenden wir uns noch einmal gesondert den Bildteilen zu. Im Unterrichtsgespräch soll zunächst die Funktion der Bildteile innerhalb der Gesamtseite erarbeitet werden. Hauptsächlich appellativ muß der Abdruck des Buchcovers gewertet werden, da außer dem wenig reißerischen Titel keine neuen Informationen vermittelt werden. Der reine Abbildungsteil (Spannende Jagdszene im Eismeer) dient in erster Linie dazu, Neugier zu wecken und den Leser über das Auge an dem vermeintlich spannenden Inhalt des Buches zu interessieren. Weitaus schwieriger ist die Bewertung und Analyse der Funktion des Autorenphotos. Einmal dient es sicher als informative Ergänzung des Textteiles, eine eindeutig appellative Funktion läßt sich kaum erkennen. Sicher ist das Photo gegenüber dem Text das besser geeignete Medium, um einen personalen Bezug zum Autor herzustellen.

Kern der Detailanalyse ist die Untersuchung und Auswertung des Schrift- oder Textteiles. Die Erfassung der rein informativen Textteile dürfte zunächst bei den Schülern zu unterschiedlichen Ergebnissen führen, was zu Beginn dieser Phase nur von Vorteil sein kann. Unstrittig dürfte die Bewertung der Autorenbiographie und der Bibliographie als rein informative Textbausteine sein. Probleme bereiten wird die Einschätzung und Einstufung der „Überschrift“ und die Bewertung der Inhaltsbeschreibung einschließlich des Kurztextes. Hierzu sollten die Schüler zunächst die Hauptüberschrift, die bereits durch Großbuchstaben und Fettdruck optisch hervorgehoben ist, genau durchlesen. Die Schüler werden durch den Impuls

„Ich behaupte, daß in diesem Aussagesatz der Überschrift eine ‚versteckte' Aufforderung enthalten ist" hingewiesen, daß man diesen Satz syntaktisch so verändern kann, daß aus ihm ein direkter Kaufappell abgeleitet werden kann. Diese Erkenntnis setzt voraus, daß die Schüler bereits gelernt haben, zwischen direkten Appellen (z. B. Struktur des Aufforderungssatzes) und indirekten Appellen (Fragesatz oder auch Aussagesatz) zu unterscheiden. (Vgl. P. Kohrs, Stundenblätter Aufsatz, 5./6. Schuljahr, Teilband Informieren/ Appellieren)
Die Analyse der Inhaltsbeschreibung oder der sog. Inhaltsangabe sollte in einer Stillarbeitsphase vollzogen werden, wozu die Schüler den Arbeitsauftrag erhalten, mit Hilfe der W-Fragen den Textinhalt zu erschließen. Die Auswertung wird zunächst ergeben, daß die Inhaltsbeschreibung nur spärliche Antworten auf zwei W-Fragen (Wer? und Was?) gibt. Insgesamt wird man in dem folgenden Unterrichtsgespräch erarbeiten, daß in der sog. Inhaltsangabe lediglich vage Andeutungen zur Handlung gemacht werden. Hervorgehoben wird dabei der schon in der Überschrift thematisierte Konflikt der Hauptfigur, die sich ja nicht schlüssig ist, für „welche der beiden Welten" sie sich entscheiden soll. Die „Inhaltsangabe" enthält ansonsten nur „Leerstellen" und „Lücken", viele Fragen bleiben bewußt offen und lassen sich erst durch den Kauf und die Lektüre des Romans beantworten. Schwieriger als den Schülern die Funktion der unvollständigen und mit indirekten Appellen gespickten „Inhaltsangabe" bewußt zu machen, ist die Herausarbeitung der „Ideologie" des Textes, festzumachen z. B. an der Art der Konflikt- bzw. Problemlösung. Obwohl diese Frage letztlich offen bleibt, vermutet der Leser, daß sich Jona wahrscheinlich gegen den Rat der Mutter für das Leben als Jäger entscheiden wird. Damit bietet der Text, durch die breiter angelegte Darstellung der „einen Welt" (Jäger; lernt, sich an Robben und Rentiere anzuschleichen; Netze im Eiswasser auslegen; das Eis prüfen; lernt die Sprache der Natur und des Todes, . . .) dem jugendlichen Leser genügend Identifikationsangebote. Zur Erarbeitung dieser geschickt verpackten Werbestrategie sowie deren manipulative Absichten bedarf der Schüler entsprechende Lernhilfen, die in Form von Impulsen gegeben werden sollten.

*Phase 5:*
*Gesamtzusammenfassung anhand der Tafelanschrift*

Mit der abschließenden Frage: „Handelt es sich bei diesem Prospekt um einen informativen oder werbenden (appellativen) Text?", wollen wir den Schülern verdeutlichen, daß eine klare und eindeutige Zuordnung zu einer bestimmten Texttypologie nicht möglich und auch nicht sinnvoll ist. Anhand der Struktur des Tafelanschriebs wird den Schülern signalisiert, daß dieser Verlagsprospekt eine geschickte und nach wohl durchdachten Strategien angeordnete Mischung aus Text- und Bildelementen darstellt, wobei insgesamt die appellierenden Elemente überwiegen. Daher ist es durchaus legitim, die vorliegende Text-Bild-Anordnung zu den appellativen Texten zu rechnen.

## 2. Stunde: Eine informierende Inhaltsangabe in eine appellierende oder werbende (z. B. Klappentext) umformen (Mat. 2)

### Vorbemerkungen

In der zurückliegenden Stunde sollten die Schüler erkennen, daß der Verlagsprospekt ein Werbeträger ist, der zwischen der Buchproduktion und -konsumtion vermittelt, aber auch dem interessierten Kunden die Möglichkeit bietet, sich rasch einen Überblick über das breit gefächerte Bücherangebot zu verschaffen und über einzelne Bücher gezielt zu informieren. Sie haben schließlich erfahren, daß Verlagsprospekte trotz der geschickten Mischung von informativen und appellativen Elementen ihrer Intention gemäß Werbetexte sind, zu denen kritische Distanz angebracht ist. In dieser Stunde sollen die Schüler ihr Wissen und ihre Kenntnisse um die äußere und innere Struktur solcher Texte bei der eigenen Produktion anwenden. Aus der vorgegebenen informierenden Inhaltsangabe zu dem Buch „Voll auf der Rolle – Ein Stück zur Ausländerfeindlichkeit“ von Leonie Ossowski sollen sie einen werbewirksamen Klappentext (Inhaltsbeschreibung auf der Rückseite des Bucheinbandes) selbst verfassen. Dazu ist es notwendig, die auf informative Vollständigkeit angelegte und ohne Wertung und Stellungnahmen abgefaßte Inhaltsangabe zu dem Stück (Mat. 2) so umzuformen, daß dem Leser die für den werbenden Text typischen Formen des sprachlichen Appells und der durchgängigen Werbeabsicht deutlich gemacht werden. Der Schwerpunkt der Stunde liegt dementsprechend auf der Erarbeitung eines werbenden Textteiles, so wie wir diesen Baustein als wesentliches textuelles Element in dem Gesamtgefüge des Verlagsprospektes kennengelernt haben. Außersprachliche Gegebenheiten (Visualisierung durch Entwicklung eines illustrativen Buchcovers, Schriftgrößen, Hervorhebungen, usw.) sollten zunächst noch zurückgestellt und der freiwilligen Weiterarbeit der Schüler überlassen bleiben.

In erster Linie muß es den Schülern durch die Umformung gelingen, auf das Buch/Stück aufmerksam zu machen, den Leser zum Lesen des Buches anzuregen, gezielt nur einige attraktive Inhaltsbereiche darzustellen, „nicht schon alles vorweg zu verraten“, um die Spannung ja nicht schon durch die Lektüre der Inhaltsangabe abzubauen.

Vor dem Hintergrund der jüngsten Wahlergebnisse in Berlin (Einzug der Republikaner ins Berliner Parlament) gewinnt der von uns für diese Aufgabe ausgewählte Text eine eigentlich so nicht beabsichtigte Aktualisierung, denn ein zunehmendes Erstarken neofaschistischer Tendenzen insbesondere bei Jugendlichen und an Schulen ist seit Jahren zu beobachten, ohne daß diesen bedenklichen Entwicklungen in der Vergangenheit entsprechende Aufmerksamkeit geschenkt oder gar etwas Aufklärerisches entgegengesetzt worden wäre. Mit der Hereinnahme der Thematik „Ausländerfeindlichkeit“ und der im Stück dargestellten Problematik „einen Türken und Neofaschisten in derselben Klasse zu haben“, wollen auch wir neben der aufsatzdidaktischen Zielsetzung gleichzeitig eine ebenso wichtige pädagogische Aufgabe verbinden: gerade die Schüler der Mittelstufe bereits über die in der Inhaltsangabe vermittelte Problematik für das Thema „Ausländer und Zunahme der Ausländerfeindlichkeit“ und „Anwachsen neofaschistischer Tendenzen“ zu sensibilisieren, in dem wir ihnen zu einem informativeren Argumentations- und Diskussionshintergrund verhelfen. (Eine inhalts- und schreibdidaktische Ausweitung und Vertiefung der Problematik wird im Kap. Argumentieren im Teilband „Informieren / Argumentieren“ vorgenommen.)

**Kurzinformationen zum Buch / Stück**

„Voll auf der Rolle“ besteht eigentlich aus zwei Stücken, in denen die Erfahrung von Geschichte zentrales Thema ist: Zum einen die Geschichte vom „Stern ohne Himmel“, im Stück selbst in wenigen knappen Dialogpassagen präsentiert, in der von der Zeit des Nationalsozialismus, von Judenverfolgung und Widerstand aus der Perspektive einiger Jugendlicher kurz vor Kriegsende 1945 erzählt wird; zum anderen die Geschichte der jugendlichen Hauptschüler (Atze, Katja, Metin, Peter, Sigi, Wolle) und ihres Lehrers Röpke, die von zeitgeschichtlicher Wirklichkeit 1984 in Westberlin handelt, indem von neofaschistischen und ausländerfeindlichen Strömungen, von einer Jugendkultur im neuesten Trend, von der Unlust der Schüler und dem „zwangsverordneten Antifaschismus“ als Unterrichtsprojekt zur Vergangenheitsbewältigung die Rede ist. Zentrales Anliegen von „Voll auf der Rolle“ ist sicher, Jugendliche durch ein aufklärerisches und kritisches Theater entsprechende Einsichten in geschichtliche und politische Zusammenhänge zu verschaffen und ihnen die Vermittlung von historischen Erfahrungen in bezug auf ihre eigene Lebensrealität zu ermöglichen. Ganz anders als dies der weithin in die Kritik geratene und oft als „langweilig“ empfundene Geschichtsunterricht mit seinen überwiegend abstrakten Lerninhalten zu leisten imstande ist, ist das pädagogische Ziel dieses „Lehrstückes“ zu bewerten. In diesem Werk erkennen wir den gelungenen Versuch, einen wichtigen Abschnitt in unserer Geschichte ganz „hautnah“ an die heutige Lebenssituation der Jugendlichen heranzurücken. In dem Augenblick, wo sich jeder Spieler die Rolle heraussucht, von der er meint, daß sie ihm persönlich am nächsten liegt, beginnt die „sinnliche Vergegenwärtigung“ einer historischen Epoche und die emotionale wie auch kognitive Auseinandersetzung mit der aktuellen Lebensrealität der Jugendlichen. Das Theaterstück beginnt sich mit ihrer eigenen Realität zu vermischen.

## Lernziele

Die Schüler sollen
- aus der informierenden Inhaltsangabe zu „Voll auf der Rolle“ die wesentlichen Informationen entnehmen und die Intentionen beschreiben
- unter Beachtung der zuvor erarbeiteten Kriterien den vorliegenden Text so umarbeiten, daß er den Charakter eines appellativen Werbetextes (z. B. Klappentext) annimmt.

## Unterrichtsverlauf

*Phase 1:*
*Intention und Aufbau der informierenden Inhaltsangabe zu dem Buch/Stück „Voll auf der Rolle“*

Diese dem eigentlichen Schreibprozeß vorgeschaltete Phase dient in erster Linie der Analyse der Inhaltsangabe zu dem Buch/Stück „Voll auf der Rolle“. Nach der Lektüre des Textes (Mat. 2) werden die Schüler aufgefordert, diese Inhaltsangabe mit der Inhaltsbeschreibung aus dem Verlagsprospekt (Mat. 1) zu vergleichen. Hierbei sollten sie zunächst Gelegenheit erhalten, ihre Eindrücke in freier Form auszusprechen. Anzunehmen ist, daß sie zunächst auf die Gemeinsamkeiten und

Unterschiede beider Formen der Inhaltswiedergabe zu sprechen kommen und dabei wahrscheinlich den informierenden Charakter des „neuen Textes“ ohne weiteres erkennen werden. In dieser Phase der noch spontanen Beschreibung, Bewertung und Einordnung des Textes als „informierende Inhaltsangabe“ sollte der Lehrer die Schüler auffordern, für die unterschiedliche Bewertung beider Texte entsprechende inhaltliche und formale „Belege“ zu finden. Die Ergebnisse dieser Spontanphase werden zusammengefaßt und im weiteren Verlauf der dann folgenden Detailanalyse und Beschreibung der Verfasserabsichten genutzt.
Zunächst sollen die Schüler in einer Stillarbeit mit Hilfe der ihnen vertrauten W-Fragen die inhaltlichen Einzelelemente des Textes ermitteln. Die Auswertung dokumentiert den Schülern auf eindrucksvolle Weise den Unterschied dieser Inhaltsangabe zu dem Muster aus dem Verlagsprospekt. Die Inhaltsangabe zu „Voll auf der Rolle“ gibt die gewünschten Antworten auf die wichtigsten W-Fragen. (Wer? – Die Haupthandlungsträger und ihre Handlungsmotive werden genannt. Was? – Eine knappe aber relativ vollständige Skizzierung der Handlung liegt vor. Wann und Wo? – Orte und Zeiten des Geschehens werden genannt.)
Ein weiterer wesentlicher Punkt des Unterrichtsgespräches ist die deutliche Herausstellung der in der Inhaltsangabe nicht direkt ausgesprochenen Thematik bzw. Problematik. Hierbei muß dem Schüler erklärt werden, daß Rassismus und Neofaschismus (verkörpert durch Wolle und seine Bezugspersonen) als Hauptkomponenten von Ausländerfeindlichkeit betrachtet werden müssen.

Am Ende dieser Phase untersuchen und beschreiben die Schüler die Intentionen dieser „informierenden Inhaltsangabe“ und grenzen sie deutlich von den appellierenden oder werbenden Formen ab, die sich in Stil, Absicht und Wirkung allzu deutlich voneinander unterscheiden.

*Phase 2:*
*Aus der informierenden Inhaltsangabe eine werbende / appellierende verfassen (z. B. Klappentext) – Kriterien für die Umarbeitung erarbeiten*

Die Schüler sollen nun aus der informierenden Inhaltsangabe eine appellierende/werbende Version erstellen. Die vorausgegangene Analyse und die in der Einstiegsstunde aufgelisteten Merkmale und Kriterien der appellierenden Inhaltsangabe dienen als Basis für die Einhaltung und Beachtung der formalen Textsortenmerkmale. Nach der Konfrontation und Entwicklung der Schreibaufgabe sollten die Schüler zunächst ihre Vorschläge einbringen, die die notwendigen Veränderungen und Umformungen am Mat. 2 betreffen. Dabei sollte der Lehrer sie immer wieder an die ihnen bereits bekannten appellativen Elemente der Inhaltsbeschreibung in Verlagsprospekten erinnern und diese Lernergebnisse wiederholen. Die von den Schülern eingebrachten Vorschläge sollten schließlich gewichtet und geordnet werden. Die sicherlich wichtigste Aufgabe besteht in der weiteren inhaltlichen Reduktion des Textes auf solche „attraktiven und reizvollen“ Elemente, mit denen man den Adressaten insbesondere ansprechen und für das Buch interessieren könnte. (z. B. Streit Wolles mit seinen Klassenkameraden, Auseinandersetzung Wolle – Metin, usw.)
Die Schüler müssen den zu erstellenden Text mit entsprechenden „Lücken“ und „Leerstellen“ versehen, sie dürfen nicht gleich alles über den Inhalt preisgeben. Gefragt in der appellierenden oder werbenden Inhaltsangabe ist die Kunst des Andeutens. Eine weitere wichtige Verän-

derung am Aufbau des zu verfassenden Textes ist die Gestaltung des Schlusses. Während die informierende Inhaltsangabe das Ende der Handlung („Ausgang des Buches“) mit der Darstellung der Lösung des Konfliktes (Metin erhält eine befristete Aufenthaltsgenehmigung) dem Leser präsentiert, weil sie ihn informieren will, muß der Verfasser der appellierenden Inhaltsangabe dem Leser den Schluß der „story“ in jedem Falle vorenthalten. Dies ist die wichtigste Voraussetzung, um dem Leser den Inhalt des Buches „schmackhaft“ zu machen, d. h. zunächst einmal über diese inhaltlichen Auslassungen seinen „Appetit“ auf das Buch anzuregen. Daher muß die Lösung in jedem Falle offen bleiben. (Was wird aus Metin? Was wird aus Wolle?)

Als weiteren wichtigen Schreibauftrag, dem Text einen eindeutigen appellativen Charakter zu verleihen, sollte die Rolle und Funktion einer Interesse weckenden Überschrift („Schlagzeile“) angesprochen werden. Hierzu sollten sich die Schüler an der Formulierung direkter oder indirekter Appelle erproben. Voraussetzung hierzu ist das aus der Addition der inhaltlichen Einzelaussagen zu entwickelnde Hauptmotiv des Stückes bzw. die Formulierung einer durchgängigen Thematik und die Übernahme in die Überschrift.

Des weitern sollten sie einen Kurztext zum Inhalt verfassen, in dem sie mit Hilfe bekannter Mittel der Werbesprache (Superlative, Hochwertwörter, bewertende Adjektive, usw.) zu einer positiven Bewertung des Buches gelangen müssen. Als Schreibanregung dient ihnen der Vergleich mit Mat. 1. Der kursiv gedruckte Teil der abschließenden Beschreibung enthält solche appellativen Ausdrucksformen.

Bei der Herstellung von appellierenden Texten sollte der Schreiber in jedem Falle auch die Adressaten mitbedenken, da es ja in jedem Falle um deren direkte Beeinflussung (Kauf des Buches) geht. Hier sollten die Schüler entsprechende Ideen entwickeln, wie man die anvisierte Zielgruppe (überwiegend Jugendliche gleichen Alters) durch direkte oder indirekte Ansprache erreichen und zum Handeln überreden kann.

Schließlich sollen die Schüler noch im Verlaufe der Unterrichtsstunde an die schriftliche Ausarbeitung der appellierenden Inhaltsangabe gehen. Erfahrungsgemäß wird hierzu die Zeit nicht mehr ausreichen. In diesem Falle muß die geforderte Schreibaufgabe in die Hausaufgabe verlagert werden, gegebenenfalls muß die gesamte Gestaltungaufgabe für die Stillarbeit als Hausaufgabe gestellt werden. Das Vorlesen der ersten Entwürfe und deren kritische Beurteilung und Überarbeitung ist dann der folgenden Stunde vorbehalten.

Zur Übung und Sicherung des Gelernten stehen die Mat. 3 und 21 („Informieren“) zur Verfügung. Die intendierten Lernprozesse mit den beschriebenen Zielsetzungen ließen sich auch ohne weiteres an diesen beiden Materialien vollziehen. Auch bei diesen handelt es sich jeweils um rein informierende Inhaltsangaben, die analog zu verändern wären.

## 3./4. Stunde: Eine Buchempfehlung schreiben (Mat. 3 und 21 „Informieren“)

### Vorbemerkungen

In Zeiten des zunehmenden Verlustes an Lesefähigkeit und Lesemotivation müssen gerade Deutschlehrer verstärkt über Methoden und Maßnahmen reflektieren, wie den Schülern wieder der Weg zum Medium Buch geebnet werden kann. Eine von zahlreichen Möglichkeiten, wie sich Schüler für Bücher interessieren lassen, wird von vielen Kollegen schon in der Primar- und Unterstufe mit Erfolg wahrgenommen. In sog. „Bücherstunden“ oder „Lesestunden“ stellen sich Schüler z. B. gegenseitig ihre Lieblingsbücher vor, wobei sie erstmals schon mit den Aspekten der Wertung und Beurteilung der gelesenen Bücher ansatzweise konfrontiert werden. (z. B.: Mir hat das Buch gefallen, weil ...) Solche Buchvorstellungen enthalten in der Regel neben einer knappen Inhaltsbeschreibung, Angaben zur Bibliographie, Aussagen zu den Illustrationen, eine zum Vorlesen besonders geeignete Stelle sowie eine Bewertung, die deutlich eine Empfehlung („Lieblingsbuch“) vermittelt. Auf negative Aspekte können die Schüler im Rahmen dieser Buchvorstellung ja noch nicht eingehen.

Diese Vorstellung vermittelt den Schülern bereits ein propädeutisches Wissen über das Medium Buch und sein Umfeld (Autor, Verfasser, Herausgeber, Verlag, Katalog, Illustration, Preis, Bestellnummer, usw.), was als Minimalvoraussetzung und Grundwissen für den allmählichen Aufbau einer Lesekompetenz benötigt wird.

Buchbesprechungen und Buchempfehlungen sind auch noch eine durchaus gängige Form der Beschäftigung mit dem Buch in der Mittelstufe. Sie zwingen den Leser zur selbständigen aktiven Auseinandersetzung mit dem Werk und fördern die Kritikfähigkeit des Lesers. Daher wollen wir die in der Unterstufe praktizierten Ansätze weiterführen und die Buchempfehlung auf einem der Klassenstufe angemessenen Niveau zum festen Repertoire des Umgangs mit Büchern werden lassen. Wir sind uns allerdings im klaren, daß wir im Rahmen dieses Schreibprojektes von den Schülern keine ausgefeilten Buchbesprechungen, Rezensionen oder Kritiken erwarten dürfen. G. Haas hat in seinem Aufsatz „Texte zu Büchern verfassen“ die bei dieser Schreibaufgabe zu beachtenden thematischen Bedingungen und Intentionen klar analysiert und beschrieben. Er unterscheidet dabei zu Recht zwischen verschiedenen Formen der Buchbesprechung.

> „Buchbesprechungen etwa zur Information einer Benutzergruppe wie sie Bibliothekare darstellen, können sich auf prägnante Angaben zum Inhalt und eine knappe Einschätzung des Gebrauchswerts beschränken; Rezensionen in Zeitungen und Zeitschriften, die den Gang der kritischen Diskussion bestimmen, sind in der Regel ausführlicher, argumentierender und stärker durch den subjektiven Gestus in der Rolle eines öffentlichen Anklägers oder Befürworters auftretenden Rezensenten geprägt. Wenn Inhaltswiedergabe, Buchvorstellung und Lesetagebuch als Modi unterrichtlichen Schreibens benutzt werden, liegt auf der Hand, daß dabei generell, im besonderen natürlich auf der Primarstufe, die einfachsten Ausprägungen der jeweiligen Form zu erwarten sind. Die beschriebene Funktion, den literarischen Text mit einem eigenen Text zu begleiten oder auf ihn mit einem kritischen Text zu antworten, um nicht in passivem Konsum und in Sprachlosigkeit zu versinken, teilen sie gleichwohl uneingeschränkt mit den differenziertesten Möglichkeiten.“
> (Haas, G., Texte zu Büchern verfassen, in: Praxis Deutsch, Heft 65, 11. Jg., 1984, S. 48)

Die intendierte Ausbildung einer kritischen Wahrnehmungs- und Beurteilungskompetenz beim Schüler setzt zunächst die selbständige Auseinandersetzung mit dem zur Disposition stehenden Werk voraus und verlangt auch die Einübung in Formen der bewertenden und beurteilenden Stellungnahme. (s. Sequenz: Argumentieren im Teilband „Informieren / Argumentieren“) Das beabsichtigte Schreiben über ein Buch als Fixierung von Leseeindrükken und inhaltlichen wie formalen Daten für den Schreiber selbst sowie für den

Adressaten, ist leicht als sinnvoll einsehbar zu machen. In der Regel wird es angetrieben durch die Impulse, die sich aus dem Lese- und Analyseprozeß ergeben, und es besitzt die klar definierbare und von den Schülern erfahrbare und bejahbare Funktion des Austausches von Erfahrungen. (Vgl. Haas, G., a.a.O., S. 48)
Didaktisch sicher nicht unumstritten ist unser Vorschlag, die Buchempfehlung an zwei Stellen im Verlauf des Lese- und Interpretationsprozesses des Buches zu plazieren. Einmal wollen wir den Weg des „normalen“ Verstehens- und Aneignungsprozesses verlassen und die Buchempfehlung unmittelbar nach dem eigenständigen Lesen des Werkes durch die Schüler anbieten. Dieser frühe Einsatz hätte den Vorteil, daß zu diesem Zeitpunkt die existentielle und emotionale Betroffenheit der Schüler noch nicht durch die in der Regel recht starr festgelegte und weitgehend vom Lehrer diktierte Interpretation „zerstört“ würde. Wir verstehen dieses frühe Ansetzen der Schreibens über den Text als eine Form der aktiv-produktiven Annäherung an den Text, so wie wir dies schon am Beispiel des Schreibens im Anschluß an Ganzschriften praktiziert haben. Diesen vorgeschlagenen Weg sollte man allerdings erst dann gehen, wenn die Schüler zuvor die Buchempfehlung am Ende eines nach systematischen und textspezifischen Gesichtspunkten durchgeführten Analyseprozesses bereits geübt, d. h. deren konstitutionellen Elemente bereits kennen. Denkbar wäre auch die Herstellung einer Buchempfehlung an beiden Stellen des Aneignungsprozesses, wobei es sicher interessant wäre festzustellen, inwieweit die schulische Interpretation die Haltung und Einstellung der Schüler zu dem Werk beeinflußt.

**Zur Auswahl des Buches**

Nicht minder schonungslos und aufrüttelnd als die Lektüre des Buches „Die letzten Kinder von Schewenborn“ ist das neue Buch der engagierten Autorin Gudrun Pausewang „Die Wolke“. (Ravensburger Buchverlag, 1987, 160 S., 15,80 DM; eine Taschenbuchausgabe ist für Juni 1989 geplant.) Es zeigt die Folgen eines Reaktorunfalles und Supergaus in aller Härte und Konsequenz. Für G. Pausewang war es Anlaß, das Unvorstellbare konsequent zu Ende zu denken. „Jetzt werden wir nicht mehr sagen können, wir hätten von nichts gewußt“, heißt der Untertitel. Das Buch macht eindringlich die Gefahren bewußt, in der sich auch die Bürger der Bundesrepublik Deutschland befinden. Der Störfall von Biblis im Dezember 1987 und die Taktik des Herunterspielens bzw. des Verschweigens der Verantwortlichen haben der deutschen Öffentlichkeit endlich die Augen geöffnet. Der noch einmal in letzter Sekunde verhinderte Gau in Biblis hat immerhin dokumentiert, daß die Realität die Fiktion des Romans beinahe (!) eingeholt hätte. Insofern sollte dieser Jugendroman alle Verantwortlichen zum Nachdenken <u>und</u> Handeln zwingen. Der „Bannstrahl der Kritik“ traf auch dieses Werk ähnlich hart wie „Die letzten Kinder von Schewenborn“; die Verleihung des Deutschen Jugendliteraturpreises 1988 im Lüneburger Rathaus ging schließlich doch noch ohne Eklat, dafür aber mit einer beängstigenden zeitlichen Verzögerung über die Bühne.

## Aufbau der Sequenz

Wir folgen beim Aufbau dieser Kurzsequenz den traditionellen methodischen Verfahrensweisen und plazieren die Schreibaufgabe an das Ende der Unter-

richtseinheit. Vorausgesetzt wird demnach die eingehende Analyse der Handlungs- und Problemstruktur des Buches im Rahmen einer eigenständigen Sequenz, die wir hier aus Raumgründen nicht darstellen können. Verweisen möchten wir aber in diesem Zusammenhang auf die von Gabriele Runge erarbeiteten Vorschläge zur Unterrichtsgestaltung, die wir jedem Deutschlehrer als Anregung und Leitlinie für die Realisierungsphase empfehlen können. (G. Runge, Sek. I. – Thema „Überleben nach der Atomkatastrophe", G. Pausewang „Die Wolke", Ravensburger Arbeitshilfen, o. Jahrgang)
Am Ende dieses analytischen Verfahrens sollten die Schüler bei der Beantwortung der bedrängenden Fragen, die eingebettet in das Schicksal Janna-Bertas im Buch behandelt werden, über ihre emotionale Betroffenheit hinaus dem dargestellten Fall auch entsprechende sachorientierte Informationen entnommen haben (u. a. Folgen der Atomkatastrophe für die Gesundheit der Menschen, das soziale Leben und die Wirtschaft/Politik, Maßnahmen der Regierung und die Kritik an solchen Maßnahmen – z. B. unzureichende Katastrophenpläne –, die unterschiedliche Haltung der Betroffenen – Tante Helga / Almut –, usw.), so daß ihnen die Darstellung der bewertenden und beurteilenden Stellungnahme zum Buch leichter fällt.
Darüber hinaus stellen wir den Schülern vier Materialien zur Verfügung, auf die sie bei der Herstellung der Buchempfehlung zurückgreifen können bzw. sollen:

1. Eine sehr ausführliche Inhaltsangabe, die sie zweckgerichtet straffen und kürzen müssen. (Mat. 21 „Informieren")
2. Ein Werbeplakat des Verlages für den Buchhandel mit entsprechend verwertbaren Teilelementen (Buchcover mit Best.-Nr. und Preisangabe, Hinweis auf die Auszeichnung mit dem Deutschen Jugendliteraturpreis, Autorenzitat und Auszug aus einer Rezension abgedruckt in der ZEIT) (Mat. 3)
3. Kurzinformation zur Autorin G. Pausewang (Mat. 3)
4. METALL-Interview mit der Schriftstellerin G. Pausewang über die Angst der Kinder nach Tschernobyl (Mat. 3)

## Lernziele

Die Schüler sollen

- auf der Grundlage der Lektüre des gesamten Buches und der Ergebnisse der schulischen Interpretation
- sowie unter Hinzuziehung und intentionsgemäßer Auswahl und Auswertung der bereit gestellten Materialien in die einfachen Formen der bewertenden Stellungnahme zu einem Buch eingeführt werden und dabei
- insbesondere erkennen, daß die Buchempfehlung (oder auch Buchkritik) aus informierenden, argumentierenden/bewertenden und appellierenden Elementen besteht.

## Unterrichtsverlauf

*Phase 1:*
*Ideen entwickeln, wie man Mitschülern ein Buch empfehlen kann*

In dieser Einstiegsphase werden die Schüler behutsam an die Schreibaufgabe herangeführt. Zur Erleichterung und Konkretisierung werden sie mit einer durchaus realen Kommunikationssituation vertraut gemacht: Stellt euch vor, ihr sollt gleichaltrigen Mitschülern, die das Buch „Die Wolke" von G. Pausewang noch nicht gelesen haben, über das Buch informieren, es ihnen vielleicht schmackhaft machen oder sogar von der Lektüre abraten. Um eine breite Informationsbasis für das intendierte situations- und adressatengebundene Verfassen einer Buchempfehlung zu erhalten, sollen die Schüler zunächst ihre Ideen und Vorstellungen entwickeln, wie man Mitschülern ein Buch, das man selbst gelesen hat, vorstellen bzw. empfehlen kann. Dabei kann der Lehrer durchaus auf Erfahrungen der Schüler dieser Stufe aufbauen, denn die meisten von ihnen beurteilen im Alltag (z. B. in Gesprächen mit Freunden und Mitschülern und Briefen) recht häufig gelesene Bücher. In der Regel wird dabei der Leseeindruck kurz geschildert, das bewertende Urteil oft in knappen Formulierungen zusammengefaßt. Es wird davon erzählt, was einem an dem Buch besonders gefallen oder mißfallen hat. Diese Eindrücke bestätigten sich auch voll und ganz bei der „Vorstellung des Lieblingsbuches" in einer 5. Klasse, bei der sich die Buchvorstellung bei sehr vielen Schülern in der Formel „das Buch ist spannend und lustig" bereits erschöpfte. An dieser Stelle sollte der Lehrer den Schülern allerdings bewußt machen, daß die anvisierten Mitschüler (= Leser einer Buchempfehlung) umfassende Informationen und begründete Empfehlungen, warum sie ein Buch lesen bzw. besser nicht lesen sollten, benötigen. Daher sollten die Schüler ihre Vorstellungen von und Erwartungen an eine Buchvorstellung / Buchempfehlung selbst artikulieren. Folgende Elemente könnten dabei angesprochen werden:

- Autor, Titel, Verlag, Umfang, Preis, Aufmachung ...
- Buchtyp (Jugendroman, Abenteuergeschichte, Sachbuch, ...)
- Was passiert im Buch? Was erfährt man zum Inhalt?
- Wie ist das Buch geschrieben? (spannend, langweilig, witzig, ...)
- Für wen ist das Buch geeignet? Für welches Alter wird es empfohlen?
- Ist das Buch empfehlenswert? Kann man es nicht zum Lesen empfehlen? Warum?

Am Ende dieser Phase kann nun der Schreibauftrag präzisiert und weiter konkretisiert werden: die Schüler sollen zu dem gelesenen und im Unterricht behandelten Buch „Die Wolke" eine ausführliche Buchempfehlung schreiben, die die o. a. Gesichtspunkte berücksichtigt und die man in der nächsten Nummer der Schülerzeitung abdrucken könnte. Nach der Formulierung des Schreibauftrages werden die Schüler noch darüber informiert, daß zu ihrer Entlastung und Erleichterung beim Schreiben weitere Materialien zur Verfügung gestellt werden, auf die sie bei der Produktion der Buchempfehlung zurückgreifen sollen.

*Phase 2:*
*Die informierenden Bausteine der Buchempfehlung erkennen und darstellen*

In dieser z. T. schon produktiven Phase lernen die Schüler zunächst die informierenden Bausteine der Buchempfehlung kennen. Auch bei der Erarbeitung dieser Elemente der Textsorte können sie auf bereits bekannte Informationsblöcke zurückgreifen. (Buchtitel, Buchcover, Kurztexte in Verlagsprospekten, Klappentexte mit kurzen Inhaltsbeschreibungen, usw.) Aus der ihnen bekannten breiten Palette von Informationsmöglichkeiten über Bücher gehören zunächst zwei informierende Elemente in die Buchempfehlung:

1. Genaue und detaillierte bibliographische Angaben zum Buch
2. Die Wiedergabe des Inhaltes in gestraffter Form mit einfließenden Bewertungen und Beurteilungen

Zur Erlangung der für die Textherstellung notwendigen Teilfähigkeit erhalten die Schüler die Aufgabe, die im Materialteil abgedruckte ausführliche Inhaltsangabe zu dem Buch „Die Wolke“ zu lesen und dann zu prüfen, ob diese unverändert in die Buchempfehlung übernommen werden kann. Die Schüler werden ohne Fremdhilfe in Anspruch zu nehmen, erkennen, daß diese Inhaltsangabe viel zu umfangreich ist und innerhalb der Buchempfehlung ihre Funktion nicht erfüllen würde. Sie akzeptieren daher den Vorschlag, diese Inhaltsangabe einer radikalen Kürzung zu unterziehen, so daß wirklich nur noch das Wesentliche übrig bleibt. (auf etwa 1/2 Seite zusammenschreiben) In der nachfolgenden Stillarbeitsphase sollen die Schüler dann die Kürzung vornehmen. Der Lehrer sollte ihnen dabei die Möglichkeit eröffnen, am Ende dieser Inhaltsbeschreibung auch bereits bewertende und beurteilende Elemente einfließen zu lassen, so wie sie es z. B. von Verlagsprospekten her kennen. In diesem Zusammenhang kann der Lehrer auch an die Unterrichtssequenzen zur Inhaltsangabe (s. Teilband Informieren – Argumentieren) erinnern, bei der Strukturen der sog, „wertenden Inhaltsangabe“ erarbeitet und bereit gestellt werden.

*Phase 3:*
*Die bewertenden / beurteilenden Elemente der Buchempfehlung analysieren*

In dieser zentralen Phase der Stunde geht es um die Analyse der bewertenden und beurteilenden Elemente der Buchempfehlung. Die Schüler sollen nun erfahren, daß die Mitschüler neben der reinen Sachinformation wissen wollen, wie das Buch nun als Ganzheit bewertet und beurteilt wird. Sie wollen die Gründe für die Empfehlung oder Ablehnung des Buches erfahren. Damit die Schüler bei der nachfolgenden Darstellung dieser bemerkenswerten und beurteilenden Phänomene nicht nur auf die Ergebnisse und Erkenntnisse der überwiegend kognitiv-analytischen Texterschließungsverfahren in der vorangegangenen Unterrichtseinheit bzw. auf ihre eigenen subjektiven Eindrücke und Einstellungen zu der Thematik angewiesen sind, stellen wir den Schülern in dieser Phase weitere Materialien zur Verfügung, die sie „durcharbeiten“ sollen. Zunächst lesen und betrachten sie Mat. 3 und beschreiben Buchcover, Rezension und Autorenzitat als Bausteine des Werbeplakates. In diesem Zusammenhang sollte in einem Unterrichtsgespräch die Funktion von Rezension und Autorenzitat analysiert werden. Die Schüler sollen dabei zu der Erkenntnis gebracht werden, daß die in der Buchwerbung abgedruckte Kritik, die ja nur positiv ausfallen kann, den Anschein der größeren Objektivität erweckt. Dennoch sollte der Schüler grundsätzlich erfahren, daß die Buchrezension eine zunächst „neutrale“ Form der Buchkritik darstellt, derer sich die Verlage dann in besonderer Weise bedienen. Aus dem Autorenzitat kann der Schüler einige Motive ableiten, die die Autorin zur Produktion dieses Buches veranlaßte. Schließlich eröffnet ihnen die Analyse des „Metall-Interviews“ (Mat. 3) einige Perspektiven der Bewertung und Beurteilung, die die Schüler auf jeden Fall in die zu erstellende Buchempfehlung einbringen sollten. Die Autorin selbst äußert sich zu der Frage, ob sie das Buch für Jugendliche geeignet und zumutbar hält, wie Kinder und Jugendliche mit ihrer Angst vor der Radioaktivität „fertig“ werden können und was Kinder tun können, um ihre Angst in Aktivität umzusetzen. Gerade aus den Ergebnissen dieser Analyse sollen die Schüler entsprechende Impulse für die Bewertung und Beurteilung des Buches gewinnen.

*Phase 4:*
*Die Buchempfehlung verfassen*

Diese Phase ist sicher im Blick auf den Aufsatzunterricht (= Herstellen von Texten) der eigentliche Kern der Doppelstunde. Bevor die Schüler am Ende der 90 Minuten mit der Produktion der Buchempfehlung noch beginnen werden, sollten sie sich in einer Gesamtzusammenfassung noch einmal die textuellen Bestandteile / Bausteine der Buchempfehlung vergegenwärtigen. Selbtverständlich muß den Schülern vor dem eigenen Schreiben unmißverständlich erklärt werden, daß sie bei der Abfassung der Buchempfehlung die Ergebnisse und Erkenntnisse des stark analytisch orientierten Textumganges ebenfalls „mitverarbeiten" und in die Buchempfehlung integrieren sollten. Die in dieser Stunde analysierten Materialien sollten in erster Linie weitere Impulse und Schreibanregungen liefern, um die eigene Einstellung, Haltung und Position dem Buch gegenüber zu vertiefen oder auch in Frage zu stellen. Insofern muß der Lehrer jedem Schüler die Freiheit lassen, das Buch in „eigener Verantwortung" zu bewerten. Er muß dabei in Kauf nehmen, daß es innerhalb der Klasse auch zu völlig unterschiedlichen und abweichenden Urteilen kommen kann.
Weitaus wichtiger ist in jedem Fall, daß die Empfehlung oder Ablehnung des Buches mit entsprechenden Argumenten versehen wird, die den Leser auch überzeugen können.
Sollte die Zeit am Ende der Doppelstunde nicht mehr ausreichen, dann sollten die Schüler den in der Stunde begonnenen Schreibprozeß zu Hause zu Ende führen. In der folgenden Unterrichtsstunde muß dann mit dem Vorlesen und der Überarbeitung der Entwürfe begonnen werden.

## 5. Stunde: Eine Werbeanzeige (Commodore AMIGA 500) untersuchen (ohne Stundenblatt) (Mat. 4)

### Vorbemerkungen

In dieser Stunde verlegen wir den inhaltlichen Schwerpunkt auf den Bereich der Konsumwerbung und untersuchen eine Werbeanzeige (Mat. 4) Bei der Analyse dieses einseitigen Prospektes, der in allen gängigen deutschen Illustrierten abgedruckt war, gehen wir dabei von dem aus, was tatsächlich und ostentativ an dieser Text-Bild-Kombination als hervorhebenswert anzusehen ist. Keinesfalls wollen wir in diesem Zusammenhang eine bis ins letzte gehende akribische Untersuchung vornehmen, die keine Silbe, kein Wort, keine syntaktische Struktur und kein rhetorisches Stilmittel ausließe. Selbstverständlich ist auch für den Versuch dieser Analyse die Kenntnis einer Reihe von rhetorischen Mitteln eine notwendige Voraussetzung, um letztlich die Funktionsweise dieses Werbeappelles zu durchschauen und zu verstehen. Die vorliegende Werbeseite gehört zu dem Bereich der graphischen Werbung und dürfte zwischen der sachlich informativen und der suggestiven Form einzuordnen sein. Schon die äußere Aufmachung und Gestaltung mit dem dominanten und als Blickfang dienenden Bildteil machen deutlich, daß sich diese Anzeige vorwiegend an das Emotionale wendet. Die beiden im Mittelpunkt des Bildes stehenden fröhlichen Jugendlichen signalisieren aufgrund ihres Lachens und ihrer körperlichen Nähe, daß mit dem Produkt eine angenehme Gefühlswelt (Glück, Liebe, Harmonie, Zärtlichkeit) verbunden wird. Der Wunsch, jung und dynamisch zu sein, spielt als Werbeappell auch hier eine bedeutende Rolle. Die mit dem Produkt assoziierten Bedürfnisse werden eben durch den Kaufakt befriedigt, das Glücksversprechen auf diese Weise scheinbar eingelöst. Mit diesem „emotional geladenen“ Bild im Vordergrund soll zudem die Aufmerksamkeit des Betrachters geweckt werden. Neben dem dominanten Bild, das sicher auch in besonderer Weise die genau fixierte Zielgruppe (Jugendliche von 13–20 Jahren) repräsentiert, tritt der Textanteil an der Gesamtwerbefläche deutlich zurück. Herausragen lediglich drei Textblöcke in Fettdruck, wobei der Hauptslogan „Kiss me, AMIGA“ wiederum optisch stark hervorgehoben wird. Schon dieser Slogan verlangt ebenso wie der Slogan 2. Ordnung „Der Clevere für ihn. Und für die clevere Sie“ zur vollständigen Entschlüsselung einige Assoziationen. Küß mich, AMIGA (= Freundin) muß der Leser wohl im doppelten Sinne verstehen. Gemeint sein kann sowohl das Produkt als auch die „Freundin“, in jedem Falle wird der Produktname als Mittel der raffinierten Personifikation eingesetzt, die ohnehin die gesamte Aussage dominiert.

Auch in dem Slogan 2. Ordnung „Der Clevere für ihn. Und für die clevere Sie“ dokumentiert sich die Personifikation ebenso wie die deutliche Aufwertung der weiblichen Zielgruppe, auf die es die Werbestrategen besonders abgesehen haben, gilt es doch in erster Linie mit dieser Anzeige, den Markt für das bereits eingeführte Produkt expansiv zu erweitern.

Durch den Austausch der Wortarten („Clever“ einmal als substantiviertes Adjektiv und einmal als adjektivisches Attribut) wird das Produkt wiederum in geschickter Weise direkt mit den beiden Zielgruppenfiguren in Verbindung gebracht. Auch ein weiterer untergeordneter Slogan „Beim Schenken denken: Commodore AMIGA 500 mit Power-Pack“ erweckt die besondere Aufmerksamkeit der anvisierten Zielgruppe. Neben dem einprägsamen Binnenreim ist es vor allem die Alliteration und der Jugend-Jargon des „Power-Pack“, was Jugendliche „anmacht“ und anspricht.

Einen verhältnismäßig bescheidenen Platz nimmt in der Werbeanzeige der kleingedruckte Text am rechten Rand ein, der vorwiegend aus einer bunten Mischung von Sachinformationen zum Produkt und direkten und indirekten Appellen besteht. Vermissen muß man in diesem Textteil weitgehend die klaren Produktinformationen und präzise Hinweise über die Eigenschaften. Die für den interessierten „Fachmann“ wichtigen und aufschlußreichen technischen Daten des Computers (512 KB RAM intern erweiterbar auf 1 MB, extern bis 8,5 MB; 256 KB ROM; Prozessor: Motorola 68000, 7 MHz Taktfrequenz, Grafik-, Animations- und Soundchip; Schnittstellen: Parallel, Seriell; 2. Diskettenlaufwerk (A 1010; Maus; usw.) werden dem interessierten Leser völlig vorenthalten, was letztlich Beweis dafür ist, daß innerhalb der Zielgruppe insbesondere Neulinge und Einsteiger anvisiert werden.

Statt dessen beginnt der Textteil mit einer deutlichen Übertreibung bzw. unbewiesenen Behauptung: „Ein Computer, der alle begeistert.“ Mit der sachlichen Information, daß Fachjournalisten dem Produkt eine hohe Auszeichnung verliehen haben, soll das Vertrauen des Lesers in die Werbeaussagen hergestellt werden. Unmittelbar darauf wird der Leser mit indirekten Appellen konfrontiert, denn es wird ihm suggeriert, daß man mit diesem Computer „auf eine völlig neue Art kreativ und produktiv sein kann“. Sollte der nachfolgende mit „Und“ beginnende Satz, was übrigens noch an anderer Stelle zu registrieren ist, immer noch unkonventionell sein, so ist dies sicher ein erwünschter Nebeneffekt für Innovatives und Neues. Besonders betont wird erneut der „weibliche Fan“ als Zielgruppe. Auch das folgende Wortspiel „Mit dem Commodore AMIGA 500 kann jeder zeigen, was in ihm steckt (damit kann sowohl der Computer als auch der Benutzer gemeint sein!), denn in ihm steckt einfach alles“, wird wieder die direkte Verbindung zwischen der Produkteigenschaft und der Benutzerfähigkeit hergestellt. Mit den modischen Wörtern Text, Grafik, Animation und Sound werden die Anwendungsmöglichkeiten des Gerätes knapp und faszinierend beschrieben. Im 2. Abschnitt wird mit dem Hinweis „zum günstigen Kiss-me-Preis mit Power-Pack“ wieder einmal Bezug zu den Slogans 1. und 2. Ordnung genommen und zum anderen über den „Sonderpreis“ der Kaufwunsch im Leser geweckt. Die Alliteration „Power durch beigepackte Programme“ soll dabei helfen, den Kaufimpuls endgültig auszulösen, wenn der Leser erfährt, was alles zu dem Programmpaket gehört. Dabei soll der fachsprachliche Begriff vom „interaktiven Lernprogramm“ eher seine Neugierde wecken als ihm die notwendige und verständliche Sachinformation über das mitgelieferte Programm liefern.

Mit einer appellativ strukturierten rhetorischen Frage „Also, wann rücken Sie dem Commodore AMIGA 500 auf die Tasten?“ wird der Leser nun endgültig dazu aufgefordert, seine Kaufentscheidung, die er insgeheim ja schon getroffen hat, nur noch zeitlich festzulegen. Dabei soll ihm das geschickt aufgebaute Wortspiel „Rendezvous überall im Handel“ noch einmal an den Bildinhalt (Junge und Mädchen beim Rendezvous) erinnern. Mit der abschließenden Leseransprache „Sie wissen ja ... Kiss me AMIGA.“, wobei der Bezug zum Hauptslogan noch einmal hergestellt wird, wird die Appellfunktion der gesamten Anzeige noch einmal deutlich unterstrichen.

Kein Zweifel: Die Anzeige ist clever (!) gemacht. Wer aus der angesprochenen Zielgruppe sehnte sich nicht nach den so gut wie versprochenen „Verheißungen“, die dieses Gerät dem Besitzer und Benutzer bieten kann.

## Lernziele

Die Schüler sollen

- sich einen ersten Überblick über die Teilelemente der Text-Bild-Kombination und ihre Anordnung auf dem Prospekt verschaffen (Bildteil im Vordergrund, Produktabbildung rechts oben, drei hervorgehobene Slogans, kleingedruckter Text am rechten Rand, Firmenzeichen rechts unten)
- die Funktion der Bilddarstellung sowie der Slogans innerhalb des Gesamtaufbaus der Anzeige erkennen und erklären können (z. B. Personifikation)
- erkennen, daß der Textteil sowohl aus informativen als auch überwiegend appellativen Elementen besteht und die sachlichen Informationen von den werbewirksamen Angaben und Appellen unterscheiden können
- die Funktion und Wirkung der auffälligsten rhetorischen Mittel im Gesamtgefüge des Textteiles erkennen und erklären können
- aufgrund der Gesamtstsruktur der Anzeige und nach eingehender Beschreibung der Teilfaktoren die Zielgruppe bestimmen und genauer beschreiben können
- die vorliegende Text-Bild-Kombination als überwiegend manipulativ erkennen und belegen können.

*Phase 1:*
*Die äußere Gestaltung der Anzeige („Aufmachung")*

Die Analyse der Werbeanzeige beginnen wir mit einem notwendigen elementaren Verfahren: Die Schüler sollen die Grobgliederung bzw. äußere Gestaltung der Webeanzeige erfassen, indem sie eine Beschreibung der vorliegenden Wort-Bild-Kombination vornehmen. Diese Deskription erfaßt zunächst einmal alle Teilelemente der Anzeige und ihre Gewichtung und räumliche Plazierung im Gesamtgefüge. Dabei werden die Schüler ohne Schwierigkeiten das Verhältnis von sprachlicher und bildlicher Darstellung richtig einschätzen und beurteilen können. Das Vorhandensein des auffälligen Bildvordergrundes (zwei junge Menschen) ist ein deutlicher Beweis dafür, daß der Hersteller darauf verzichtet hat, das Produkt/Objekt für sich allein werben zu lassen. Zur besseren optischen Aufnahme der äußeren Gestaltung der Anzeige im Gedächtnis der Schüler könnte ihnen die folgende Strukturskizze (Teilelement des Tafelbildes) wertvolle Hilfe leisten:

Die Schüler werden unschwer erkennen, daß als eindeutiger „Aufhänger" oder „Blickfang" der Anzeige der in der Mitte plazierte Bildteil dient, der vergleichbar mit einem Bilderrahmen an den vier Seiten von unterschiedlich großen Textblökken „eingerahmt" wird. Hervorgehoben sind hierbei die Slogans durch die Verwendung verschiedener Schriftarten und -größen. Der kleingedruckte Textteil steht am rechten Bildrand und umfaßt weniger als ein Viertel der Gesamtfläche.

*Phase 2:*
*Der „Bildteil" und seine Funktion*

Nachdem in der ersten Phase die äußeren Zusammenhänge zwischen Text und Bild erfaßt und beschrieben wurden, sollen die Schüler nun die Funktion des Bildteiles bzw. des Bildinhaltes innerhalb der Wort-Bild-Relation erkennen. Dazu ist es zunächst notwendig, die Bestandteile des Bildes (Objekte) bzw. den Bildinhalt und seine Komponenten näher zu erfassen. Die Schüler werden deswegen aufgefordert, die beiden dargestellten Personen und ihre Beziehung zueinander näher zu beschreiben. (z. B. Alter, Aussehen, Kleidung, Betätigung, Umgebung, Ge-

**Aufbau der Werbeanzeige**

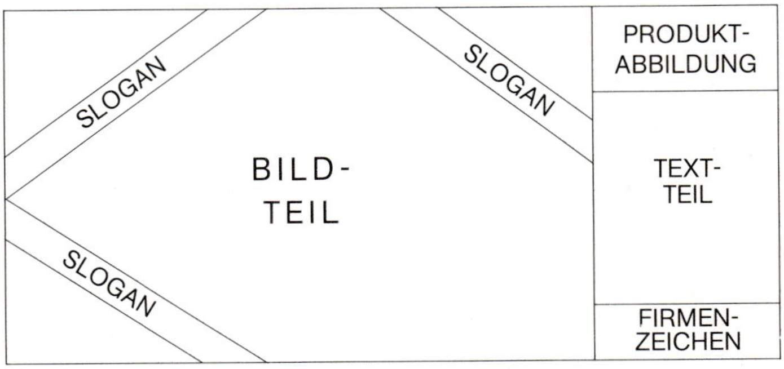

sichtsausdruck, Stimmungen, Beziehung zueinander, usw.) Anhand dieser Beschreibungskategorien werden die Schüler feststellen, daß in der bildlichen Darstellung zwei Jugendliche vorgestellt werden, deren Typus und Aussehen eine starke Faszination auf die gleichaltrige Zielgruppe ausüben, denn die erkennbaren Attribute des Aussehens und der Beziehung der beiden zueinander (Freundschaft, Liebe?) signalisieren in jedem Fall erstrebenswerte Gefühlslagen und Grundstimmungen. (Glück, Freude, Unbekümmertheit, Dynamik, Harmonie, Liebe, Freundschaft, Zärtlichkeit, usw.) Daß die junge Dame dabei in der rechten Hand die „Maus" hält und somit die Verbindung zu dem Produkt herstellt, wird den meisten Schülern kaum auffallen.
Auffallen sollte ihnen dagegen, daß der nahezu in der Bildmitte stehende Slogan „Kiss me, AMIGA" Assoziationen mit dem jungen Mädchen und seiner „Wunsch- und Erlebniswelt" hervorruft. Über diesen Slogan wird die gedankliche Verbindung zu dem Produkt einerseits (AMIGA = Produktname) und zu dem jungen Mann andererseits angestrebt und aufgebaut. Bildteil und Slogan repräsentieren die Personifikation des technischen Gegenstandes „Computer", der auf diese Weise insbesondere die weiblichen Zielgruppenmitglieder besonders ansprechen soll, zeigt der junge Mann doch gerade die Attribute (Ohrringe, modische Kleidung, volles Haar, dynamisch), die ihn in den Augen der weiblichen Fans besonders begehrenswert machen. Diese Wünsche und Sehnsüchte sollen schließlich über den jungen Mann als „Medium" auf den Computer (ebenfalls AMIGA) transferiert werden. Die männlichen bzw. jugendlichen Leser wiederum sehen in dem „Mädchenbild" (hübsch, attraktiv, jung, usw.) das „Ziel ihrer Wünsche" und somit schließt sich der Kreislauf zwischen den beiden Figuren des Bildteiles und dem Produkt, für das letztlich geworben werden soll. „Kiss me – AMIGA!" – Wen macht das nicht an!? Er sie, sie ihn ...

*Phase 3:*
*Der Textteil und seine Funktion*

In dieser Phase setzen wir die Analyse mit der Untersuchung des Textteiles (Slogans) sowie des zusammenhängenden kleingedruckten Textes am rechten Rand fort. Hierzu sollte der Lehrer den Schülern den Auftrag erteilen, die Textteile unter folgenden Fragestellungen zu untersuchen:

1. Welche sachlichen Informationen (Tatsachen) über das Produkt enthält die Anzeige? – Unterstreiche.
2. Welche werbewirksamen Angaben und Appelle enthält der gesamte Textteil einschließlich der Slogans? – Unterstreiche in anderer Farbe. (Was wird dem Leser neben der reinen Information noch geboten?)
3. Gibt es in den Textteilen auch Bezugspunkte zu dem dargestellten Bildinhalt? Wenn ja, begründe.
4. Gibt es bestimmte Wörter oder Sätze/Teilsätze, die im Textteil häufiger vorkommen? Wenn ja, begründe.

Das Ergebnis der Stillarbeitsphase könnte in eine zweiteilige Tabelle übertragen werden:

**Textteil der Anzeige**

(Slogans und Produktinformation)

| sachliche Informationen zum Produkt | werbewirksame Angaben und Appelle |
|---|---|
| – | – |

Bei der Ergebnisdarstellung sollte dann auch an ausgewählten Beispielen (z. B. Slogan: „Der Clevere für ihn. Und für die clevere Sie.") die typischen rhetorischen

Mittel analysiert werden. (Parallelismus, Alliteration, Ellipse, usw.)

*Phase 4:*
*Zielgruppe / Gesamtwirkung*

Aus den in den vorausgegangenen Phasen gewonnenen und notierten Analyseergebnissen können die Schüler nun nach eingehender Beschreibung der Teilfaktoren die Zielgruppe genauer bestimmen und ihre Ansichten auch dementsprechend begründen. (Überlegt, welche Personengruppe diese Werbeanzeige ansprechen will und begründet eure Wahl.) Eine Ergebniszusammenfassung am Schluß soll ihnen noch einmal verdeutlichen, daß in der vorliegenden Werbeanzeige die appellativen Faktoren gegenüber den informativen deutlich dominieren. Sie sollten an diesem Beispiel die medienspezifischen Möglichkeiten zur Verwirklichung von Werbeabsichten in der Kombination von Wort und Bild erkennen, wobei diese Anzeige nach der durchweg bei appellativer oder manipulativer Werbung anzutreffenden Methode verfährt, statt des eigentlich zu verkaufenden Artikels „produktferne" Elemente in den Vordergrund zu rücken, um dadurch das Kaufinteresse zu wecken und den Kaufimpuls letztlich auszulösen.

### Hausaufgabe

Als durchaus sinnvolle Vorbereitung und Vorübung auf die nachfolgende Schreibaufgabe (Zu einem abgebildeten Produkt einen werbewirksamen Textteil zu erstellen – 6. Stunde) bietet sich eine schriftliche Analyse dieser Bildanzeige an, wobei die Schüler dazu angeregt werden sollen, die im Unterricht erzielten Analyseergebnisse nun noch einmal sprachlich zu gestalten. Dabei sollten sie durchaus als Gliederungspunkte den in den einzelnen Phasen erarbeiteten Teilelementen der Anzeige folgen und folgende Merkmale beschreiben können:

1. Der Aufbau der Anzeige („Aufmachung")
2. Beschreibung des Bildteiles und Erklärung seiner Funktion
3. Der Textteil und seine Funktion
4. Die Zielgruppe / Gesamtwirkung / Meinungssteuerung

Als weiterführende Aufgabe sollten die bisher erworbenen Kenntnisse und Erkenntnisse bei der Analyse von Werbeanzeigen auch auf neue Beispiele übertragen werden. Hierzu stehen in jeder Zeitschrift (am besten Jugendzeitschriften!) eine Fülle von aktuellen Anzeigen zur Verfügung.

## 6. Stunde: Zu einem abgebildeten Produkt (Swatch-Uhren) einen passenden Werbetext erstellen (Mat. 5)

### Vorbemerkungen

In dieser Stunde wird der Schwerpunkt wieder stärker auf die Textproduktion verlagert. Die Schüler sollen zu dem abgebildeten Produkt (Swatch-Uhren) einen komplementären werbewirksamen Text erstellen und somit den vorgegebenen Bildteil der Werbeanzeige zu einer kompletten Bild-Text-Zuordnung vervollständigen. Ziel ist es dabei, die Absichten des Werbenden, die bereits aus dem Bildteil abzulesen und zu interpretieren sind, durch die passende Sprache zu ergänzen. In der vorausgegangenen Stunde haben die Schüler wesentliche sprachliche Elemente und Strukturen einer appellativen und manipulativen Werbeanzeige (Commodore AMIGA 500) bereits kennengelernt, die sie nun auf ein anderes Beispiel übertragen sollen. Dabei wird ihnen eine wichtige Teilarbeit bereits abgenommen: die Schüler finden das Bild des Werbeobjektes samt Bildhintergrund (Charakterisierung des Wohnbereiches) schon vor und müssen ihre „kreativen sprachschöpferischen Kräfte" ganz auf die Herstellung eines komplementären Textes konzentrieren. Dem Bildhintergrund (moderner, elegant und luxuriös ausgestatteter Wohnbereich, in dem die Maxi-swatch aufgehängt ist) entnehmen wir bereits die Informationen, daß der Werbende die Vorteile und Qualitäten des Verkaufsobjektes durch diese Umgebung besonders betonen und herausstellen will. Daraus folgt, daß die Ergebnisse der Analyse des Bildteiles mit dem „Bildhintergrund" auch die sprachliche Struktur des dazu passenden Textes beeinflussen müssen. Die Schüler müssen zunächst die durch den Bildhintergrund provozierten Assoziationen erfassen, ehe sie daran gehen, den dazu „passenden" Werbetext zu erstellen.

## Lernziele

Die Schüler sollen
zu dem abgebildeten Produkt (Swatch-Uhren) einen komplementären Text erstellen, indem sie

- im Rollenspiel das ausgewählte Produkt möglichst verlockend anpreisen (d. h. ein Verkaufsgespräch simulieren)
- die Werbeintentionen, die bereits den vorgegebenen „Bildinformationen" zu entnehmen sind, durch entsprechende werbewirksame Schriftzeichen (Werbetext) ergänzen
- den komplementären Text so gestalten, daß sowohl informierende als auch appellierende Elemente den Leser ansprechen und in ihm den Kaufwunsch erwecken
- durch die Verwendung einfacher bekannter rhetorischer Mittel sowie verschiedener Schriftarten und -größen die Aufmerksamkeit des Betrachters /Lesers erregen
- die in den Analysephasen gewonnenen Erkenntnisse bei der Produktion des Textes selbst anwenden.

## Unterrichtsverlauf

*Phase 1:*
*Verkaufsgespräch simulieren*

In dieser Phase beginnen wir mit der Vorbereitung der schriftlichen Form (Erstellen eines komplementären Werbetextes) durch das Rollenspiel. Da sich appellative Texte recht häufig im Bereich der mündlichen Kommunikation vorfinden, wird den Schülern die Aufgabe gestellt, ein Verkaufsgespräch zu simulieren. Als vorbereitende Übung erhalten sie die Aufgabe, sich als Kunde (Gruppe 1) bzw. als Verkäufer (Gruppe 2) anhand von vorstrukturierten Fragen bzw. Verkaufsstrategien besser auf die zu spielende Situation einzustellen. Die Analyse der jeweiligen Spielsituationen (zwei bis drei Spiele sollten reichen) baut auf der Beobachtung der Mitschüler auf, die zuvor aufgefordert werden, genau zu registrieren, wie sich „Käufer" und „Verkäufer" verhalten und mit welchen Mitteln sie versuchen, ihre Absichten jeweils durchzusetzen.

*Phase 2:*
*Den Bildteil der Werbeanzeige untersuchen („Bildanalyse")*

Dem Rollenspiel folgt in dieser Phase die Konkretisierung der Aufgabe: die Schüler werden aufgefordert, sich die Werbeanzeige für „Swatch-Uhren" anzusehen und die Werbewirksamkeit der reinen Bild-

Anzeige (sieht man einmal von den Produktnamen ab) spontan zu beurteilen.
In einer ersten Erarbeitungsphase sollen die Schüler Bedeutung und Funktion des Bildteiles innerhalb der Anzeige untersuchen und beschreiben, so wie sie es in der letzten Stunde gelernt haben. Besondere Bedeutung kommt in diesem Zusammenhang der Gestaltung des Raumes zu, in dem die Maxi-Swatch aufgehängt ist. Der recht modern und luxuriös ausgestattete Wohnbereich mit seinen Einrichtungsgegenständen (Bilder, Wandlampe, Sessel, Vorhänge, usw.) „schafft" die Suggestion eines Image, das der Käufer sich durch den Kauf des Produktes erwerben soll. Diesem „Bildhintergrund" entnehmen die Schüler schließlich die Information, daß diese Uhr eben am besten in solche Räume paßt und damit auch zu Menschen (Adressaten), die sich in solchen Räumen wohlfühlen und die diesen „Wohnstil" bevorzugen. Es wäre ganz und gar undenkbar, diese Uhr an die Wand eines mit altdeutschen Möbeln bestückten Zimmers zu plazieren; damit wäre die anzustrebende Komplementarität zwischen Werbeobjekt und Bildhintergrund nie zu erreichen, der potentielle Adressatenkreis völlig verfehlt.

*Phase 3:*
*Die Erstellung des komplementären werbenden Textes*

In dieser Phase beginnen wir mit der direkten Vorbereitung der produktiven Schreibaufgabe. Die Schüler erkennen, daß man die Werbewirksamkeit der reinen Bildanzeige dadurch erhöhen kann, indem man den bereits vorgegebenen „Bildinformationen" über das Produkt nun auch noch die entsprechenden werbewirksamen Schriftzeichen zuordnet. Damit wird ihnen das Schreibziel klar formuliert: Zu dem abgebildeten Produkt einen werbewirksamen Text erstellen, der mit dem bereits vorgegebenen Bildteil eine sinnvolle und „passende" Bild-Text-Einheit bildet.
In der sich anschließenden Erarbeitungsphase werden die inhaltlichen und formalen Rahmenbedingungen für den zu produzierenden Text festgelegt. Hierbei können die Schüler auf bereits vorhandene Erkenntnisse aus der Analysephase zurückgreifen und diese bei der nachfolgenden Produktion eines Werbetextes selbst anwenden. Entsprechend der Erkenntnis, daß Werbetexte teils informieren, teils manipulieren, werden im folgenden Unterrichtsgespräch zuerst die notwendigen informierenden Elemente des Textes angesprochen. (s. Stundenblatt) Gegenstand der Diskussion könnten dabei die Art des angebotenen Produktes, seine besonderen Eigenschaften, die vom Käufer erwarteten technischen Daten, die Qualität, der Preis, die Garantie sowie zusätzliche Leistungen sein. Bei der Erarbeitung solcher informativen Merkmale sollte der Lehrer auch auf die Ergebnisse aus dem Rollenspiel in der Eingangsphase zurückgreifen. In einem weiteren Lernschritt sollen die Schüler dann die appellative Struktur und Funktion eines Werbetextes beschreiben (z. B. den Leser in besonderer Weise ansprechen, seine Aufmerksamkeit erregen, sein Interesse für das Produkt wecken, den Kaufwunsch auslösen) und schließlich konkrete Vorschläge unterbreiten, wie man in den zu erstellenden Text die appellativen und manipulativen „Bausteine" einbringen kann. Hierbei muß den Schülern noch einmal verdeutlicht werden, daß insbesondere bei solchen Werbetexten, bei denen die Appellfunktion deutlich überwiegt, es im wesentlichen darauf ankommt, den Appell durch geschickte Wortwahl und den entsprechenden Einsatz von rhetorischen Mitteln zu unterstützen bzw. erst zu erzeu-

gen. So werden die Schüler in dieser Phase gemeinsam mit dem Lehrer entsprechende Sprachmittel suchen und bereitstellen, mit denen man die Vorzüge der Uhr „bildadäquat“ anpreisen kann (z.B. Design, Form, Styling, Preis, usw.) Hierbei sollten auch noch einmal bekannte Formen des direkten und indirekten Aufforderns wiederholt werden.

Neben dem Einbau sprachlicher Elemente und rhetorischer Mittel (s. Vorschläge im Stundenblatt) sollten die Schüler auch die Möglichkeiten der optischen „Leseransprache“ kennen- und anwenden lernen. Gerade beim Verfassen appellativer Texte haben wir die Möglichkeiten für die Verwendung nichtsprachlicher Zeichen, wie z. B. durch den Einsatz verschiedener Schriftarten und -größen, Farben, Unterstreichungen, Hervorhebungen, Gliederung, Zeilenabstand, übersichtliche Textgestaltung, Abschnitte usw.

Für eine 45-Minuten-Einheit ist diese Stunde sicher stofflich zu dicht und komplex geplant, so daß die Produktion des komplementären Textes erst in der Hausaufgabe angegangen werden kann. Von Vorteil wäre es, wenn diese überwiegend produktiv strukturierte Stunde als Doppelstunde organisiert werden könnte. In diesem Fall könnte die Textproduktion noch am Ende dieser Phase begonnen und erste Entwürfe zur Analyse und Korrektur bereits vorgelegt werden.

# Literaturverzeichnis


Baurmann, Jürgen / Ludwig, Otto: Aufsätze vorbereiten – schreiben lernen. In: Praxis Deutsch, Nr. 80, Nov. 1986.

Bausinger, H.: Schildbürgergeschichten. In: Der Deutschunterricht, Heft 1, 1961. Stuttgart (Klett)

Beck, O. / F.-J. Payrhuber / Steffens, W.: Praxis des Aufsatzunterrichts in der Grundschule. Vom Lesen und Hören zum Schreiben von Texten. Freiburg 1981

Blumensath, Heinz/Voigt, Gerhard: Bilder. In: Praxis Deutsch, 15. Jahrg., Nr. 87, Jan. 1988

Brunkhorst-Hasenclever, Annegrit: Till Eulenspiegel. Texte und Materialien zum Literaturunterricht. Frankfurt am Main 1979

Delius, Anette: Was schreiben Schüler, wie schreiben sie? In: Der Deutschunterricht, Heft 6, 1986. Stuttgart (Klett)

Dithmar, R.: Die Fabel. Geschichte, Struktur, Didaktik. Paderborn 1971

Ecker, A.: Fabel, Parabel. In: Stocker, Karl (Hrsg.): Taschenbuch der Literatur- und Sprachdidaktik, Bd. 1., Frankfurt am Main 1976

Fuchs, Anna: Erzählen in der Schule und spontanes Erzählen. In: Konrad Ehlich (Hrsg.): Erzählen in der Schule. Tübingen 1984

Fingerhut, Karl-Heinz: Der subjektive Faktor im neuen Literaturunterricht. In: Diskussion Deutsch, Nr. 16, 1985

–: Umerzählen. Texte und Materialien zum Literaturunterricht. Frankfurt am Main 1982

Fingerhut, K.-H. / Melenk, K. / Waldmann, G.: Kritischer und produktiver Umgang mit Literatur. In: Diskussion Deutsch, Nr. 12, 1981

Gassner, Hubertus / Volker Ritter: Fragen an ein Bild. Berlin 1987

Gerth, Klaus: Fabeln und Witze. In: Praxis Deutsch, Nr. 64, 1984

Haas, Gerhard: Lesen in der Schule. Ein Modell. In: Lesen in der Schule, mit dtv junior und dtv. München 1980

–: Meine Freunde – nur meine Freunde? Lesen, Schreiben, Spielen bei der Lektüre eines Textes zum Problem „Vorurteile“. In: Praxis Deutsch, Nr. 93, Jan. 1989

–: Phantasie und Phantastik. In: Praxis Deutsch, Nr. 54, Juli 1982

–: Texte zu Büchern verfassen. In: Praxis Deutsch, Nr. 65, 1984

Kohrs, Peter: Stundenblätter Aufsatz – Erzählen. 5./6. Schuljahr. Stuttgart 1988 (Klett)

–: Stundenblätter Aufsatz – Informieren/Appellieren. Stuttgart 1988 (Klett)

Landwehr, Hans: Die Grashalmfamilie. In: Praxis Deutsch, Nr. 64, 1984

Lehrplan Deutsch – Rheinland-Pfalz. Orientierungsstufe. Grünstadt 1988

Lessing, G. E.: Fabeln. Abhandlungen über die Fabel. Stuttgart 1979

Ludwig, Otto: Die Schulerzählung oder Erzählen in der Schule. In: Praxis Deutsch, Nr. 49, Sept. 1981

Ludwig, Otto und Menzel, Wolfgang: Schreiben. In: Praxis Deutsch, Nr. 9, 1975

Lutz, R. und Müller, U.: Stundenblätter Fabeln. Stuttgart 1986 (Klett)

Mattenklott, Gundel: Literarische Geselligkeit – Schreiben in der Schule. Stuttgart 1979

Menzel, Wolfgang: Kalendergeschichten. In: Praxis Deutsch, Nr. 75, Jan. 1986

–: Schreiben über Texte – Ein Kapitel zum

Aufsatzunterricht. In: Praxis Deutsch, Nr. 65, 1984
Mittelberg, Ekkehart (Hrsg.): Klassische und moderne Kurzgeschichten. Varianten – Kreativer Umgang – Interpretationsmethoden. Frankfurt am Main 1988
–: Klassische und moderne Kurzgeschichten. Lehrerheft. Frankfurt am Main 1988
Payrhuber, F.-J./A. Weber (Hrsg.): Literaturunterricht heute – warum und wie? Eine Zwischenbilanz. Beiträge zu einer integrativen Literaturdidaktik. Freiburg 1978
–: Wege zur Fabel. Didaktisches Konzept für eine variationsreiche Behandlung. Mit Unterrichtsbeispielen für das 2.–10. Schuljahr, Freiburg 1978.
Popp, Wolfgang: Zur Frage der Beziehung zwischen didaktischer Analyse und methodischer Gestaltung des Literaturunterrichts. Dargestellt am Beispiel der Eulenspiegel- und Schildbürgergeschichten. In: Der Deutschunterricht, Nr. 3, 1970 (Klett)
Sanner, R.: Aufsatzunterricht. Theoretische Grundlegung – Hinweise für die Praxis. München 1975.
–: Textbewertung und Schulaufsatz. München 1979.
Sennlaub, Gerhard: Spaß beim Schreiben oder Aufsatzerziehung. 3. Auflage. Stuttgart 1985. (Kohlhammer-Taschenbücher; 1103: Schulpraxis)
Spinner, Kaspar H.: Produktionsaufgaben zu Kurz- und Kürzestgeschichten. In: Praxis Deutsch, Nr. 75, Jan. 1986.
–: Wie Schüler kurze Geschichten verstehen und was daraus zu folgern ist. In: Praxis Deutsch, Nr. 75, Jan. 1986.
Ulshöfer, Robert: Methodik des Deutschunterrichts. Bd. 1: Unterstufe. Stuttgart 1978. und Bd. 3: Mittelstufe II. Stuttgart 1978. (Klett)
Waldmann, G.: Grundzüge von Theorie und Praxis eines produktionsorientierten Literaturunterrichts. In: Hopster, N. (Hrsg.): Handbuch Deutsch, Sek. I. Paderborn 1984.
Weil, Bernd: Fabeln: Verstehen und Gestalten. Frankfurt 1982.
Wellner, K. / B. Wellner-Pricelius: Zum Zusammenhang von Methoden, Lernzielen, Lerngegenstand und Entwicklungspsychologie. In: Hopster, N. (Hrsg.): Handbuch Deutsch, Sek. I. Paderborn 1984.
Winterling, Fritz: Freies Schreiben in der Sek. II. In: Diskussion Deutsch, Nr. 16, 1985.
Wunderlich, W.: Nur allein, um ein fröhlich Gemüt zu machen …? Zur Behandlung eines Eulenspiegel-Schwankes auf der Orientierungsstufe. In: Praxis Deutsch, Nr. 22, 1977.

# Stundenübersicht der Stundenblätter Aufsatz – Informieren/Argumentieren

## Informieren

Beschreiben von Gegenständen und Vorgängen

| | |
|---|---|
| 1. Stunde: | Einen technischen Gebrauchsgegenstand mit Funktionsmerkmalen mündlich beschreiben |
| 2. Stunde: | Einen technischen Gebrauchsgegenstand mit Funktionsmerkmalen schriftlich beschreiben |
| 3. Stunde: | Einen einfachen technischen Vorgang mündlich beschreiben |
| 4. Stunde: | Einen einfachen technischen Vorgang schriftlich beschreiben |
| 5. Stunde: | Die Bedienungsanleitung – Analyse der Beschreibung eines Wartungsvorganges am Mofa |
| 6./7. Stunde | Einen technischen Vorgang beobachten, protokollieren und in Form einer Bedienungsanleitung beschreiben |
| 8. Stunde: | Einen naturwissenschaftlichen Vorgang protokollieren |
| 9. Stunde: | Einen Handlungsablauf (Ausleihe eines Buches in einer Bücherei) beschreiben |

Beschreiben von Personen

| | |
|---|---|
| 10. Stunde: | Einen Steckbrief abfassen |
| 11./12. Stunde: | Anhand von Bildern eine Person beschreiben |
| 13. Stunde: | Anhand von literarischen Texten Personen beschreiben |

Berichten

| | |
|---|---|
| 14. Stunde: | Einen Unfallbericht nach Aussagen verfassen |
| 15. Stunde: | Berichten für verschiedene Adressaten (ohne loses Stundenblatt) |
| 16. Stunde: | Den Aufbau eines Nachrichtentextes und die Funktion der einzelnen Bauteile erkennen |
| 17. Stunde: | Auswerten eines Nachrichtentextes durch Fragetechniken |
| 18. Stunde: | Auswerten einer Folge von Agenturmeldungen |
| 19./20. Stunde: | Verfassen eines Nachrichtentextes auf der Basis von Agenturmeldungen |

Inhaltsangabe

| | |
|---|---|
| 21. Stunde: | Inhalte wiedergeben – Inhaltsangaben |
| 22./23. Stunde: | Die Grundform einer informierenden Inhaltsangabe kennenlernen |
| 24. Stunde: | Einleitungen zu Inhaltsangaben verfassen |
| 25. Stunde: | Einen erzählenden Text für die Inhaltsangabe auswerten und den Hauptteil verfassen |
| 26. Stunde: | Den Schluß einer Inhaltsangabe verfassen (ohne loses Stundenblatt) |
| 27. Stunde: | Inhaltsangaben zu Balladen |
| 28. Stunde: | Inhaltsangaben zu längeren erzählenden Texten (Ganzschriften) |

| | |
|---|---|
| 29. Stunde: | Inhaltsangaben zu szenisch-dialogischen Texten |
| 30. Stunde: | Inhaltsangabe zu einer Folge einer Fernsehserie (ohne loses Stundenblatt) |
| 31./32. Stunde: | Inhaltsangaben zu einfachen Sachtexten |

## Argumentieren

| | |
|---|---|
| 1. Stunde: | Anhand eines Leserbriefes einen Standpunkt zur Ausländerproblematik kennen – und bewerten lernen |
| 2./3. Stunde: | Zu der Problematik eine eigene Meinung in Form eines Leserbriefes formulieren |
| 4. Stunde: | Beantworten eines Zeitungsartikels in Form eines Leserbriefes |

*„Leichter lernen, lieber lernen. Also Klett.“*

**Training Rechtschreibung I**
Dehnung und Schärfung
5.–10. Schuljahr
116 Seiten + Beilage
ISBN 3-12-922055-0

**Training Rechtschreibung II**
Gleich- und ähnlichklingende Laute
5.–10. Schuljahr
108 Seiten + Beilage
ISBN 3-12-922056-9

**Training Rechtschreibung III**
Groß- und Kleinschreibung
Getrennt- und Zusammenschreibung
Fremdwörter
5.–10. Schuljahr
104 Seiten + Beilage
ISBN 3-12-922065-8

**Training Deutsche Grammatik**
Satzteile und Satzarten
5.–6. Schuljahr
126 Seiten + Beilage
ISBN 3-12-922068-2

**Training Deutsche Grammatik**
Wortarten
5.–6. Schuljahr
112 Seiten + Beilage
ISBN 3-12-922058-5

Nachhilfe aus dem Buch – das ist Training: bestens geeignet, mit Lernproblemen fertig zu werden.

Denn Training hilft richtig: Es bietet nicht nur eine Menge an Übungsmaterial sondern führt den Lernenden auch durch diese Übungen. Techniken und Fertigkeiten werden Schritt für Schritt erarbeitet, fehlende Grundlagen vermittelt.

# Training

Training – ein guter Nachhilfelehrer, der auch im Tempo auf Ihre Schüler eingeht. Für eine Etappe braucht eben jeder seine Zeit. Die Erreichung des Etappenziels läßt sich mit den beigefügten Lösungsheften gut kontrollieren. Dabei ist Training immer zur Hand: Buch aufgeschlagen und die nächste Hürde wird in Angriff genommen. Schritt für Schritt zum Lernerfolg – so geht Trainieren mit Klett.